敬愛大学学術叢書

レピュテーション・ダイナミクス

平屋 伸洋【著】

Reputation Dynamics
Nobuhiro Hiraya

東京 白桃書房 神田

まえがき

　会計情報や会計数値を取り上げて研究を進めていると，ついその裏側にある数多の人間の行動を見落としてしまう。われわれが生きる経済社会は人間の行動によって成立し，それらはすべて人間の意思決定に起因する。これまでの経済学や会計学は，われわれ人間が合理的な意思決定を行うという前提のもとに発展してきた。ところが，どうもそう単純なものではなく，実際はとても複雑化しているということが神経経済学や行動経済学の領域で指摘されている。このような背景から生み出される会計情報には，われわれの想像をはるかに超える"輝ける宝石たち"が含まれていると信じたい。本書はそうした，これまで会計研究ではあまり取り上げられてこなかった人間の行動という文脈に着目した研究書である。

　本研究の着想に至った経緯については，櫻井通晴教授のレピュテーション研究を挙げることができる。櫻井教授は2005年に『コーポレート・レピュテーション―「会社の評判」をマネジメントする』(中央経済社) と Terry Hannington 著の訳本である『コーポレート・レピュテーション―測定と管理―』(ダイヤモンド社) の2冊を出版された。また学界においては，2006年の日本会計研究学会関東部会の統一論題で「コーポレート・レピュテーション研究の学会への貢献の可能性」というタイトルで報告している。レピュテーションという研究テーマは，企業にとっても会計学界にとっても馴染みの薄いものであったが，レピュテーションは企業にとって極めて重要な意味をもっているとの櫻井教授の指摘に，研究者としての好奇心をかりたてられた。櫻井教授はレピュテーション研究の開拓者であり，著者に大きな刺激を授けてくれた恩人である。

　経営者や利害関係者にとどまらず，広く社会にレピュテーションの重要性を理解してもらうためには，本書で取り上げるレピュテーションの因果メカニズムの解明が必要となる。そのためには，理論研究と実証研究の両輪が欠かせない。なぜならば，実証は理論を裏打ちするものであるからである。櫻

井教授が提示された理論をベースとしながら，本書で提示した理論と実証によってレピュテーションというテーマがより説得力をもって社会に普及してもらえば幸いである。

さて，本書の第1章でも指摘した企業の不祥事について取り上げたい。諸外国のみならず，わが国でも企業の会計不祥事が後を絶たない。2005年にはカネボウ，2011年にはオリンパス，大王製紙といった有名企業の粉飾決算が明るみになった。また直近の2015年5月には東芝が不適切な会計処理の問題で追及されている。

なぜ，これら有名企業が会計不祥事に手を染めるのであろうか。決算をより良く見せたいということだが，その本質は実にシンプルである。決算をより良く見せることで何らかの利益を享受したいためである。ここでいう利益とは，他者から認められたい，尊敬されたいという，われわれ人間がもつ本質的な欲求である。欲求段階説を理論化した米国の心理学者アブラハム・マズローはこれを尊厳欲求（承認欲求）と表現した。このような欲求が会計不祥事の根底にあり，悪いこととはわかっていながらも組織はつい手を染めてしまうのではないかと思われる。

しかし，このような欲求はけっして間違っているわけでも，悪意があるわけでもない。欲求を満たすために選択される行動が問題なのである。粉飾決算は紛れもなく社会に対する背信行為である。しかし，ルールの枠組みのなかで行われる裁量行動は，利害関係者間の間接互恵を達成するための手段としての側面も持ち合わせているのかもしれない。現在，コーポレート・ガバナンスの強化が大きな話題となっている。不正を未然に防ぐための重要な取り組みであるが，いくらガバナンスを強化したとしても先ほど指摘した本質的な欲求を抑えこむことはできない。会計不祥事に終止符を打つためには，規制の強化のみならず本質的な欲求をいかに取り扱うかといった議論も必要となるであろう。本書がそのような議論に一助になればまた幸いである。

筆者が本書に到達することができたのは，多くの方々のご指導，ご教示のおかげである。とりわけ，母校明治大学では素晴らしい3名の先生方から薫陶を受けた。

筆者が明治大学大学院経営学研究科に進学し，森久研究室の門をたたいて

以来あたたかく見守ってくださった森　久先生（明治大学経営学部教授）には，感謝の言葉が見つからない。おそらく，森先生との出会いがなければ，また日頃のご指導と励ましがなければここまで来ることはできなかったであろう。研究者を志した瞬間から今日に至るまで，陰に陽にと支えていただいた。その優しさ，あたたかさに何度救われたことか。深く感謝申し上げる次第である。

　次に，吉村孝司先生（明治大学専門職大学院会計専門職研究科教授）である。アカウンティングスクールでありながら，吉村先生の経営学の講義はとても刺激的なものであった。筆者が研究者を志そうとしたときに強く背中を押していただいた。また，論文もろくに書いたことのない筆者に丁寧に論文指導をしてくださったのも吉村先生であった。その優しさと厳しさは筆者の大きな糧となっている。心より御礼申し上げたい。

　最後に，安藏伸治先生（明治大学政治経済学部教授）である。安藏先生は政治経済学部の教授でありながらも，門外漢である私をゼミナールに受け入れてくださった。安藏ゼミナールは噂にきく厳しいところであったが，筆者にとってはとても刺激的であった。折にふれ，「研究は進んでいるか，論文は書いているか」と今でも電話をくださる。とてもありがたいことである。心より御礼申し上げる次第である。

　さて，本書は補論を除いて，筆者の博士学位請求論文を公刊したものである。論文の審査にあたっては鈴木研一先生（明治大学経営学部教授），大倉学先生（明治大学経営学部教授）に副査をご担当いただき数多くのご指導，ご助言をいただいた。深く御礼申し上げる次第である。

　本書の研究に関しては，筆者が所属した明治大学のほか，日本会計研究学会，日本管理会計学会，日本経営分析学会，日本ディスクロージャー研究学会，日本マネジメント学会，日本統計学会，東京大学社会科学研究所，慶應義塾大学パネル調査共同研究拠点パネルデータ設計・解析センター，株式会社ライトストーン，Japanese Stata Users Group Meeting の先生方に多大なるご支援をいただいた。

　また，青木茂男先生（元茨城キリスト教大学），青淵正幸先生（立教大学），淺田孝幸先生（立命館大学），安部悦生先生（明治大学），上原征彦先

生（明治大学専門職大学院），遠藤公嗣先生（明治大学），岡本治雄先生（拓殖大学），清松敏雄先生（多摩大学），小宮一慶先生（元明治大学専門職大学院），坂本恒夫先生（明治大学），櫻井通晴先生（城西国際大学），佐藤信彦先生（熊本学園大学），佐野正博先生（明治大学），首藤昭信先生（東京大学），建部宏明先生（専修大学），辻正雄先生（早稲田大学），遠谷貴裕先生（明星大学），中嶋教夫先生（明星大学），長吉眞一先生（明治大学専門職大学院），平井克彦先生（元明治大学），古山徹先生（日経メディアマーケティング），山浦久司先生（明治大学専門職大学院），Dr. Tom Beechy（York University, Schulich School of Business），Dr. Amin Mawani（York University, Schulich School of Business）には，格段のご指導ご鞭撻をいただいた。ここに記して御礼申し上げたい。

　筆者が所属していた明治大学の教職員の先生方には快適な研究環境を与えていただいた。こと，経営学部のあたたかな雰囲気のなかでなければ本書における研究に情熱をかたむけることも難しかったであろう。先生方に対しても心より御礼申し上げる。

　さらに，研究室の先輩である徳山英邦先生（帝京大学），関利恵子先生（信州大学），蒋飛鴻先生（実践女子大学），長野史麻先生（明治大学），石井宏宗先生（サンシングループ・明治大学），藤井稔久先生（富士会計事務所），佐藤理絵先生（明治大学大学院）は，公私にわたってあたたかく見守ってくださった。筆者が真に恵まれたのは，強い絆で結ばれた研究室に所属できたことではないだろうか。心より御礼申し上げる。

　このほかじつに多くの方々のご指導，ご支援によってこの日を迎えることができた。あわせてこの場を借りて心より感謝したい。多くの方々から賜ったご指導，幾多のご助言をいただいたにもかかわらず，私の未熟さ，非力さゆえに，それを十分に生かすことができているかはなはだ自信がない。本書においてもまだまだ分析や解釈が不十分な点が存在し，数えきれぬ課題を残したままである。これらはすべて私の責任に帰すものであり，引き続き研究のなかで応えさせていただくことをお許し願いたい。また本書に対して厳格なご批判，ご叱正をお願い申し上げる。

　2013年度から千葉県千葉市にある敬愛大学に勤務している。長戸路政行

先生（千葉敬愛学園長），三幣利夫先生（敬愛大学理事長・学長），中山幸夫先生（敬愛大学副学長），藤井輝男先生（敬愛大学経済学部長），高田茂氏（敬愛大学事務局長）をはじめとして，教職員の皆々様にこの場を借りて感謝の意を表したい。とくに鈴木明男先生（敬愛大学名誉教授）には，はじめて教壇に立つ筆者をあたたかく見守っていただいている。

　本書の研究には，日本学術振興会科学研究補助金・研究活動スタート支援（課題番号：25885068）による助成を受けている。また本書の出版にあたっては，敬愛大学総合地域研究所の学術叢書の1冊としていただいた。村川庸子所長（敬愛大学）をはじめ総合地域研究所の先生方にも大変お世話になった。記して，感謝の意を表したい。

　最後になったが，本書の出版にあたっては，白桃書房の代表取締役である大矢栄一郎氏のご助力あってのことである。遅々として進まない原稿執筆を忍耐強く待っていただいた。改めて感謝申し上げたい。また，執筆や校正に関しても適切な助言をしていただき大変お世話になった。心より感謝申し上げる次第である。

　私事で恐縮ではあるが，筆者の諸活動をあたたかく見守ってくれている家族に感謝するとともに，私に可能性と機会を与えつづけてくれた両親に本書を捧げたい。

2015年2月吉日
千葉市稲毛区の研究室にて
平　屋　伸　洋

目　次

まえがき
目次

序　章　本研究の目的と本書の構成

1　本書の概要 …………………………………………………………… 1
2　問題の所在 …………………………………………………………… 2
3　本研究の目的と意義 ………………………………………………… 4
4　本書の構成 …………………………………………………………… 6

第1章　レピュテーションの概念的枠組み

1　はじめに ……………………………………………………………… 11
2　レピュテーションとは何か ………………………………………… 13
3　レピュテーションの理論的背景―ゲーム理論― ………………… 24
4　レピュテーションの歴史的背景 …………………………………… 27
5　レピュテーションの評価指標 ……………………………………… 30
　5.1　Fortune の「米国でもっとも称賛される企業（AMAC）」と「世界でもっとも称賛される企業（WMAC）」　31
　5.2　Harris Interactive の「Reputation Quotient（RQ®）」　33
　5.3　Reputation Institute の「RepTrak®」　34
　5.4　『週刊ダイヤモンド』の「企業好感度ランキング」　37
　5.5　日本経済新聞社の「日経優良企業ランキング（CASMA）」　39
　5.6　日本経済新聞社の「優れた会社ベスト300（PRISM）」　40
　5.7　日本経済新聞社の「ナイセス（NICES）」　42
6　むすび ………………………………………………………………… 44

第2章　経営者による裁量的会計行動

1　はじめに ……………………………………………………………… 49
2　裁量的会計行動とは何か …………………………………………… 50
3　裁量的会計行動の理論的背景―契約・エージェンシー理論― …… 55
4　裁量的会計行動の動機―機会主義的行動および効率的契約― …… 60
5　裁量的会計行動研究が抱える本質的課題 ………………………… 61
6　むすび ………………………………………………………………… 64

第3章　レピュテーションと裁量的会計行動

1　はじめに ……………………………………………………………… 67
2　相互排他性の問題に対する解決アプローチ ……………………… 68
3　第3の動機としてのレピュテーション …………………………… 72
　3.1　レピュテーション動機　72
　3.2　レピュテーションと暗黙的契約　74
4　機会主義的行動および効率的契約との比較 ……………………… 77
5　むすび ………………………………………………………………… 79

第4章　裁量的会計行動の動機―先行研究レビュー―

1　はじめに ……………………………………………………………… 83
2　機会主義的行動を検証した研究 …………………………………… 84
　2.1　Watts and Zimmerman（1986, 1990）による研究　84
　2.2　Gunny（2010）による研究　86
3　効率的契約を検証した研究 ………………………………………… 88
　3.1　Mian and Smith（1990）による研究　88
　3.2　Ahmed et al.（2000）の研究　89
　3.3　Dichev and Skinner（2002）の研究　91
4　レピュテーションについて検証した研究 ………………………… 92
　4.1　Bowen et al.（1995, 2008）の研究　92
　4.2　Daniel et al.（2008）の研究　95

4.3　岡部（1996）の研究　97
　　4.4　Ang and Jung（1998）の研究　98
　　4.5　Raman and Shahrur（2008）の研究　100
　5　むすび ………………………………………………………………… 102

第5章　裁量的会計行動の検出方法―先行研究レビュー―

　1　はじめに ……………………………………………………………… 105
　2　ヒストグラム分析を用いた研究 …………………………………… 106
　　2.1　Burgstahler and Dichev（1997）による研究　107
　　2.2　Degeorge et al.（1999）による研究　108
　　2.3　須田・首藤（2004）による研究　110
　3　裁量的会計発生高を用いた研究 …………………………………… 112
　　3.1　Jones（1991）による研究　113
　　3.2　Dechow et al.（1995）による研究　114
　　3.3　Kasznik（1999）による研究　115
　4　近年注目される実体的裁量行動への展開 ………………………… 118
　　4.1　Roychowdhury（2006）による研究　118
　　4.2　山口（2011）による研究　119
　　4.3　Herrmann et al.（2003）による研究　123
　　4.4　田澤（2010）による研究　126
　5　むすび ………………………………………………………………… 130

第6章　リサーチ・デザイン

　1　はじめに ……………………………………………………………… 133
　2　仮説の設定 …………………………………………………………… 133
　　2.1　株主・投資家仮説　134
　　2.2　債権者仮説　136
　　2.3　得意先・顧客仮説　139
　　2.4　仕入・調達先仮説　144
　　2.5　労働組合・従業員仮説　147

3　裁量的会計行動の測定 …………………………………… 150
　　　4　推定モデル ………………………………………………… 153
　　　5　サンプルの選択および変数の入手方法 ………………… 155

第7章　調査の結果と分析―前年度ベンチマークモデルを用いた
　　　　経験的な検証―

　　　1　はじめに …………………………………………………… 161
　　　2　基本統計量 ………………………………………………… 161
　　　3　相関係数 …………………………………………………… 162
　　　4　推定モデルの結果と分析 ………………………………… 164
　　　5　追加的検証 ………………………………………………… 176
　　　6　むすび ……………………………………………………… 182

結　章　本研究の要約，限界および今後の研究課題

　　　1　はじめに …………………………………………………… 185
　　　2　本研究の要約 ……………………………………………… 186
　　　3　本研究の限界 ……………………………………………… 192
　　　　3.1　結果の解釈に関する限界　192
　　　　3.2　統計的検証に関する限界　194
　　　4　今後の研究課題 …………………………………………… 195

補　論　レピュテーションと企業業績
　　　　―企業好感度ランキングを用いた実証分析―

　　　1　はじめに …………………………………………………… 197
　　　2　先行研究レビュー ………………………………………… 199
　　　　2.1　研究の起点　200
　　　　2.2　1998年以降の米国における研究の展開　204
　　　　2.3　2000年以降の諸外国における研究の展開　214
　　　3　リサーチ・デザイン ……………………………………… 223
　　　　3.1　推定モデル　223

3.2　サンプルの選択　224
　　3.3　データの入手方法　226
　4　調査の結果と分析 ……………………………………… 227
　　4.1　基本統計量と相関係数　227
　　4.2　推定モデルの分析結果　229
　5　むすび ………………………………………………… 232

参考文献 ………………………………………………………… 238

序　章

本研究の目的と本書の構成

1　本書の概要

　本章では，本研究の目的を明らかにするとともに，研究目的に至った背景や問題の所在，問題解決方法について詳述する。また，特色，独創的な点についても言及する。さらに，本書の構成と各章ごとの関係についても簡単に説明する。

　まずは本書の概要を明らかにしたい。著者は現在まで，レピュテーションが経営者の裁量的会計行動（以下，裁量行動とする）に与える影響について理論的かつ実証的な分析をかさね，その成果を学会報告，学会誌の投稿論文というかたちで公表してきた。これらの研究を書籍として出版する目的は，本研究で得られた成果や知見を広く社会に公開し積極的に社会・国民に発信することによって，学術的かつ社会的な貢献に寄与するためである。

　本研究の目的は，利害関係者が企業に対して抱くレピュテーションに着目し，経営者がレピュテーションを意識した裁量行動を選択するという命題について理論的かつ実証的な分析を行い，その影響について明らかにすることである。本研究では，契約・エージェンシー理論にて説明されるレピュテーションに着目することで，裁量行動のインセンティブの解明とその本質への接近を試みた。

レピュテーション（reputation）とは評判，風評，名声といった訳語があてられる概念である。先行研究によれば，レピュテーションは企業に対して寄せられる期待の総称と位置づけられる。また前述の契約・エージェンシー理論では，利害関係者の暗黙的請求権として機能するものと説明されている。以上の点から，レピュテーションが裁量行動のメカニズムの一端を担当する因子のひとつになりうるのではないかと推測した。とりわけ，先行研究の主要な仮説であった報酬契約仮説，債務契約仮説，政府契約仮説といった裁量行動の動機を統制することでレピュテーションの影響を検出する試みは，本研究の特色であり，これまでの研究に対する学術的貢献という点では大きな意義がある。

　検証の結果，特定の利害関係者への依存が大きいほど，経営者は裁量行動を選択していることが明らかにされた。また，機会主義的行動や効率的契約の代替変数を因果構造モデルのなかに組み入れることで，これまでの動機を統制した検証を行った。その結果，機会主義的行動や効率的契約の動機を統制してもなお，レピュテーションの有意な影響を確認することができた。この点については，当初の予想通り，相互排他性が確保されない部分を説明する動機のひとつとしてレピュテーションが存在することを証明したといえる。

　契約・エージェンシー理論では，利害関係者間の利害がつねに対立している状況を仮定している。その点を踏まえると，利害対立から生じるエージェンシーコストや契約コストを少しでも低減するねらいから，経営者は特定の利害関係者の抱くレピュテーションを意識した合理的な裁量行動を選択していると解釈することができる。以上が本書の概要である。

2　問題の所在

　裁量行動とは，経営者が裁量権を行使して会計数値を意図的に操作することにより，何らかの望ましい報告利益を達成することである。裁量行動は，一般に公正妥当と認められる企業会計の基準（GAAP）の枠組みのなかで行われるものとされるため，GAAPを逸脱して行われる粉飾決算とは一線を画

すものである。しかしながら，裁量行動によって会計情報が歪められることにより，その信頼性を大きく損なう恐れがある。こうした懸念こそ，裁量行動研究の背景にある。

これまでの裁量行動研究を概観すると，経営者が自身のボーナスアップ，財務制限条項への抵触回避，特定のベンチマーク（利益0，前年度利益，予測利益）の達成のために裁量行動を選択しているという証拠が次々と明らかにされてきた。しかしながら，これらの研究成果は本質的に大きな問題を抱えている。それは，経営者がどのような動機から裁量行動を選択したかというインセンティブの問題である。

契約・エージェンシー理論によれば，裁量行動には機会主義的行動と効率的契約というふたつの本質的動機が存在すると説明されているが，これらは相互に排他的でないという問題が多くの研究者によって指摘されている。すなわち，利益を捻出する裁量行動が，機会主義的行動の観点から行われたものなのか，効率的契約によるものなのか判断できない場合があるということである。

相互排他性の問題を抱えたまま裁量行動の検証を行った場合，その結果や解釈が大きく歪められる可能性がある。そのため，この問題を置き去りにして今後の研究を展開することはできない。また，経営者がなぜ裁量行動を選択するのかという本質的な問題に対して理論的かつ実証的な議論を行うことは，裁量行動研究のみならず契約・エージェンシー理論に対する理論的貢献になると思われる。そこで本研究では，裁量行動に対するインセンティブ・メカニズムの解明に取り組む必要があると考えた。

こうした背景のもと，本研究では契約・エージェンシー理論において記述されるレピュテーションに着目し，経営者が利害関係者の抱くレピュテーションにもとづいて裁量行動を選択するという新たな命題について検証することにした。レピュテーションという要因が裁量行動に横たわる動機の相互排他性の問題を解決するきっかけになるのではないかと予想したのである。

3　本研究の目的と意義

　本研究の目的は，利害関係者が企業に対して抱くレピュテーションに着目し，経営者がレピュテーションを意識した裁量行動を選択するという命題について理論的かつ実証的な分析を行い，その影響について明らかにすることである。とりわけ，これまでの裁量行動研究において取り上げられてきた機会主義的行動や効率的契約の動機を統制することで，純粋なレピュテーションの影響を検出することを試みている。

　ここで，本研究の推進によってもたらされる学術的貢献と社会的貢献について3つ指摘したい。Watts and Zimmerman（1986）が実証会計理論を提唱して以降，機会主義的行動と効率的契約という裁量行動のふたつの本質的動機は相互排他性を担保していないことが指摘されてきた。この問題は数多くの研究者によって指摘されるも，有効な解決策はいまだ見いだせていない現状にある。

　そこで本研究では，レピュテーションがこれまで説明できなかった部分を説明する第3の動機になりうることを理論的に説明した。そして，わが国の企業サンプルを用いて経験的検証を行い，当初の予想を裏づける証拠を明らかにした。裁量行動のメカニズムの一端を解明できたという点において本研究の学術的な貢献度は高く，こうした成果を書籍として発信する意義は大きいといえる。

　次に，わが国の管理会計分野では，櫻井（2005, 2008, 2011, 2012）による先進的なレピュテーション研究が進められ数多くの知見が蓄積されている。これらの研究では，これまで会計研究が研究対象としてこなかったレピュテーションという影響要因を管理会計システムやその他のマネジメント・システムを用いて積極的にマネジメントすべきであるということを提言している。

　本研究では，レピュテーション・マネジメントについては言及していないが，少なくとも会計領域においても影響要因となりうることを示す明確な証拠を提示することができた。これまでの研究の支持する経験的基礎を提示で

きたという点においては学術的貢献に資すると思われる。本研究で得られた統計的証拠とこれまで管理会計領域において行われてきたレピュテーション研究のインプリケーションを統合することによって，レピュテーション・マネジメントの新たな議論が展開できると期待される。今後の研究においても積極的に取り上げるべき課題であるとの認識をもっている。

　最後に，本研究の内容や得られた知見を公表することによってもたらされるベネフィットという点から，本研究の社会的貢献について指摘したい。本研究のインプリケーションによれば，企業の機会主義的行動を抑制する，すなわち粉飾や過度な利益調整を未然に防止するには，会計制度や監査制度といった法制度を拡充すると同時に，レピュテーションの有効性を明らかにし広く社会に公開することも抑止策の一つになると結論づける。程度の差はあるものの，経営者はレピュテーションを意識した行動を選択している。この検証結果についてはとくに違和感をもたれるものではなく，われわれもその影響を経験的に認知している。そのため，研究成果の公開は市場参加者がこの影響要因を正しく理解することで，より合理的な意思決定を行うために寄与するものと考える。また，この影響要因をより正確に把握することができれば，制度を拡充するアプローチとは異なる新たな制度設計の議論に貢献するものと期待される。

　さらに，本研究の議論やその後の展開については，2011年に発生した東日本大震災後に大きく取り上げられた風評被害についても光をあてるかもしれない。今日に至っても，政府や企業は風評被害に対して効果的な対策を提示できない状況にある。他方で，TwitterやFacebookに代表されるSNSや，スマートフォン，タブレット端末といった情報インフラの発達によって，各人が主観的なレピュテーションを発信したり，他者のレピュテーションを収集したりすることが可能となった。これにより，個人や組織がそれぞれお互いのレピュテーション情報を容易に交換できる環境が整いつつある。このような状況において，レピュテーションに関する研究やその知見を社会に積極的に発信することの社会的意義は極めて大きいと思われる。

4　本書の構成

　本章にあたる序章「本研究の目的と本書の構成」では，本研究の目的と概要について説明するとともに，本書の構成について紹介した。第1節では本書の概要について解説し，第2節では本研究の問題の所在を明らかにした。第3節では本研究の目的と意義を説明するとともに，本研究によってもたらされる学術的貢献と社会的貢献について指摘した。最後第4節では，本書の構成と各章ごとの関係について記述している。

　第1章「レピュテーションの概念的枠組み」では，研究の遂行にあたって必要不可欠な概念的枠組みを提示するとともに，理論的背景や歴史的背景を踏まえながらレピュテーション概念の本質に接近する。第2節では，レピュテーション概念について，様々な学術領域における知見を踏まえながら検討する。第3節では，レピュテーションの理論的背景についてゲーム理論による知見をもとに考察する。そして第4節にて，レピュテーションが歴史的にどのような役割を担ってきたのかについて事例をもとに検討する。第5節では，米国におけるレピュテーションの代表的な評価指標や，わが国における代替的指標について紹介する。最後に第6節において，第1章を要約する。

　第2章「経営者による裁量的会計行動」では裁量行動を取り上げる。そしてその理論的基礎である契約・エージェンシー理論について確認するとともに，機会主義的行動と効率的契約というふたつの本質的動機について説明する。第2節では，契約過程における裁量行動の位置づけについて取り上げて検討する。第3節では，理論的基礎である契約・エージェンシー理論について取り上げる。そして第4節では，契約・エージェンシー理論から説明される裁量行動の動機について説明する。第5節では，研究が抱える本質的課題について取り上げて考察する。最後に第6節において，第2章を要約する。

　第3章「レピュテーションと裁量的会計行動」では，契約・エージェンシー理論で取り上げられるレピュテーションに焦点をあて，レピュテーションが経営者の裁量行動に影響を与えるという命題（レピュテーション動機）について説明する。また機会主義的行動や効率的契約の動機とレピュテー

ション動機を比較検討することで，レピュテーション動機を経験的に検証する必要性について明らかにする。第2節では，裁量行動に横たわる相互排他性の問題を解決するためのアプローチについて検討する。第3節では，レピュテーションと裁量行動の関係について理論的に考察する。そして第4節では，第2章の第3節で取り上げた裁量行動の動機とレピュテーション動機を取り上げて比較検討する。最後第5節において，第3章を要約する。

第4章「裁量的会計行動の動機―先行研究のレビュー―」では，機会主義的行動および効率的契約のふたつの視点から導出された仮説について検証している研究の展開を跡づけるとともに，本研究の主眼であるレピュテーションについて検証した研究を取り上げ，得られた発見事項とその相違，限界点や課題などを明らかにする。そして，今後の研究課題を探ることにする。

第2節では，機会主義的行動を検証した研究に焦点をあてる。実証会計理論の出発点は，機会主義的行動の検証であったといっても過言ではない。そこでまず，実証会計理論の嚆矢とされるWatts and Zimmerman（1986, 1990）の研究を取り上げる。次に，近年の研究としてGunny（2010）の研究を取り上げる。第3節では，効率的契約を検証した研究を取り上げる。前節と同様，先駆的研究であるMian and Smith（1990）の研究，その後の展開と位置づけられるAhmed et al.（2000），Dichev and Skinner（2002）の研究を順に取り上げる。そして第4節では，レピュテーションについて検証した研究を包括的にレビューする。本節ではどの利害関係者を対象とした研究なのかという点に着目し，複数の利害関係者に焦点をあてたBowen et al.（1995, 2008），そして個々の利害関係者に焦点をあてた岡部（1996），Daniel et al.（2008），Ang and Jung（1998），Raman and Shahrur（2008）の研究を順に取り上げる。最後に第5節では，第4章で取り上げた研究とその成果を要約し，今後の研究課題について明らかにする。

第5章「裁量的会計行動の検出方法―先行研究のレビュー―」では，裁量行動の検出方法の展開に着目しながら，これまでの研究で得られた発見事項とその相違，限界点や課題などを明らかにする。そして，今後の研究課題を探ることにする。

第2節では，ヒストグラムによる利益分布の形状を用いて裁量行動の有無

を検証した研究に焦点をあて，Burgstahler and Dichev（1997），Degeorge et al.（1999），須田・首藤（2004）の研究を取り上げる。第3節では，裁量的会計発生高を測定して会計的裁量行動を分析した研究を取り上げることとし，Jones（1991），Dechow et al.（1995），Kasznik（1999）らの研究を順に取り上げる。そして第4節では，近年の研究動向を踏まえ，実体的裁量行動について分析した研究を取り上げる。ここでは，包括的な検証を行っているRoychowdhury（2006），山口（2011）の研究を取り上げるほか，特定の会計項目における実体的裁量行動の検証を行った Herrmann et al.（2003），田澤（2010）の研究を取り上げる。最後に第5節では，第5章で取り上げた研究とその成果を要約し，今後の研究課題について明らかにする。

　第6章「リサーチ・デザイン」では，第2章，第3章の理論的考察，第4章，第5章の先行研究レビューを踏まえ，利害関係者が企業に対して抱くレピュテーションによって経営者が裁量行動を選択するか否かを検証するためのリサーチ・デザインについて検討する。具体的には，検証方法や調査対象となるデータの特性，データの入手方法について取り上げる。第2節では仮説の設定，第3節では裁量行動の測定方法，第4節では推定モデル，第5節ではサンプルの選択および変数の入手方法について順に取り上げる。

　第7章「調査の結果と分析―前年度ベンチマークモデルを用いた経験的な検証―」では，前章のリサーチ・デザインをもとに，レピュテーションが経営者の裁量行動に影響を与えるという命題について前年度ベンチマークモデルを用いて経験的に検証する。第2節では変数の基本統計量，第3節では変数の相関係数を取り上げる。そして第4節にて推定モデルの結果を報告し，発見事項についての分析と解釈を行う。さらに第5節にて追加的検証を行う。最後に第6節において，第7章における検証の要約を行うとともに，研究の限界と今後の研究課題についても明らかにする。

　結章「本研究の要約，限界および今後の研究課題」では，本書における研究の要約を行い，ここで得られた発見事項を整理するとともに，本研究の限界点や今後の研究課題，展望について明示する。第2節で本書を各章ごとの要約し，わが国におけるレピュテーションの有効性を明らかにする。第3節で本研究の限界について明らかにする。最後に第4節において，今後の研究

課題や展望について明示する。

　最後に，補論「レピュテーションと企業業績―企業好感度ランキングを用いた実証分析―」では，『週刊ダイヤモンド』の「企業好感度ランキング」を用いて，レピュテーションが企業業績にいかなる影響を与えるのかということを経験的に検証する。第2節では，財務業績に対するレピュテーションの有効性を検証した先行研究のレビューを行う。第3節ではリサーチ・デザインを明らかにし，そして第4節では第3節で検討した推定モデルを用いた検証を行う。最後に第5節において，本論における検証の要約を行うとともに，研究の限界と今後の研究課題についても明らかにする。

第1章

レピュテーションの概念的枠組み

1 はじめに

　近年，わが国ではレピュテーション（reputation）という概念が注目されている。すでに欧米では，企業の持続的発展の手段として社会的責任（corporate social responsibility; CSR）やレピュテーションといった概念が広く受け入れられている。わが国においても，頻発する企業不祥事の影響によってこれらの考え方がますます重視されるようになってきた。

　レピュテーションとは，評判，風評，名声といった訳語があてられる概念であり，先行研究によれば，企業に対して寄せられる期待の総称と位置づけられる。レピュテーションは，企業が事業活動を通じて様々なステークホルダーと関わりをもつことによって形成される。そのため，ポジティブなレピュテーションをもつ企業は，売上の増加，株価の上昇，優秀な人材の確保といった便益を享受することができる。他方，不祥事が明るみになり企業がネガティブなレピュテーションをもってしまうと，売上の減少や株価の低迷，さらには企業価値を毀損することにつながる可能性もある。そのため，レピュテーションは超過リターンの要因であると同時に，リスク要因にもなりうると認識されるようになってきた。

　このように，レピュテーションが超過リターンの側面のみならずリスクの

側面も含んでいるということになると、経営者もレピュテーションを意識した行動を選択せざるを得なくなる。その影響が会計行動にもあらわれるのではないかというのが本研究の問題意識である。

さて、わが国の会計研究ではレピュテーションを企業業績や企業価値を高める「無形の資産」（intangibles）として認識している[1]。またこのような見地から、企業業績や企業価値に対するレピュテーションの効果を検証する実証研究や、レピュテーションを適切に管理するレピュテーション・マネジメントの有効性について検討する研究も積極的に行われている[2]。これらの成果を要約すると、ポジティブなレピュテーションを有する企業はそうでない企業に比べて競争優位にあることが確かに証明されている。

しかしながら、これらの研究には次のような課題が指摘できる。まず、レピュテーションという抽象的概念を研究対象とするさい、その測定ないし評価にかかる制約条件は極めて高いということである。先行研究においてもいくつかのレピュテーション指標が提起されているが、その測定方法は用いる指標によって異なるためそれぞれが提示する企業の評価は異なるという問題が挙げられる。

また、全体的にポジティブなレピュテーションを有する企業でも、すべての利害関係者から同様に高い評価を獲得しているとは限らないということがわかった。具体的には、株主から高い評価を得ている企業が、取引先や顧客、従業員といったその他の利害関係者からも高い評価を獲得しているとは限らないということだ。つまり、ネガティブな評価やそこからもたらされるリスクの側面に着目した研究はあまり行われていないということである。

さらに、レピュテーションの重要性は認識されつつも、厳密にそのメカニズムを解明するような研究は行われていない。抽象的な概念であるため、そのメカニズムをすべて明らかにすることはとても困難な作業ではあるが、メカニズムの一端でも明らかにされなければ具体的な処方箋を提示することすら困難になってしまう。

以上のような課題を踏まえると、レピュテーション研究をさらに発展させるにはレピュテーション概念の本質的な特徴とそれらの関連を把握する必要がある。そして、レピュテーション概念を構成する本質的属性を明らかに

し，それを定義づけしなければならない。すなわち，レピュテーションの概念化である。そこで本章では，研究の遂行にあたって必要不可欠な概念的枠組みを提示するとともに，理論的背景や歴史的背景を踏まえながらレピュテーション概念の本質に接近する。

第2節では，レピュテーション概念について，様々な学術領域における知見を踏まえながら検討する。第3節では，レピュテーションの理論的背景についてゲーム理論による知見をもとに考察する。そして第4節にて，レピュテーションが歴史的にどのような役割を担ってきたのかについて事例をもとに検討する。第5節では，米国におけるレピュテーションの代表的な評価指標やわが国における代替的指標について紹介する。最後に第6節において，本章を要約する。

2 レピュテーションとは何か

レピュテーション（reputation）とは，一般に「評判」「風評」「名声」といった訳語があてられる概念である。本書では，訳語に対するイメージや主観性をできる限り排除するために，「評判」，あるいは「レピュテーション」と抽象化して議論を進めることにする[3]。

2000年以降，米国におけるエンロンやワールドコムの粉飾決算は，米国経済のみならず世界経済にも大きな影響を与えた事件であった。しかし，これらはレピュテーションの重要性を認識する事例としても取り上げることができる。当時，エンロンの監査を担当していた世界有数の会計事務所であるアーサー・アンダーセンは，粉飾決算やその証拠の隠蔽に関与していたとして解散するという事態にまで至った。この事件が公表される直前まで，エンロン，ワールドコム，アーサー・アンダーセン3社のレピュテーションはかなり高い水準を維持していた。しかし事件が明るみに出ると，3社のレピュテーションは大幅に低下し，業績や株価は急激に下落した。この事件は企業主導の巨額の粉飾事件とみなす一方，レピュテーションの重要性を認識する事例としても大いに有効である[4]。レピュテーションは，企業が事業活動を通じて様々なステークホルダーとの関わりをもつことによって形成される。

それゆえ，ポジティブなレピュテーションをもつ企業は，売上の増加，株価の上昇，優秀な人材の確保といった便益を享受することが可能となる。Fombrun and Van Riel（2004a）の研究では，ポジティブなレピュテーションの効果として次の4つを取り上げている（Fombrun and Van Riel, 2004b, pp. 33-34）。

1. 「優良雇用主」との評価を得ることによって，トップレベルの人材を他社から引き抜き，あるいは他社から引き抜きを阻止する可能性を高めることができる。
2. 「優良サプライヤー」との評価を得ることによって，新たな顧客を獲得し，あるいは顧客のリピート率を高めることができる。
3. 「優良近隣企業[5]」との評価を得ることができ，メディアや地元当局から好意的な評価を受ける可能性が高まる。
4. 「優良投資対象」との評価を得るチャンスが高まり，ライバル企業よりも低いコストで資金を調達し，株価にプレミアムがつく可能性が高くなる。

他方，不祥事が明るみになり企業がネガティブなレピュテーションをもってしまうと，売上の減少や株価の低迷，さらには企業価値を毀損することにつながる。前述した事件のように，レピュテーションの棄損が企業の業績にマイナスの影響を与えるということは理解できた。しかしながら，レピュテーションの向上が企業の業績にプラスの影響を与えた事例も少なからず存在する。ここでは櫻井（2008）の研究で取り上げられた楽天の事例を紹介したい。

プロ野球の新規参入を発表する前の楽天の売上高は約180億円であった。それに対して，プロ野球への新規参入がメディアによって大きく取り上げられた後の2004年12月期の売上高は455億円と2.5倍に増大し，経常利益は44億円から155億円へと3.5倍に増加した（櫻井，2008，p. 66）。もちろん，楽天のようなインターネット企業は告知力が競争優位の源泉となるため，売上高や利益の増加はレピュテーションによるものだけとは限定できな

いにせよ、レピュテーションが企業業績に大きな影響を与える可能性を示唆している。

　Gaines-Ross (2008) によれば、*Fortune* による2006年の最優良企業ランキングで上位10位の平均の株主利益率は、過去5年間と3年間の両方において S&P500 のそれを大幅に凌駕しているとされる。またペンシルベニア州立大学の調査においても、1983年から1997年に評判の良かった企業の投資収益率は 22％ であり、S&P500 の 16％ と比較しても著しく高いことがわかった (Gaines-Ross, 2008,『訳書』p. 9)。このようにレピュテーションが富を創造する可能性をもつことは明らかである。

　レピュテーションの重要性が認識されるようになったのは、企業不祥事の事例だけにとどまらない[6]。われわれや企業を取り巻く社会環境の変化もその一因である。1970年以前は、企業規模こそが企業価値の主要な評価因子とされていた。まさに、「大きいことはいいことだ」という価値観である。しかしながら1980年代以降になると、企業規模ではなく企業のもつ好感度にその重心が移行してきた。

　なぜ好感度の高い会社が好まれるようになったのか。その背景には次の3つが指摘できる。まず、インターネットに代表される情報インフラの整備や拡張が進むにつれ、各人が瞬時にあらゆる情報にアクセスしそれを入手できるようになったことである。次に、PC をはじめスマートフォンやタブレットといった情報通信モバイル端末の普及により、各人が主観的なレピュテーションを発信したり、他者のレピュテーションを収集したりすることが可能となった点が挙げられる。そして3つめは、Facebook や Twitter、LINE、ブログといったソーシャル・ネットワーキング・サービス (SNS) に代表されるように、人と人とのつながりを促進しサポートするコミュニティ型のサービスが普及し、コミュニケーションの枠組みが拡大していることである。こうした新興メディアは新聞やテレビ、雑誌といった旧来のメディアと肩を並べるまでに成長している。

　こうした背景から、各人が企業に対する主観的なレピュテーションを発信したり、他者のレピュテーションを収集したりすることが可能となった[7]。そして、企業のレピュテーション情報も瞬時に拡散し共有されるようになっ

た。2014年末から2015年初にかけて日本マクドナルドやまるか食品（ペヤングソースやきそば）で発生した異物混入事件では，インターネットを通じた消費者の情報発信や告発によって問題が発覚し，消費者との話し合いによる従来の対応では追いつかない状況が浮き彫りとなった。ポジティブなレピュテーションを醸成できた企業は売上を伸ばし超過リターンを獲得するだけでなく，優秀な人材を集めることができる。他方，不祥事を起こして評判を落とした企業は社会から容赦なく糾弾されるだけでなく，売上の減少や株価の低迷といったマイナスの影響を被ってしまう。いわばレピュテーションは諸刃の剣であり，超過リターンの要因であると同時にリスク要因にもなりうるのである。

　さて，ここからはレピュテーション（評判）概念について考察していきたい。そもそも評判には，「ある人の過去の行動によって評価・記述される，他者から与えられた特徴や属性」（Wilson, 1985, p. 27）や，「ある対象に対して個人や集団が与えた好ましさの査定」（Standifird, 2001, p. 281）という定義がある。ここでは「ある人ないし対象（集団，組織，企業，製品等々）に対して第三者により与えられた，その対象の特性ないし属性についての査定」（山岸・吉開，2009, p.106）という定義を用いる。たとえば，「A社は環境に配慮する会社らしい」という評判が発生する背景には，過去にA社が環境に配慮する姿勢が観察されていることが前提となる。すなわち，過去の企業行動が将来の企業行動を予測するという仮説のもとに評判は発生し成立することになる。

　こうして発生した評判にはふたつの役割が期待されている。ひとつは評判の情報提供的役割である。われわれの情報探索能力には限界があるため，必要な情報をすべて入手することはできない。また，仮にすべての情報を入手することができたとしても，そのなかから必要な情報のみを取捨選択する情報処理能力にも限界がある。したがって，限定合理性（bounded rationality）の世界に生きるわれわれは，信頼できる相手や集団内で評判の情報を共有し蓄積することで合理的意思決定に役立てることもひとつの可能性となりうる。これが，評判がもつ情報提供的役割である。たとえば，前述したように「A社は環境に配慮する会社らしい」という評判が存在した場合，過去にA

社が環境に配慮する姿勢が観察されていることから将来も環境に配慮する企業行動を選択すると予測できる。それが観察者の何らかの意思決定に役立てられるという意味において，評判は一定の情報を提供しているといえる。ただし，評判情報の質や信頼性がその情報源に依存することはいうまでもない。

　もうひとつは，評判の統制的役割である。たとえば，企業が特定の業界や市場において特定の相手と長期にわたって取引を行う場合，取引の状況（契約の履行状況）に関する情報は取引相手や業界，市場に知れ渡ることになる。もし企業が契約を履行しなければ，業界や市場における評判は低下し今後の取引に支障をきたすことになる。そのため，わが国のように閉鎖的で長期継続的な関係を重視する社会では，契約の不履行によってもたらされる短期的な利益よりも，契約を履行することで自社の評判を守り，それによって得られた利益を過大に評価するのである（Rousseau, 1995, p. 25）。このように，法的拘束力がないにもかかわらず，企業が自らの評判を守るために契約を履行するよう拘束されることを評判の統制的役割という。人に親切にするとよい評判ができ，それによって他の人からも親切にされるかもしれない。「人間」も「企業」も，最後は自分自身の利益につながるのではないかという間接的な互恵性を重視した意思決定を選択しているのかもしれない。「情けは人の為ならず」ということわざもこうした特徴を表現したものである。

　加えて，レピュテーションは諸刃の剣であり，超過リターンの側面とリスクの側面をもつということを検討しなければならない。ここで，リスクの側面をレピュテーション・リスク，リターンの側面をレピュテーション・リターンと表現して考察したい。まずレピュテーション・リスクとは，ネガティブな評判を被ることによって経済的かつ社会的にマイナスの影響を受けるリスクを示す。それは，利害関係者が思い描く企業の理想像と実態の姿が異なる，すなわち期待ギャップが発生することで顕在化するものである。前述した企業不祥事の事例からもわかるように，レピュテーション・リスクとその経済的帰結については容易に想像できる。また，昨今の「ブラック企業問題」が語るように，若者を過重労働や違法労働に従事させる会社を糾弾す

る風潮は高まりつつある。

　ゆえに，レピュテーション・リスクを正しく理解し適切に管理することが重要になってくる。リスクを最小限に抑えるにはどうすべきか，リスクが顕在化した場合の対処方法は何か，日常の企業経営においてこのようなリスクをどの程度見積もればよいのかなど，経営者はレピュテーション・リスクを認知して適切に対処し企業イメージの低下を防がなければならない。前述した企業不祥事の事例を反面教師としながらも，具体的な損失を image することができれば，manage もやりやすくなるであろう。

　次に，レピュテーション・リターンとはポジティブな評判を得ることで追加的にもたらさせるリターンのことである。レピュテーション・リターンと似て非なる研究領域にブランドやのれんが存在する。まさに超過収益力をもたらす無形の資産である。ブランドとは，商品やサービス，あるいは企業体そのもののもつ訴求力のことである。高いブランドをもつことによって，企業は価格決定権を支配することができ超過収益力を有することになる。またM&Aなどの企業結合会計では，売買価格と取得原価との差額を（正の）のれんと定義し企業の超過収益力を暫定的に評価している。

　レピュテーション・リターンもこうした発想と同じである。利害関係者から好意的な評価や口コミがなされると，企業にはより良い評判が蓄積される。こうした評判が周囲に浸透することによって，商品やサービス，あるいは企業体そのものの訴求力が高まり超過収益力をもたらすのである。そのため，レピュテーションが蓄積されるプロセスもブランド構築のそれと同じ方向性をもつと考えられる。

　Fombrun and Van Riel（2004c）によれば，証券アナリストなどの資本市場関係者は優良企業の時価総額にレピュテーション・リターンが含まれていることを経験的に知っていると指摘する。そして，レピュテーション・リターンは「強気相場のときには同種株式の株価上昇率より大きな株価の引き上げをもたらし，逆に弱気相場のときには当該企業の株価が平均株価の変動幅ほど下がらないようにする下支え効果を発揮する」と説明している（Fombrun and Van Riel, 2004c,『訳書』p. 1）。

　しかしながら，より多くの経営者がレピュテーションの重要性を認知し，

社会により良い製品やサービスを提供し続けていくインセンティブを啓蒙するためには，より良い評判を得た企業が真にレピュテーション・リターンを獲得しているかということを経験的に検証する必要がある。レピュテーション・リスクであれば事例も豊富にあり，不祥事による経済的損失もある程度概算することが可能である。しかし，わが国においてレピュテーション・リターンに関する経験的検証はその時点において存在していなかった。これが本研究の出発点でありレピュテーションを研究する意義である。リスクやリターン，またその影響を適切に把握し企業の持続的発展や企業価値の向上につなげられるかが企業の新たな課題となるであろう。こうした研究を通じて，レピュテーションの重要性を正しく理解することにこそ大きな意義があると考える。なお，レピュテーション・リターンに関する経験的検証については本書の補論で明らかにしている。

以上のように，レピュテーションはリスクとリターンの両方の要素を含んでいる。それゆえ，経営者はおのずとレピュテーションを意識した行動を選択せざるを得なくなる。レピュテーションの統制的役割が機能するためである。その影響が会計行動にもあらわれるのではないかというのが本研究の問題意識である。

さて今日，レピュテーションは様々な学術分野において活発に議論されている。Fombrun and Van Riel（1997）の研究によれば，経済学，戦略論，マーケティング，組織論，社会学，会計学といった6つの分野[8]において研究がなされている（Fombrun and Van Riel, 1997, pp. 5-10）。現在では，脳科学，心理学，生物学，情報通信といったより広範な領域においても取り上げられている[9]。

様々な学術分野においてレピュテーションの共通の理解はあるものの，当然のことながらその定義や解釈は研究領域によって異なる。なぜならば，同じ概念に対して様々な研究者がそれぞれの研究分野から概念化を行っているからである。そのため，レピュテーションという概念に対しては統一的な定義が存在しないのである。その点を指摘したBarnett et al.（2006）は，レピュテーションという概念が資産（asset），評価・期待（assessment），認知（awareness）という3つの要素を内包したものと指摘し，様々な学術分野で

用いられるレピュテーションの定義を資産，評価，認知という3つのカテゴリーに分類した。以下の図表1-1，図表1-2，図表1-3がそれである。

Barnett et al.（2006）による3つの分類を受けて，平屋（2008a）はレピュテーション情報の発信者と受信者を区別しその主体と客体の関係を考慮しながら資産，評価・期待，認知という3つの関係を図表1-4のように要約した。

図表 1-1　資産としてのレピュテーションとその名義的定義

Cluster	Citation	Terms
Asset	Goldberg et al. (2003)	An intangible resource
	Mahon (2002)	(Strategy scholars) A resource for the firm (Social scholars) An asset Financial soundness
	Miles and Covin (2002)	A valuable but fragile intangible asset
	Fombrun (2001)	Economic asset
	Drobis (2000)	Intangible asset
	Miles and Covin (2000)	Intangible asset
	Fortune AMAC: Fombrun et al. (1999)	Wise use of corporate assets Quality of management Quality of products or services Innovativeness Long-term investment value Financial soundness Ability to attract, develop and keep talented people Responsibility to the community and the environment
	Riahi-Belkaoui and Pavlik (1992)	Important asset
	Spence (1974)	Outcome of a competitive process

出所：Barnett et al. (2006) p. 30.

図表 1-2　評価としてのレピュテーションとその名義的定義

Cluster	Citation	Terms
Assessment	Larkin (2003)	A value judgment
	Lewellyn (2002)	Stakeholders' evaluation of their knowledge of a firm
	Mahon (2002)	An estimation of a person or thing
	Wartick (2002)	The aggregation of a single stakeholder's evaluations (1992 def.)
	Bennett and Gabriel (2001)	Distribution of opinions
	Fombrun (2001)	Subjective, collective assessment Judgment of firms' effectiveness Aggregate judgments
	Fombrun and Rindova (2001)	Gauge of the firm's relative standing
	Gotsi and Wilson (2001)	Overall evaluation of a company over time
	Bennett and Kottasz (2000)	Opinions of an organization developed over time
	Cable and Graham (2000)	Affective evaluation
	Deephouse (2000)	Evaluation of a firm
	Dukerich and Carter (2000)	Assessments based on perceptions
	Fombrun and Rindova (2000)	General esteem Regard in which the firm is held
	Gioia et al. (2000)	Lasting, cumulative, global assessment
	Schweizer and Wijnberg (1999)	A shorthand evaluation about the stock of information about that firm
	Fombrun (1998)	Describes the firm's overall attractiveness
	Gray and Balmer (1998)	A value judgment about a company's attributes
	Rindova and Fombrun (1998)	Aggregate assessment of constituents of an organization
	Fombrun and van Riel (1997)	Aggregate assessment of a firm's performance Subjective collective assessment Gauges a firm's relative standing
	Post and Griffin (1997)	Synthesis of the opinions, perceptions and attitudes
	Fombrun (1996)	Overall estimation of a firm Compared to some standard
	Herbig and Milewicz (1995)	An estimation of consistency
	Brown and Perry (1994)	The evaluation of a company
	Dowling (1994)	An evaluation (respect, esteem, estimation)
	Dutton et al. (1994)	Beliefs about what distinguishes a firm
	Fombrun and Shanley (1990)	Public's cumulative judgments
	Bernstein (1984)	The evaluation of what a company does

出所：Barnett et al. (2006) p. 30.

図表 1-3　認知としてのレピュテーションとその名義的定義

Cluster	Citation	Terms
Awareness	Larkin (2003)	Reflection of a (firm's) name
	Pharoah (2003)	Exists in the eye of the beholder
		Exists in a million different minds
	Einwiller and Will (2002)	Net perception
	Mahon (2002)	Includes notions of corporate social responsibility
	Roberts and Dowling (2002)	A perceptual representation of a company's past actions and future prospects
		Global perception
	Balmer (2001)	Latent perception of the organization
	Fombrun (2001)	Collective representation of past actions and future prospects
		Individual perceptions and interpretations
	Fombrun and Rindova (2001)	A collective representation of a firm's past actions and results
	Hanson and Stuart (2001)	The corporate image over time
	Zyglidopoulos (2001)	Set of knowledge and emotions
	Bennett and Kottasz (2000)	Perceptions of an organization developed over time
	Ferguson et al. (2000)	What stakeholders think and feel about a firm
	Fombrun and Rindova (2000)	Aggregate perceptions
	Miles and Covin (2000)	Set of perceptions
	Mouritsen (2000)	An ambiguous assemblage of hunches
	Stuart (2000)	A set of attributes that observers perceive to characterize a firm
	Balmer (1998)	The perception of a firm
	Fombrun (1998)	Collective representation of past actions
	Fombrun and van Riel (1997)	A collective representation
	Post and Griffin (1997)	A collective representation of a firm's past actions and results
		A synthesis of opinions
	Fombrun (1996)	A snapshot reconciling multiple images
		A perceptual representation of a firm's past actions
		Net or aggregate perceptions
		'Net' affective or emotional reaction
	Yoon et al. (1993)	Reflects the history of past actions
	Andersen and Sorensen (1999, 1992)	A shared bundle of attributes
	Smythe et al. (1992)	A corporation's values
	Weigelt and Camerer (1988)	A set of economic and non-economic attributes
	Levitt (1965)	A buyer's perception of how well known, good/bad, reliable, trustworthy, reputable and believable a firm is

出所：Barnett et al. (2006) p. 31.

図表 1-4　レピュテーションにおける資産，評価・期待，認知の関係

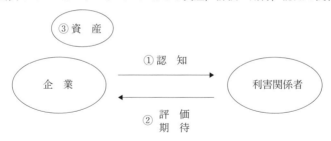

　Barnett et al.（2006）が示した3つのカテゴリーは，レピュテーション情報の発信者と受信者を区別しその主体と客体を明らかにすることでそれぞれの関係性が見えてくる。まず①認知というカテゴリーでは，商品やサービス，あるいは企業そのものが有するイメージが利害関係者にどのように認知されるかという視点から研究がなされている。すなわち，情報の受信者としての利害関係者に注目した研究である。

　次に②評価・期待というカテゴリーでは，利害関係者がどのようなレピュテーションを醸成し発信するかという視点から行われる研究である。したがって，認知のカテゴリーと同様に利害関係者に着目した研究であるが，利害関係者が発信する情報に焦点があてられている点に違いが見られる。

　最後に③資産というカテゴリーでは，利害関係者が発信したレピュテーション情報が企業に蓄積されることによって，企業に超過リターンや競争優位をもたらすという点に焦点があてられる。会計学で取り上げられる「インタンジブルズ（intangibles）」「ブランド」「のれん」といった広義の無形資産もこの視点から展開される研究である[10]。本書の補論で示されるレピュテーション・リターンに関する経験的検証もこのアプローチによるものである。

　本研究の主眼は，経営者が裁量行動を選択するさいに利害関係者が企業に対して抱くレピュテーションを少なからず考慮するかどうかという点にある。そこで本研究では，レピュテーションを企業に対して寄せられる期待の総称と位置づける。Barnett et al.（2006）の分類によれば，②評価・期待のカテゴリーに即した位置づけである。その理由は，③資産のカテゴリーに属する研究の中心的課題であるレピュテーションの価値関連性（value relevance) を明らかにすることよりも、レピュテーションという因子が会計学の世界にも存在し、影響しうるものなのかを明らかにすることが優先順位として先であると考えたためである。

会計学ではレピュテーションを「インタンジブルズ」と位置づけ、それが超過リターンや競争優位をもたらすと認識されている。しかしながら、これらがいかにして創造され、超過リターンや競争優位をどのようにもたらすかという因果メカニズムの解明には至っていない。レピュテーションが会計学の世界でどのように機能するかを明らかにすることで、将来の会計研究への新たな展開につながるのではないかと期待する。

3 レピュテーションの理論的背景―ゲーム理論―

ゲーム理論を用いてレピュテーションを理論的に明らかにしたのは Kreps and Wilson (1982) や Kreps (1990) の研究である。本節では、Kreps and Wilson (1982) や Kreps (1990) の研究を参考に、ゲーム理論のなかでもっとも有名なゲームのひとつである「囚人のジレンマ」をもとにレピュテーションの特性について考察する[11]。

まずゲーム理論とは、複数の主体が存在する状況下での意思決定について問題とする理論である。そして「囚人のジレンマ」とは、個々の最適な選択が全体として最適な選択とはならない状況の例として取り上げられる問題である。ここからの議論は「囚人のジレンマ」にもとづいて行われるため、まず「囚人のジレンマ」について整理する。本来は囚人2人の自白か黙秘かという選択の問題として例に挙げられるが、ここでは小田切 (2010) による例を用いて説明する。図表1-5はAとBの2人のプレーヤーがそれぞれ相手を信頼するかしないかに応じて得られる利得（ドル）を示している。

左側の数値がAの利得を示し、右側の数値がBの利得を示す。双方ともに相手を信頼して行動すれば、それぞれ10ドルずつ得られる。しかしこのゲームでは、人々はリスク回避の傾向が強いという前提から身を守ることを優先すると想定されるため、実現されるのは (0, 0) という両者にとって望ましくない利得の組合せになると考えられる[12]。

図表 1-5　囚人のジレンマ

		B	
		Aを信頼する	Aを信頼しない
A	Bを信頼する	(10, 10)	(-5, 15)
	Bを信頼しない	(15, -5)	(0, 0)

出所：小田切（2010）p.247。

「囚人のジレンマ」ではA，Bは互いに独立で，かつ同時に意思決定すると仮定されるが，意思決定が逐次的に行われると想定された場合のゲームの構造を図表1-6に示す。

この場合，AがBを信頼しないならば，Bはこのことを知って当然Aを信頼せず両者とも利得はない。他方，AがBを信頼していることをBが知ったとき，Bにはこの信頼に応えるか，あるいはそれを裏切るかの選択がある。信頼に応えれば両者とも10ドルずつ得られるが，もちろんBにはAを裏切り15ドル得ようというインセンティブが働く。しかし，Aもまたこのことを知っているため，Aは最悪のケース（-5ドル）を避けるべくBを信頼しない。最適な組合せは（10，10）であるにもかかわらず，結局「囚人のジレンマ」と同様，両者とも0ドルという低均衡に落ち着いてしまうので

図表 1-6　信頼の逐次ゲーム

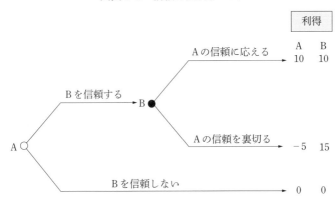

出所：小田切（2010）p.248。

ある（小田切，2010，pp. 247-248）。

　しかし，このゲームが無限回繰り返されるならば「囚人のジレンマ」問題は解消される可能性が見えてくる。AがBを信頼し，BもAを信頼すれば，Aはその信頼に応え次期もBを信頼するであろう。またBが繰り返し信頼に応じることで20ドル（＝10ドル＋10ドル）の総利得を獲得し，裏切ったときの総利得15ドルを上回ることになる。相手が協調的行動を選択するかぎり自分も協調的行動を選択し，相手が非協調的行動を選択した場合には相手にペナルティ（ゲームの中断や非協調的行動の選択）を与える。こうした状況依存型の戦略が均衡解となる。これをゲーム理論では「評判メカニズム」と呼んでいる。図表1-6では，信頼に応えるというレピュテーションを作り上げたことによってBはAの信頼を勝ちとることができ，長期的により高い利得を獲得するのである。

　ここで問題となるのは，次の2点である。まず，「評判メカニズム」には無数の均衡が存在しうるということである。前述の例では，実際にゲームが始まる前の状況下でプレーヤー間の共通の「期待」が，協調的行動を選択しなければペナルティを受けるという均衡解をもたらした。それゆえ，ペナルティの種類や程度，その継続期間が変化するとおのずと均衡解も変化しうる。また，プレーヤーの数が増加すると，各プレイヤーの過去の行動を記録しその情報を伝達する，またペナルティを効率的に実行しうるようなメカニズムが必要になってくる。こうしたメカニズムのあり方によっても，各プレーヤー間で共有されうる「期待」とそれにともなって選択される行動が変わりうるかもしれない（青木，1996，pp.23-45）。

　次に，「評判メカニズム」が機能し維持されるには，個人間の「信頼」や「信用」「期待」に依存するという点である。たとえば，プレーヤーが非協調的行動を選択した場合にはそのような評判が広まり，共同体の誰しもがそのプレーヤーとの取引を拒否するというような期待がそれである。こうした期待をGreif（2006）は「集団主義的文化的信念」と呼んでいる。また，契約の履行やペナルティの効率的な実行については，第三者的な強制機関や法的機関の存在が必要である。こうした機関の存在とそれに対する「期待」や「信頼」がなければ，契約の履行を促すことはできないのである（青木，

1996, pp. 23-45）。

　Kreps（1990）は B を企業として捉えた。株主や経営者，従業員が変わっても企業という組織は継続して存在し続けることができる。それゆえ企業は，正直な取引相手であり信頼に応えてくれるというレピュテーションを維持するインセンティブをもつと指摘している。それによって，労働者 A は安心して採用され雇用主 B の権限に服することができる。あるいは，供給業者 A は買い手企業 B が購入し続けてくれるものと信じて関係特殊的な投資を行うことができる。消費者 A はメーカー B が自社のブランドの評判を守るために欠陥商品を生産しないはずだと信じて買うことができる（小田切，2010，p. 251）。このように，Kreps（1990）はレピュテーションの維持・向上が企業の長期的利益につながるということを理論的に明らかにしているのである。

　本節では，Kreps and Wilson（1982）や Kreps（1990）の研究をもとに，レピュテーションが企業の機会主義的行動を制約し「囚人のジレンマ」の状況を避けるための役割を果たすことを明らかにした。また繰り返しゲーム理論を用いて，レピュテーションを維持することが長期的により高い利得の獲得につながるということを理論的に考察した。こうした背景から，レピュテーションはレピュテーション・リスクとレピュテーション・リターンの両方の要素を持ち合わせることを指摘することができる。これこそ，経営者がレピュテーションを意識した会計行動を選択せざるを得ない理論的要因である。

4　レピュテーションの歴史的背景

　Kreps and Wilson（1982）や Kreps（1990）はレピュテーションを理論的に考察した。他方，レピュテーションの効果を歴史的に実証したのは Greif（2006）である。本節では，レピュテーションが歴史的にどのような役割を担ってきたのかについて Greif（2006）の研究をもとに検討する。

　歴史的に，レピュテーションという概念がいつの時代から意識され，認知されるようになったかといえば定かではない。しかしわれわれ人類は，古く

から自身に対する他者からの評価がなんらかの影響を及ぼすことを経験的に認知していたと考えられる。それを裏づけるのが，Greif（2006）の取り上げた中世ヨーロッパの遠隔地貿易（地中海貿易）の事例である。Greif（2006）は，11世紀の地中海遠隔地貿易に従事したマグリブ貿易商（ユダヤ人貿易商）の評判の効果を一次史料にもとづく歴史分析とゲーム理論の均衡分析を用いて分析した。

9-10世紀頃の地中海貿易では，商品の取引量も少なく信頼できる通信手段も少なかったため，一般に商人は自分で商品を運搬して取引を行っていた。なぜならば，遠隔地貿易を行う商人が現地の商人を代理人として雇用し取引を任せてしまうと，監視の行き届かない遠隔地で取引代金を横領したり商品とともに逃亡したりするリスクが存在したためである。

しかし11世紀に入ると，イスラム教圏地中海地域に広範な情報ネットワークが形成され，貿易商人間のエージェンシー関係に大きな変化が生じたとされる。商人たちは互いに信用情報を照会しあえるようになり，評判失墜によって被る一商人の損失規模が拡大したのである。これにより，遠隔地の商人を代理人として雇用した方がより経済的になったとされる（Milgrom and Roberts, 1992, pp. 284-286）。

そこに台頭してきたのがマグリブ貿易商である。マグリブ貿易商とは，地中海貿易において活躍したユダヤ人貿易商である。彼らは，遠隔地間で貿易を行うにあたり同じユダヤ人商人を遠隔地における代理人として利用していた。そして，この委託-受託の関係，すなわちエージェンシー関係において代理人に誠実な行動を行わせることに成功し，遠隔地貿易を拡大したのである。ではなぜ，代理人は横領や背任といった裏切り行為によって利益を得ることを選択しなかったのか。

マグリブ貿易商は，商人グループのなかでもし代理人が裏切り行為を行った場合には，商人グループ全員がその代理人を再雇用しないということを取り決めていたのである。そのため，代理人は誠実な行動をとらざるを得なくなった。まさに，評判失墜による損失コストが増加したためである。

このように，マグリブ貿易商は裏切り行為に関する情報をグループメンバーで共有し，裏切りが発生した場合には地中海全域から締め出すという村

八分型の多者間懲罰メカニズム（Multilateral Punishment Strategy）を採用することにより，代理人を用いた遠隔地貿易を成功させ発展したのである。

ここで，前節で紹介したゲーム理論を用いてマグリブ貿易商と代理人の関係を考察する。仮に，マグリブ貿易商と代理人の関係が1回限りである場合は両者の協調関係は達成しない。代理人にとっては，裏切り行為を選択することこそ最大の利益を手に入れることができるからである。しかしながら，両者の関係が1回限りでなく長期間にわたって継続するとなると別の均衡解が生まれる。代理人は裏切り行為によって目先の利益を獲得することよりも，マグリブ貿易商との信頼関係が崩れることで失う将来の利益を重視し，誠実な行動を選択して今後の取引に支障をきたすことを避ける。これが無限回繰り返しゲームの均衡解である。

このように，Greif（2006）が紹介したマグリブ貿易商の事例をひも解いていくと，商取引の発展には売り手と買い手，また商行為に携わる人々との間でお互いに交わした合意が遵守されるという信頼関係の成立が必要であったと考えられる。先ほどの考察でもわかるように，マグリブ貿易商のグループメンバーが過去に裏切り行為を行った代理人を雇用しないのは，他のグループメンバーもその代理人を将来にわたって雇用しないと期待されるためである。代理人もそのことを理解するがゆえに誠実な行動を選択し続けるという均衡が生まれる。こうした信頼関係の成立の背景に，レピュテーションが大きなインセンティブを有していたと結論づけることができる。

経済学の祖である Adam Smith もその著書[13]のなかで，信頼関係の根底にはレピュテーションがあるという記述を残している。Milgrom and Roberts（1992）によれば，Adam Smith は商人の扱う取引量が大きくなるほど貴重な取引上の評判を擁護するために誠実に行動するインセンティブがより大きくなると指摘している（Milgrom and Roberts, 1992, p. 285）。つまり，契約遵守を保証する重要なメカニズムとしてレピュテーションが機能していたと考えることができるのである。この点は，インターネットの普及や企業のグローバル化にともなう新たな情報ネットワークが形成された今日の経済社会や企業にも十分あてはまると考えられる。

以上のように，レピュテーションの役割について歴史的事例をもとに検討

すると，契約遵守を保証するための重要なメカニズムとして機能していたことが窺える。この知見は，本研究が契約・エージェンシー理論によってレピュテーションを概念化するアイディアに結びついている。その詳細については第3章で議論することとする。

5 レピュテーションの評価指標

　レピュテーション指標が世界的に提唱されたのは1980年代以降である。それ以前は企業規模こそが企業価値の主要な評価因子とされていた。まさに，「大きいことはいいことだ」という価値観である。しかしながら，1980年代以降になると企業規模ではなく企業のもつ好感度にその重心が移行してきた。

　具体的には，1982年に公表された *Fortune* の「米国でもっとも称賛される企業」を皮切りに，1983年の McKinsey and Company の「米国で働くのに最高の100社」，1988年の *Business Week* の「ベスト・ビジネス・スクール (Best Business School)」，1999年の *Harris Interactive* の「Reputation Quotient」に代表されるように，数多くのレピュテーション指標が企業価値の測定を補う重要なツールとして重宝されるようになった。また企業側としても，レピュテーション指標は自社の強みと弱みを可視化するツールであり，何が企業価値を向上させるか（低下させるか）を分析して企業価値の向上に役立てる羅針盤となっている。

　本節では，米国における代表的なレピュテーション指標として取り上げ，その意義と課題を明らかにする。また，わが国にはレピュテーション指標が存在していないが，その代替として注目される週刊ダイヤモンドの「企業好感度ランキング」，日本経済新聞社の「日経優良企業ランキング（CASMA）」，日本経済新聞社の「優れた会社ベスト300（PRISM）」，日本経済新聞社の「ナイセス（NICES）」の4つについても概観する。なお，わが国の指標については厳密にレピュテーション指標と定義することができないため紹介のみにとどめる。

5.1 Fortune の「米国でもっとも称賛される企業（AMAC）」と「世界でもっとも称賛される企業（WMAC）」

　1982年から開始された「米国でもっとも称賛される企業」（以下，AMACとする）は，米国におけるもっとも信頼性の高い調査のひとつと位置づけることができる。米国では大きな影響力をもつ指標であり，もっとも長い歴史をもつ典型的なレピュテーション指標である。現在では「世界でもっとも称賛される企業」（以下，WMACとする）が国際的に影響力のある指標として認知されている。

　AMACならびにWMACでは，Fortune 1000とFortune Grobal 500から企業を抽出し各業界の経営幹部やアナリストが9つの評価項目に対して評価を行う。そのうち3つは財務指標であり，残り6つが非財務的な指標である。財務指標には長期的な投資価値，財務健全性，企業資産の活用が取り上げられ，非財務指標は経営者の資質，製品・サービスの品質，革新性，人的管理，社会的責任，国際競争力によって評価される。図表1-7に2014年に公表されたWMACのランキングを示す。

　AMACならびにWMACの評価項目や属性については少なからず批判も存在する。Fryxell and Wang（1994）によれば，①企業業績が良くなればレピュテーションが向上するという非現実的な相関関係を前提としている，②利害関係者の属性に比べて財務業績のウェイトが大きい，③全体として論理的な構成になっていないと批判している（Fryxell and Wang, 1994, pp. 1-14）である。

　他方，このような批判に対して櫻井（2005）は，ステークホルダーという点から株主（長期的な投資価値，財務健全性，企業資産の活用），顧客（製品とサービスの品質，革新性），経営者（経営者の資質），従業員（人的管理）および社会（社会的責任）の立場がバランスよく取り上げられており，1980年代に提唱された指標としてはじつによく練られた属性で構成されていると指摘している。また，企業の主要な目的が営利の追求にあることを認める限りにおいて，財務業績を重視するのは当然でありレピュテーションと財務業績との間に強い相関も認められることから，必ずしも非論理的な指標とはいい切れないと考察している（櫻井，2005, pp.18-19）。

図表 1-7 Fortune World's Most Admired Company 2014

順位	企業名	業種	国
1	Apple	Computers	USA
2	Amazon.com	Internet Services and Retailing	USA
3	Google	Internet Services and Retailing	USA
4	Berkshire Hathaway	Insurance: Property and Casualty	USA
5	Starbucks	Food Services	USA
6	Coca-Cola	Beverages	USA
7	Walt Disney	Entertainment	USA
8	FedEx	Delivery	USA
9	Southwest Airlines	Airlines	USA
10	General Electric	Electronics	USA
11	American Express	Consumer Credit Card and Related Services	USA
12	Costco Wholesale	Specialty Retailers	USA
13	Nike	Apparel	USA
14	BMW	Motor Vehicles	Germany
15	Procter & Gamble	Soaps and Cosmetics	USA
16	IBM	Information Technology Services	USA
17	Nordstrom	General Merchandisers	USA
18	Singapore Airlines	Airlines	Singapore
19	Johnson & Johnson	Pharmaceuticals	USA
20	Whole Foods Market	Food and Drug Stores	USA
21	Samsung Electronics	Electronics	South Korea
22	McDonald's	Food Services	USA
23	3M	Medical Products and Equipment	USA
24	Microsoft	Computer Software	USA
25	Toyota Motor	Motor Vehicles	Japan
26	Boeing	Aerospace and Defense	USA
27	Exxon Mobil	Petroleum Refining	USA
28	Wal-Mart Stores	General Merchandisers	USA
29	Target	General Merchandisers	USA
30	J.P. Morgan Chase	Megabanks	USA

出所：Fortune ホームページ , http://fortune.com/（accessed September 21, 2014).

5.2 *Harris Interactive* の「Reputation Quotient (RQ®)」

「Reputation Quotient」（以下，RQ®とする）はもともと，ニューヨーク大学の Fombrun 名誉教授と Reputation Institute によって 1999 年に作成された指標であり，現在では *Harris Interactive* が引き継いでレピュテーションの評価を行っている。調査は毎年行われ *Harris Interactive* によって結果が公表されている。

RQ®には 6 つの評価項目があり，製品とサービス，財務業績，職場環境，社会的責任，ビジョンとリーダーシップ，情緒的アピールとなっている。そしてそれぞれの属性として 20 の項目が挙げられている。評価項目と属性の詳細については図表 1-8 のとおりである。

前述した AMAC や WMAC との相違点は，AMAC や WMAC が財務業績を中心した経済価値の評価にその重点を置いているのに対し，RQ®は情緒的アピールといった経済価値以外の非財務的側面を重視している点である。また，経営者やアナリストといった専門家が中心となって評価する AMAC や WMAC に対して，RQ®の調査対象は経営者やアナリストに限定されず広く一般生活者を中心に評価がなされることも大きな違いである。レピュテーションの概念から考察すれば，一般生活者を中心に評価がなされる RQ®の方が妥当であると考えられるが，評価項目のウェイトについては結果に大きく影響することから議論が分かれるところである。また，米国のみならず世

図表 1-8　RQ®の評価項目と属性

評価項目	属性
情緒的アピール	好感度，賛美と尊敬，信頼
製品とサービス	高品質，革新性，価格に見合った商品価値，商品の事後サービスと保証
ビジョンとリーダーシップ	市場機会，卓越したリーダーシップ，将来への明確なビジョン
職場環境	魅力的な職場，すぐれた社員，公平な報酬制度
財務業績	収益性，低い投資リスク，高い成長，競合他社よりすぐれた業績
社会的責任	善良な社会人への支援，環境責任，地域社会への責任

出所：櫻井（2011）p.133 を参考に筆者作成。

界23カ国でグローバルに活用されている点もRQ®の可能性を物語っている。図表1-9では2013年に公表されたRQ®によるランキングを示す。

越智（2006）によれば，RQ®の特徴[14]として以下の3つを挙げることができるという（越智，2006，p. 40）。

1. 評価項目に消費者視点だけでなく，従業員，地域社会，株主・投資家といった多様なステークホルダーの視点が組み込まれていること。
2. 調査結果から評価項目相互の相関関係を分析することでレピュテーションに影響を与えているドライバー（原動力）を特定でき，ステークホルダーに伝えるべき企業メッセージの明確化が可能になること。
3. グローバルレベルでの把握と比較ができるようRQ®の普及と測定をグローバルレベルで展開していること。

他方で，Van Riel and Fombrun（2007）はRQ®の問題点を次のように指摘している（櫻井，2011，p. 139）。

1. 情緒的アピールの指標があいまいでわかりにくい。とくに，他の指標との相関関係が明確に区分出来ない。情緒的アピールは他の5つの評価項目に共通する指標として位置づける方がすっきりする。
2. コーポレート・レピュテーションの毀損の回避に役立つ指標が用意されていない。具体的には，現代のレピュテーション・マネジメントに不可欠なコンプライアンスや倫理，ガバナンスといった指標が含まれていない。
3. 6つの評価項目が同じウェイトで評価されているのは問題である。現実の経営では，各指標は同じウェイトではなく，重要度には濃淡の違いがあるはずである。たとえば，製品とサービスは職場環境よりははるかに重視されるべき要因である。

5.3　*Reputation Institute*の「RepTrak®」

2005年に登場したレピュテーション指標が，*Reputation Institute*が公表す

図表 1-9　The 2013 RQ®The Reputations of the Most Visible Companies

順 位	企 業 名	RQ®	国
1	Amazon.com	82.62	USA
2	Apple	82.54	USA
3	Walt Disney	82.12	USA
4	Google	81.32	USA
5	Johnson & Johnson	80.95	USA
6	Coca-Cola	80.39	USA
7	Whole Foods Market	78.65	USA
8	Sony	78.29	Japan
9	Procter & Gamble	77.98	USA
10	Costco Wholesale	77.95	USA
11	Samsung Electronics	77.70	South Korea
12	Kraft Foods	77.46	USA
13	USAA	77.39	USA
14	Nike	77.24	USA
15	Microsoft	76.46	USA
16	The Home Depot	76.27	USA
17	Lowe's	75.67	USA
18	Berkshire Hathaway	75.63	USA
19	Toyota Motor	75.59	Japan
20	Ford Motor	74.96	USA
21	Starbucks	74.82	USA
22	Target	74.82	USA
23	PepsiCo	74.47	USA
24	Macy's	74.44	USA
25	Honda Motor	74.22	Japan
26	Dell	73.05	USA
27	Hyundai Motor	72.83	South Korea
28	IBM	72.21	USA
29	General Electric	71.85	USA
30	McDonald's	71.41	USA

出所：Harris Interactive ホームページ，http://www.harrisinteractive.com/（accessed September 21, 2014）．

る「RepTrak®」である。前述した RQ®に対しては，①情緒的アピールの指標および位置づけがあいまい，②コンプライアンスや倫理，ガバナンスといった指標が含まれない，③評価項目のウェイトづけに問題がある，といった問題点が指摘されていた（Van Riel and Fombrun, 2007, p. 253）。これらの点を改良し，レピュテーションを追跡することを目的として誕生した新たな評価指標である。

「RepTrak®」では，7つの評価項目に対して 23 の属性が設定され，6 カ国におけるオンライン調査の結果を集約することによって開示される。また，グローバル企業を対象とした「Global RepTrak®」では，一般顧客 55,000 名以上を対象に 15 カ国におけるもっとも称賛される企業 100 社のレピュテーションを測定している。

評価項目と属性の詳細については図表1-10のとおりである。また，RQ®の懸案であった情緒的アピールについては好感度，賛美，尊敬，信頼という4つの属性から評価することとし，これらは7つの評価項目すべてに関連するレピュテーションの基礎的要素として位置づけられている（櫻井，2011, pp. 140-141）。

RQ®との相違点は，革新性やリーダーシップ，ガバナンスといった評価項目や，倫理的な行動といった属性が新たに加えらえられた点である。また

図表 1-10 「RepTrak®」の評価項目と属性

評価項目	属　　性
製品／サービス	高品質，価格に見合った価値，アフターサービス，顧客ニーズの満足
革　新　性	革新的，早期の上市，変化への対応
財務業績*	高い収益性，好業績，成長の見込み
リーダーシップ	すぐれた組織，魅力的なリーダー，卓越したマネジメント，将来への明確なビジョン
ガバナンス	オープンで高い透明性，倫理的な行動，公正な事業方法
市　民　性	環境責任，社会貢献活動の支援，社会への積極的な影響
職　　場	公平な従業員への報酬，従業員の福利厚生，公平な機会提供

注：Performance は，属性の内容から判断して，財務業績と訳した。
出所：櫻井（2011）p. 141。

図表 1-11　2014 Global RepTrak® 100

順　位	企　業　名	国
1	Walt Disney	USA
1	Google	USA
3	BMW	Germany
3	Rolex	Switzerland
5	Sony	Japan
6	Canon	Japan
7	Apple	USA
8	Daimler	Germany
9	LEGO	Denmark
10	Samsung Electronics	South Korea
10	Microsoft	USA

出所：Reputation Institute ホームページ, http://www.reputationinstitute.com/（accessed September 21, 2014）.

社会的責任を市民性と表現した点にも違いが見られる。他方，コンプライアンスなどの必要項目が欠如している，経営者，生活者，政府関係者などのバランスが生活者に偏りすぎている，国別評価においても偏りがあるといった指摘もなされている（櫻井，2011，pp. 142-145）。図表 1-11 では 2014 年に公表された「Global RepTrak®」のランキングを示す。

5.4　『週刊ダイヤモンド』の「企業好感度ランキング」

　さて，ここまでは米国における代表的なレピュテーション指標を取り上げ，その意義と課題について明らかにした。こうした指標は企業価値の測定を補強するとともに，企業が自社の強みと弱みを可視化するツールでもある。わが国にはいまだレピュテーション指標と定義できるものは存在していないが，それに近い代替的な指標は存在する。ここで取り上げる「企業好感度ランキング」は，1997 年から 2002 年度までは「企業イメージ調査」と命名されていた。評価項目が本業の質に重点をおいていることから，レピュテーション指標に極めて近いものと考えられる。

　調査対象となる 140 社は編集部で選定されている。選定は，企業の知名

度，業界内での地位，売上規模などを総合的に勘案したうえで決定されている。2006年10月上旬に行われた調査では，『週刊ダイヤモンド』定期購読者からランダムサンプリングした全国1万人を対象に調査票が発送され，11月中旬までに回答のあった3,584人分について集計が行われている（回答率：35.8%）。また，回答者の地域的・年齢的・業種的なブレを調整するために補正を加えている。

ランキングでは，「総合的な見地からどの程度の好感度を持っているか」という設問に対し，「強くプラス」から「強くマイナス」までの5段階で評価を聞いている。また，図表1-12に示した13の項目別にランキングが行われ，各質問項目に対して「プラス」「平均」「マイナス」「わからない」の4段階で評価される。「わからない」は有効回答に含めず，上位から3〜1点の得点を与えて平均点を算出し理論的な最大値が100点になるように換算している。図表1-13では2006年度調査における上位10社を取り上げている。

図表1-12 「企業好感度ランキング」の評価項目

企業好感度ランキングの評価項目
1. 価格競争力（価格競争になった場合に競争力がある）
2. 質の高い製品・サービス（質の高い製品・サービスを生み出せる）
3. 長期的な安定性（株式に長期的な投資をしてもいい安定性）
4. 短期間の成長（これから数年のあいだに高い成長が見込める）
5. 子どもを入社させたい（子どもを入社させたい会社である）
6. 転職をしたい（転職をしたい会社である）
7. 地域への貢献（地域に貢献している）
8. 倫理性（倫理性が高い）
9. 経営者の能力（経営者の能力が高い）
10. 社員の能力（社員の能力が高い）
11. 財務の健全性（財務が健全である）
12. 自己革新力（自己革新ができる）
13. 広告宣伝・自己PR（広告宣伝・自己PRがうまい）

出所：『週刊ダイヤモンド』ダイヤモンド社，2006年12月16日号，pp. 132-146。

図表 1-13　2006 年度調査における「企業好感度ランキング」の上位 10 社

順　位	企　業　名	スコア
1	トヨタ自動車	86.4
2	ホンダ	82.0
3	キヤノン	79.8
4	シャープ	78.1
5	松下電器産業	77.2
6	ヤマト HD	76.8
7	花王	76.4
8	武田製薬工業	75.1
9	信越化学工業	74.9
10	キリンビール	74.6
10	京セラ	74.6

出所：『週刊ダイヤモンド』ダイヤモンド社，2006 年 12 月 16 日号，pp. 132-146。

5.5　日本経済新聞社の「日経優良企業ランキング（CASMA）」

　次に，「日経優良企業ランキング」（以下，CASMA とする）は日経 NEEDS に蓄積された財務データと日本経済新聞社の企業担当記者へのアンケートを用いて，上場企業を多変量解析によって総合的に評価する企業評価システムである。1979 年に開始されたこのシステムでは，まず企業担当記者約 50 名にアンケートを実施し，各記者が「優良」「非優良」と考える企業をそれぞれ 10 社ずつ抽出する。次に，連結財務データをもとに 100 種類程度の財務指標を作成し，それを因子分析によってウェイトづけされた「規模」「収益性」「安全性」「成長力」という 4 つの因子（評価項目）とそれぞれに対応した財務指標に集約する。2007 年度の調査では，以下の図表 1-14 に示す 15 の財務指標に集約された。なお，4 つの因子のウェイトは規模が 35.4%，収益性が 31.7%，安全性が 20.0%，成長力が 13.0% であった。

　まず，図表 1-14 で示された 4 つの因子ごとに評点が算出されることになる。その後，判別式に各社の 4 つの評点を代入することで得点を求めて企業をランク付けすることになる。図表 1-15 には 2003 年度から 2007 年度までのランキング結果を示している。

図表 1-14　CASMA が用いる評価指標とそのウェイト

評価項目	財務指標
① 規模（35.4%）	売上高，自己資本，従業員数，営業キャッシュフロー
② 収益性（31.7%）	売上高営業利益率，自己資本利益率，使用総資本事業利益率
③ 安全性（20.0%）	借入金依存度，有利子負債利子負担率，売上高純金融比率，手元流動性比率
④ 成長力（13.0%）	総資産伸び率3年，売上高伸び率3年，従業員数伸び率1年，自己資本伸び率3年

出所：『日本経済新聞』2007年9月18日付朝刊をもとに筆者作成。

5.6　日本経済新聞社の「優れた会社ベスト 300（PRISM）」

さらに，「優れた会社ベスト300」（以下，PRISMとする）は1994年に日本経済新聞社と日経リサーチが共同開発した多角的企業評価システムである。財務データを中心とした従来の指標に加え，環境対策，消費者への対応，従業員や株主の処遇，社風，社会的な公正といった定性的要因が取り入れられている点に特徴がある。

まず，共分散構造分析によって抽出された「柔軟性・社会性」「収益・成長性」「開発・研究」「若さ」という4つの評価因子とそれぞれに対応した指標を用いて，東証1部上場と非上場の有力企業を対象に質問紙郵送調査を行っている。2006年度の調査では図表1-16に示されるウェイトづけされた評価因子と指標が抽出され，質問紙郵送調査によって回答を得た1,047社を対象に分析が行われた。

図表 1-15　2003年度から2007年度までの CASMA のランキング結果

順位	2007年度	2006年度	2005年度	2004年度	2003年度
1	任天堂	武田薬品工業	キヤノン	武田薬品工業	武田薬品工業
2	ファナック	ファナック	トヨタ自動車	NTTドコモ	セブン-イレブン・ジャパン
3	武田薬品工業	NTTドコモ	ヤフー	セブン-イレブン・ジャパン	ローム
4	HOYA	トヨタ自動車	ファナック	キーエンス	NTTドコモ
5	キヤノン	キヤノン	日産自動車	キヤノン	キーエンス

出所：『日本経済新聞』2007年9月18日付朝刊をもとに筆者作成。

図表 1-16 PRISM が用いる評価指標とそのウェイト

評価因子	指　　標
① 柔軟性・社会性（10.4%）	社会貢献，リスク管理，環境経営，法令遵守，顧客対応，海外 IR など（22 指標）
② 収益性・成長性（52.2%）	経常利益，株主資本利益率，経常利益成長力，営業キャッシュフロー対売上高比率など（9 指標）
③ 開　発・研　究（3.0%）	売上高研究開発比率，研究開発従業員比率，特許出願状況，知財管理など（9 指標）
④ 若　さ（3.6%）	部長最年少昇格年齢，非正社員の制度，中途採用者比率など（5 指標）

出所：『日本経済新聞』2007 年 3 月 5 日付朝刊をもとに筆者作成。

図表 1-17 2006 年度の PRISM のランキング結果

順　位	企　業　名	スコア
1	コマツ	1000
2	キヤノン	979
3	トヨタ自動車	961
4	HOYA	953
5	オリックス	950
6	アドバンテスト	927
7	ファナック	921
8	エーザイ	905
9	TDK	903
10	住友金属鉱山	901
10	村田製作所	901

出所：『日本経済新聞』2007 年 3 月 5 日付朝刊をもとに筆者作成。

次に，企業担当記者や有識者などの専門家（日本経済新聞社のジャーナリストとアナリスト 146 人，有識者 56 人の合計 202 人）による総合評価を通じて，ランキング対象企業から「優れた会社」が選ばれる。総合評価の指標は①記者の総合評価，②識者の総合評価，③記者の経営者評価の 3 つである。そして，「優れた会社」（専門家による総合評価）を説明するようウェイトづけされた評価因子によってモデル式を構築し，それによって PRISM の

スコアは算定される。図表 1-17 に 2006 年度の PRISM のランキング結果を示す。

5.7 日本経済新聞社の「ナイセス（NICES）」

最後に，「ナイセス」（以下，NICES とする）は 2010 年に日本経済新聞社，日経リサーチ，日本経済新聞デジタルメディアの 3 社が共同で開発した新しい企業評価システムである。上場企業を業績や社員の働きやすさ，社会性などの広い観点から評価するという特徴をもつ。前述したように，これまで日本経済新聞社が主導する企業評価システムには CASMA と PRISM のふたつが存在していたが，これらふたつを発展的に統合したものが NICES である。NICES は，様々な利害関係者に目配りしたバランスのとれたランキングの作成を目指しており，現在わが国のレピュテーション指標としてもっとも妥当なものと位置づけることができる。

具体的には，「投資家」「消費者・取引先」「従業員」「社会」「潜在力」の 5 つの評価の視点を設定しランキングを作成している。そして，5 つの評価の視点のスコアを合算してランキングとした。図表 1-18 には 5 つの評価の視点とそれぞれに対応した指標が示されている。

2013 年の調査では，上場企業のうち主要な 1,017 社が抽出されアンケー

図表 1-18 NICES が用いる評価指標

評価の視点	指 標
投資家	時価総額，配当，内部留保，使用総資本利益率，資本構成，財務情報公開，増資（7 指標）
消費者・取引先	売上高，認知度，広告宣伝・広報，粗利，特定層への認知（5 指標）
従業員	ワークライフバランス，育児・介護休業，女性活用，定着率，多様な人材活用（5 指標）
社会	雇用，納税，社会貢献，公的団体への人材供給，環境への配慮（5 指標）
潜在力	設備投資，人材育成，研究開発など，将来に向けた企業活動のデータに日本経済新聞社の記者による評価を加えて総合的に評価

出所：『日本経済新聞』2013 年 11 月 29 日付朝刊をもとに筆者作成。

トを実施している。そのうち537社から回答を得ている。また財務データについては2008年度から2012年度までの連結データが主として用いられ，日経NEEDSから入手している。その他，「投資家」「従業員」「社会」については，日本経済新聞社の編集委員ら（53人）が各指標の重要度について評価した結果をもとにウェイトがなされており，「消費者・取引先」については，日経リサーチのモニター（一般，ビジネスパーソンを中心に25,000人）を対象としたインターネット調査をもとにウェイトを決定している。インターネット調査では3,082人から回答を得ている。そして，ウェイトづけした5つの視点の得点をそれぞれ最高200点，最低20点になるように変換

図表1-19　2013年度のNICESのランキング結果

総合順位	前回順位	企業名	得　点					
			総合得点	投資家	消費者・取引先	従業員	社会	潜在力
1	2	セブン&アイHD	895	174	181	178	162	200
2	13	トヨタ自動車	860	169	164	147	189	191
3	11	日産自動車	858	144	161	200	175	178
4	1	NTTドコモ	857	173	178	199	178	129
5	6	東レ	856	143	164	200	161	188
6	20	キリンHD	850	131	177	186	200	156
7	14	ホンダ	850	155	189	160	176	170
8	30	イオン	845	137	182	182	183	161
9	26	味の素	841	160	180	185	163	153
10	10	ダイキン工業	841	160	165	186	180	150
11	16	日立製作所	841	145	163	189	180	164
12	48	TOTO	833	173	184	180	142	154
13	8	ユニ・チャーム	831	177	172	142	153	187
14	22	日本たばこ産業	830	194	178	156	176	126
15	8	NTT	829	167	166	188	186	122
16	4	武田薬品工業	823	120	168	173	189	173
17	3	コマツ	822	139	142	187	195	159
18	4	キヤノン	815	153	162	169	190	141
19	45	信越化学工業	814	189	134	173	165	153
20	40	丸紅	807	145	170	166	183	143

出所：『日本経済新聞』2013年11月29日付朝刊をもとに筆者作成。

して最終的なランキングとしている。図表1-19では2013年の結果を示している。

このように、わが国には厳密にレピュテーション指標と定義できるものは存在していないが、それに近い代替的な指標は存在する。しかしながら、これらの指標には次のような課題が指摘できる。まず、わが国の代替的指標の2006年度の結果を比較すると、指標ごとにランキング結果が異なることがわかる。レピュテーションという抽象的概念の測定ないし評価にかかる制約条件は極めて高いということがわかる。いくつかのレピュテーション指標が問題提起されているが、測定方法が異なるためそれぞれの評価が異なってしまう問題が挙げられる。将来わが国においてこのような指標の活用を検討するさいには、認知心理学や文化人類学などの社会科学分野の知見を活用した広範な議論を期待しなければならない。

6　むすび

本章では、理論的背景や歴史的背景を踏まえながらレピュテーション概念の本質への接近を試みるとともに、研究の遂行にあたって必要不可欠な概念的枠組みを提示した。本節では本章を要約する。

第2節では、レピュテーション概念について、様々な学術領域における知見を踏まえながら検討した。様々な事例からレピュテーションの重要性や期待される役割を確認するとともに、レピュテーション・リスクとレピュテーション・リターンの重要性や経済的帰結について指摘した。また、Barnett et al. (2006) の概念分類を援用しながらレピュテーションを企業に対して寄せられる期待の総称と位置づけた。

第3節では、Kreps and Wilson (1982) やKreps (1990) の研究をもとに、レピュテーションが企業の機会主義的行動を制約し「囚人のジレンマ」の状況を避けるための役割を果たすことを明らかにした。また繰り返しゲーム理論を用いて、レピュテーションを維持することが長期的により高い利得の獲得につながるということを理論的に考察した。こうした背景から、レピュテーションはレピュテーション・リスクとレピュテーション・リターンの両

方の要素を持ち合わせることを指摘することができる。これこそ，経営者がレピュテーションを意識した会計行動を選択せざるを得ない理論的要因である。

第4節では，レピュテーションの効果が歴史的にどのような役割を担ってきたのかについてGreif（2006）の用いた歴史的事例をもとに検討した。事例をもとにレピュテーションの役割を検討すると，契約遵守を保証するための重要なメカニズムとして機能していたことが確認できた。Greif（2006）の研究によって，第3節でKreps and Wilson（1982）やKreps（1990）が明らかにした理論が証明されたことになる。

第5節では，米国におけるレピュテーションの代表的な評価指標やわが国における代替的指標について紹介した。米国では，レピュテーション指標が企業価値の測定を補強するツールとして重宝されている。また，企業が自社の強みと弱みを可視化するマネジメントツールとしての性格やコーポレート・コミュニケーションの役割も持ち合わせており，何が企業価値を向上させるか（低下させるか）を分析して企業価値の向上に役立てる羅針盤となっている。

他方，わが国ではいつくかの代替的指標が存在するも厳密にレピュテーション指標と定義できるものではない。また，レピュテーションという抽象的概念の測定ないし評価にかかる制約条件は極めて高い。将来わが国においてこのような指標の活用を検討するさいには，認知心理学や文化人類学などの社会科学分野の知見を活用した広範な議論を期待しなければならない。それだけに，より正確なレピュテーション指標の作成は困難なものであることを垣間見ることができた。次章では，経営者による裁量行動について取り上げ，その理論的背景や裁量行動に横たわる本質的課題について議論する。

注
1 海外では早くからレピュテーションの重要性が認識されてきた。Baiman（1990）は会計学の見地から，レピュテーションが2つのコンテクストで取り上げられるということに言及している。一つは，レピュテーションが「各個人が有する，誰にもコントロールできない固有の特徴やタイプ」であるということ

であり，もう一つは，「過去の行為の結果に依存し，将来の行動を決定する要因となるもの」である。前者はレピュテーションの価値（Value）に着目した研究であり，後者はレピュテーションから派生する行動（Behavior）に焦点をあてている。これまでわが国の会計分野で行われてきた研究は前者に着目した研究であると考えられる。しかし本研究は，レピュテーションから派生する行動に注目するものである。

2 会計分野におけるレピュテーション研究としては，岩渕（2006），記虎（2006, 2007），平屋（2008a, 2008b, 2009a, 2009b），櫻井（2005, 2008, 2011, 2012）などの研究が挙げられる。

3 たとえば，「名声」という訳語ではポジティブなプラスのイメージを与えるが，「風評」や「うわさ」という訳語を用いるとネガティブなマイナスのイメージを抱かせてしまうため，今後の議論ではレピュテーションもしくは評判という言葉を用いることとした。

4 わが国においても企業不祥事が後を絶たない。2000年以降だけで，三菱自動車リコール隠蔽（2000），雪印乳業食中毒（2000），日本ハム牛肉偽装（2002），雪印食品牛肉偽装（2002），カネボウ有価証券虚偽記載（2004），JR西日本福知山線脱線事故（2005），みずほ証券株誤取引事故（2005），日本航空の整備不良事故（2005），パロマ湯沸器死亡事故（2006），ライブドア証券取引法違反（2006），ミートホープ牛肉ミンチ偽装（2007），不二家期限切れ原材料使用問題（2007），オリンパスによる粉飾決算（2011），カネボウの美白化粧品自主回収（2013），ベネッセの顧客情報漏えい（2014）といった企業不祥事が発生している。

5 Fombrun and Van Riel（2004c）によれば，「優良近隣企業」という用語はBurke（1999）によって提示されたものである。

6 Fombrun and Van Riel（2004c）によれば，グローバリゼーションの進行，情報化の進展，製品の均質化，メディアの影響力の拡大，飽和状態の広告，行動にでるステークホルダー，といった今日における環境の変化がレピュテーションの重要性を高めているとしている（Fombrun and Van Riel, 2004c, 『訳書』pp. 9-16）。

7 TwitterやFacebookといったソーシャル・メディアの誕生は，情報発信や収集といったコミュニケーションツールとしての側面もさることながら，レピュテーションの発信や醸成といったツールとしても大きな影響をもつといえる。

8 Fombrun and Van Riel（1997）の研究は，さらにこれら6つの観点に共通するレピュテーションの特徴を以下のように抽出している。①レピュテーションは派生語であり，組織における企業の社会的地位を具体化する産業システムとしての特徴をもつ。②レピュテーションは社会における企業の役割に対して従業員によって引き出された成果であり，企業のアイデンティティに対する外部の反応である。③レピュテーションは企業による重要な資源配分とその歴史から

派生する。そして自社の行動と競合他社の反応を抑制する移動障壁を構成する。④レピュテーションは企業能力と潜在能力を評価する多様な評価者によって，過去の業績に対する評価をまとめたものである。⑤レピュテーションはステークホルダーのなかの多様で企業イメージに由来する。⑥レピュテーションは，企業の2つの基本的要素，すなわち経済業績に対する評価と社会的責任を果たすことに対する評価を表現したものである。

9 　たとえば脳科学の研究領域において，生理学研究所の定藤規弘教授（神経科学）らの研究グループの成果によれば，評判は通常の報酬と同様の効果を有すると指摘する。褒められることは金銭的報酬と同じく社会的報酬であり，褒められると金銭的報酬を得たときに反応する脳の線条体が同様の反応を示すことを機能的核磁気共鳴断層撮像装置（f-MRI）を用いて科学的に証明した。定藤規弘教授らの研究グループの業績は以下のとおりである。この研究業績は Sugawara et al.（2012）の研究として米国科学誌プロスワンの電子版に掲載された。

10 　ブランドや自己創設のれんといった広義の無形資産は，会計上は原則として資産計上することができない。このような無形資産は会計上の無形資産と区別するために，「無形の資産」「見えざる富（Unseen wealth）」「インタンジブルズ（Intangibles）」「オフバランス資産」といった呼び方がなされている。また，一概に「無形の資産」といってもその分類は一様ではなく，非常に広範な概念である。人的資産にかかるノウハウや技術といった「知的資産」や顧客データベースや顧客との関係性によって構築される「顧客資産」，さらにはプロダクトブランドやコーポレートブランドに起因する収益力に裏づけられた「ブランド資産」といった分類も存在する。

11 　Akerlof（1970）の「レモン・マーケット（Market for Lemons）」を用いた説明でも同様の帰結を導くことができる。

12 　Aにとっての心配はBが裏切る（Aを信頼して行動しない）ことである。なぜならば，もしBが裏切る行動を選択すれば10ドル以上の15ドルを得ることができるからである。しかも，このときのAの利得は-5ドルとなってしまう。それなら，Bを信頼しないでおいたほうが最悪でも0ドルで済む。その結果，実現されるのは（0, 0）という望ましくない利得の組合せになるというものである（小田切，2010，p. 247）。

13 　Adam Smith が1759年に出版した *The Theory of Moral Sentiments* のなかで，経済人の行動目標には健康，財産，身分，名声があり，このうち地位と名声が最終目標になると記述している。これについては，アダム・スミス（2003）を参照されたい。

14 　さらに越智他（2004）によれば，RQ®の特徴として①独自の6つの領域と20属性による測定，②レピュテーションのマネジメントを前提とした評価項目の設定，③企業の理解度を考慮した調査対象者のスクリーニング，④複数のステークホルダーへの調査が可能，しかも日本のみならず世界各国での共通尺度によ

る分析が可能，⑤企業の状況に応じた柔軟な調査設計の5つを挙げることができるとされる（越智他，2004, pp. 24-25）。

第2章

経営者による裁量的会計行動

1 はじめに

　経営者が裁量権を行使して会計数値を意図的に操作することにより，何らかの望ましい報告利益を達成することを裁量行動という。これまで多くの研究者が裁量行動のメカニズムの解明に取り組み，数多くの証拠が蓄積されてきた。そして近年では，会計数値を操作する会計的裁量行動と取引自体を操作する実体的裁量行動とを区別することで，より詳細な分析が進められている。

　ただし，裁量行動のメカニズムが完全に明らかにされたわけではない。先行研究によれば，裁量行動には大きく機会主義的行動と効率的契約というふたつの本質的動機が存在する。機会主義的行動とは，経営者が自己の効用のみを最大化させる行動である。また効率的契約とは，エージェンシーコストや契約コストの低減を図ることで企業価値を最大化させる行動である。先行研究では，これらの動機から経営者が利益増加型もしくは利益減少型の裁量行動を選択すると説明されてきた（須田，2000，pp. 358-359）。

　しかしながら，これらの動機は相互に排他的ではなく，厳密に両者を区別することが困難であるとされる。そのため，経営者がいかなる動機から裁量行動を選択するのかというインセンティブの解明を阻害する要因となってい

る。裁量行動研究の進展には問題解決に向けた新たなアプローチが期待される。

　本章では裁量行動を取り上げる。そしてその理論的基礎である契約・エージェンシー理論について確認するとともに，前述した機会主義的行動と効率的契約というふたつの本質的動機について説明する。またこれらに横たわる相互排他性の問題について，具体的な事例を取り上げながら考察する。

　第2節では，契約過程における裁量行動の位置づけについて取り上げて検討する。第3節では，裁量行動の理論的基礎である契約・エージェンシー理論について取り上げる。そして第4節では，契約・エージェンシー理論から説明される裁量行動の動機について説明する。第5節では，裁量行動研究が抱える本質的課題について取り上げて考察する。最後に第6節において，本章を要約する。

2　裁量的会計行動とは何か

　裁量行動とは，経営者が裁量権を行使して会計数値を意図的に操作することにより，何らかの望ましい報告利益を達成することである。裁量行動研究の背景には，効率的市場仮説にもとづいて会計情報の有用性を検証した資本市場研究の影響が大きい。

　そもそも効率的市場仮説では，経営者は裁量行動を選択するインセンティブをもたないと説明される。市場が効率的であれば，投資家は裁量行動にともなう利益の増減に対して瞬時に反応すると仮定されるため，裁量行動は株価形成に影響を与えないと予想されるからである。しかし実際には，数多くの研究において裁量行動の存在が確認され，裁量行動が選択されると株価の変動が生じることも明らかにされた。そこで，こうした現象を説明する新たな理論体系として誕生したのがWatts and Zimmerman（1986）の実証会計理論である。実証会計理論については後述する。

　さて，岡部（2009）によれば，裁量行動は会計的裁量行動（accounting discretion）と実体的裁量行動（real discretion）の両方を含むものとされる。会計的裁量行動とは，「事実を動かさないで，会計数値だけを歪める行動」

（岡部，2009，p. 22）である。たとえば，貸倒引当金や製品保証引当金の引当率の変更，償却資産の耐用年数の変更，棚卸資産の評価方法の変更，償却資産の償却方法の変更，建設工事の収益認識基準の変更といったものが考えられる（太田，2007a，p. 129）。会計処理の原則および手続きを変更することによって利益を操作する行動ではあるが，これらはキャッシュフローの増減をともなわず，帳簿上で利益計上のタイミングを操作しているにすぎない。

他方，実体的裁量行動とは「会計数値を歪める目的で，取引を通じて，その事実そのものを動かすこと」（岡部，2009，pp. 22-23）である。たとえば，研究開発費や広告宣伝費の意図的な削減，土地や有価証券の意図的な売却，生産調整による固定製造費の売上原価と棚卸資産への配分の変更，期末に営業部員を叱咤激励することによる目標利益の達成といった方法が考えられる（太田，2007a，p. 129）。実体的裁量行動は実際の取引自体を操作して利益を調整するため，会計的裁量行動と異なり実際にキャッシュフローの増減をともなう。

図表2-1は会計的裁量行動と実体的裁量行動を比較したものである。まず，会計数値に及ぼす影響から検討したい。図表2-1にあるように，会計的裁量行動は発生項目のみに影響を及ぼし，キャッシュフローには影響を及

図表2-1　会計的裁量行動と実体的裁量行動の比較

	会計的裁量行動	実体的裁量行動
具体的な手法	①引当金の引当率の変更 ②耐用年数の変更 ③棚卸資産の評価方法の変更 ④減価償却方法の変更 ⑤収益認識基準の変更	①値引き・押し込み販売 ②研究開発費や広告宣伝費などの意図的な削減 ③土地や有価証券の意図的な売却 ④生産調整による原価配分の変更
会計数値に及ぼす影響	発生項目のみに影響	主にキャッシュフローに影響
実施のタイミング	期末に実施される	通常，期中に実施される
コストを負担する主体	経営者	企業，株主

出所：田澤（2010）p. 23をもとに筆者作成。

ぼさない。他方，実体的裁量行動は主としてキャッシュフローに影響を及ぼす。会計数値を裁量的に操作するという点では両者は共通であるが，前者は市場取引は所与とされ，会計技法の選択と適用を操作の対象とするのに対し，後者は市場取引そのものを操作の対象とするという違いがある。そのため，会計数値に及ぼす影響についても両者の違いが反映されている。

また，会計的裁量行動は会計技法の選択と適用を操作することから費用と収益の計上のタイミングを前後させているにすぎないため，次期以降の財務諸表上において利益の反転をもたらす。すなわち，全期間を通して比較すると操作前後の利益は同額となる。しかしながら，実体的裁量行動には会計的裁量行動のような利益の反転が存在しないため，次期以降の財務諸表に何らの影響も及ぼさない。そのため，近年経営者に選好されている実体的裁量行動は企業や社会に対してより深刻な影響をもたらすと推測される。

次に，実施のタイミングについて検討する。会計的裁量行動は期末を中心に実施されるのに対して，実体的裁量行動は通常，期中に実施される。これについては，利害関係者との契約過程において裁量行動がどのように位置づけられているのかを明らかにすれば理解できる。図表2-2では，契約過程における裁量行動と会計制度の機能の関係を要約した。ここでは，株主と経営者の関係を例に挙げて，株主と経営者の間にいまだ契約関係が存在していないという状況から説明を始める。すなわち，株主は潜在的な株主ということになる。

経営者はT期における財務諸表を作成する（①）。経営者が作成した財務諸表は，監査法人や公認会計士による監査によって適正に作成されている旨の承認を受けたうえで，株主総会の招集通知，決算公告，電磁的方法といった方法によって利害関係者に報告される（②）。この時点において，財務諸表がもつ会計制度上の機能は意思決定支援機能である。すなわち，契約を締結し株式を購入するか否かの意思決定を行うための情報を提供することであり，こうした意思決定を支援する情報こそT期の財務諸表であるといえる。

T期末において，株主と経営者の契約関係が結ばれたと仮定する（③）。先ほどと同様に，T＋1期においても経営者は財務諸表を作成する。そのさい，経営者は何らかの意図をもって裁量行動を選択することが可能である

図表 2-2　契約過程における裁量行動と会計制度の機能

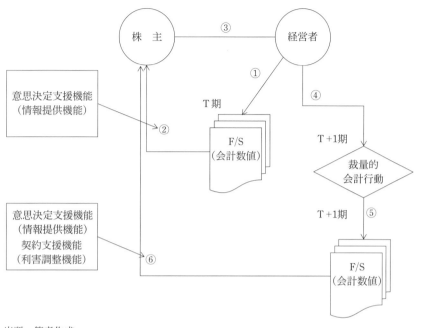

出所：筆者作成。

（④）。このとき，T＋1期中における取引を用いて会計数値を操作するのが実体的裁量行動である。その影響は当然のことながらT＋1期の財務諸表に反映される（⑤）。他方，T＋1期の財務諸表の作成にさいし，決算整理や修正を通じて会計数値を操作するのが会計的裁量行動である。同じ裁量行動であっても，実施のタイミングが大きく異なる点に注意する必要がある。

さて，T＋1期の財務諸表もまた，株主総会の招集通知，決算公告，電磁的方法といった方法によって利害関係者に報告される（⑥）。しかしながら，先ほどの②の時点と異なる点は，財務諸表がもつ会計制度上の機能が意思決定支援機能だけでなく契約支援機能も有している点にある。T＋1期の財務諸表も，現在の契約を継続するか，それとも打ち切って株式を売却するかという意思決定を行うための情報を株主に提供する。加えて，T期末に株主と経営者が締結した契約がきちんと履行されているかを確認するための情報も提供される。これが契約支援機能である。具体的には，株主と経営者間

において役員賞与・役員報酬や配当金といった利益処分がどのように行われているかという利害調整の機能が挙げられる。このように、契約関係の成立に会計制度が寄与することが期待されているのである。

最後に、裁量行動の実施コストを負担する主体について検討する。会計的裁量行動は、規制当局、監査人および利害関係者による監視や会計基準の厳格化により、経営者の私的コストを増大させる（田澤、2010、p. 23）。他方、投資削減や過剰生産といった実体的裁量行動が企業価値の毀損につながれば、それは経営者ではなく企業や企業の所有者である株主が負担するコストになる。前述のとおり、企業や社会に対して大きな影響をもたらすのは実体的裁量行動であるといえる。

さて、須田・花枝（2008）は裁量行動の具体的な方法を調べるためにサーベイ調査を実施している。彼らはサンプル企業に対して、「当期の利益が目標値に達しない可能性があるとき、貴社は、一般に認められた会計原則の範囲内でどのような方法を講じますか」（須田・花枝、2008、p. 60）という質問を試みた。その結果を次ページの図表2-3に示す。なお、この調査は図表2-3に示す各項目について同意する程度（－2～2）を回答する形式で行われた。

調査の結果、日米両国の企業において、広告費等の支出削減や設備投資等の減額によって目標利益を達成していることが明らかにされた。他方、会計上の見積り変更や売上高の前倒しといった手段については否定的であるとの結果も示された。これらの結果から考察すると、日米両国の企業経営者は、会計的裁量行動よりも実体的裁量行動を選好する傾向にあることがわかる。米国におけるSOX法の導入、そしてわが国におけるJ-SOX法、内部統制、会計ビックバンといった規制の強化により、裁量行動のウェイトが会計的裁量行動から実体的裁量行動へと移行しつつあることが指摘されている。実体的裁量行動は取引事実そのものを変更することによって会計利益を操作する行動であるため、会計的裁量行動よりも会計情報を恣意的に歪めてしまうおそれがある。規制の強化によって実体的裁量行動を促進させてしまうことは、国民経済にとってむしろマイナスの影響をもたらす（須田・花枝、2008、p. 62）。それゆえ、会計的裁量行動のみならず、実体的裁量行動の実

図表2-3　利益調整の方法

〈日本企業〉

	平　均	賛成の回答率	反対の回答率	回答数
広告費等の支出削減	0.67	66.87	12.43	617
設備投資等の減額	0.37	53.78	18.89	613
資産の売却	-0.38	25.36	42.00	615
好条件を付けて販売	-0.86	12.27	61.22	614
会計上の見積り変更	-1.08	8.23	68.81	615
費用計上を遅らせる	-1.10	11.46	70.91	617
売上の前倒し	-1.40	5.81	80.60	610

〈米国企業〉

	平　均	賛成の回答率	反対の回答率	回答数
広告費等の支出削減	1.00	79.9	11.2	304
設備投資等の減額	0.33	55.3	23.5	302
売上の前倒し	-0.12	40.4	38.1	302
好条件を付けて販売	-0.11	39.1	40.8	304
費用計上を遅らせる	-0.72	21.3	62.7	300
資産の売却	-0.77	20.2	61.3	302
会計上の見積り変更	-1.22	7.9	78.2	303

出所：須田・花枝（2008）p.61の図表7を若干修正。

態も正確に把握し，その影響や経済的帰結を明らかにし処方箋を検討する必要がある。

3　裁量的会計行動の理論的背景―契約・エージェンシー理論―

本節では，裁量行動の理論的基礎であるエージェンシー理論および契約理論について説明する。両者は新制度派経済学において確立された経済理論であり，裁量行動研究，ひいては実証会計理論の理論的枠組みとして位置づけられている。2010年9月に日本会計研究学会課題研究委員会が取りまとめた『日本の財務会計研究の棚卸し―国際的な研究動向の変化の中で―最終報告書』では，ふたつの理論が近接領域における理論体系であることから「契

約・エージェンシー理論（contracting and agency theory）」とひとまとまりで表記されている。そのため，本書において個別の説明を行った以降は「契約・エージェンシー理論」と表記することとする。

エージェンシー理論（agency theory）[1]とは，委託者をプリンシパル，受託者をエージェントと定義し，両者の契約関係に着目して各々の行動メカニズムや組織の仕組みを説明する経済理論である。また契約理論（contracting theory）とは，最適なインセンティブを設計し効率的な契約関係の構築を検討する研究領域のことであり，ここでの契約とは「インセンティブ問題を解決する目的で設計される仕組みの総称」（伊藤，2003，p. 2）と理解されている。

契約・エージェンシー理論の特徴としては，主に次の3つが指摘される（Jensen and Meckling, 1976, pp. 315-316）[2]。第1に，契約理論が前提とする企業観であるが，様々な利害関係者との「契約の束（nexus of contracts）」として企業を理解している点である（Jensen and Meckling, 1976, pp. 315-316）。この企業観を図示したのが図表 2-4 である。

利害関係者と企業は契約によって結ばれている。契約理論において契約は，明示的であっても暗黙的であっても可能であり，長期であっても短期であっても有効とされる（Sunder, 1997,『訳書』pp. 315-316）。利害関係者が企業と契約を結ぶということは，権利と義務の帰属を明らかにして受け入れるということを意味する。ここで権利と義務という言葉を用いたが，契約理論ではこの権利と義務をより具体的に，資源請求権と資源提供として規定している。図表 2-5 は，各利害関係者の権利と義務，すなわち資源請求権と資源提供を具体的に示したものである。また図表 2-6 は，各利害関係者の資源請求権と資源提供を図表 2-5 で示した契約・エージェンシー理論の企業観で表したものである。

第2に，すべての利害関係者が「自己の効用（self interest）を最大化するよう合理的に行動する」と仮定する点である。すなわち利己心である。株主，債権者，経営者などの利害関係者はそれぞれの自己利益を最大化するよう合理的に行動するため，利害関係者の間には直接的または間接的に何らかの利害の対立（conflict of interests）が存在する。この利害の対立のことを

図表 2-4　利害関係者との契約の束としての企業

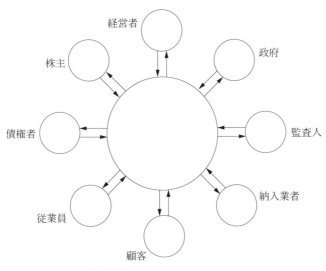

出所：Sunder（1997），『訳書』p. 18。

図表 2-5　利害関係者の資源提供と資源請求権

エイジェントの類型	資源提供	資源請求権
株主	自己資本	配当・残余価値
経営者	技術	給料，賞与，便益
従業員	技術	給料，賞与，便益
納入業者	財・サービス	現金
顧客	現金	財・サービス
債権者	借入資本	利子，元金
政府	公共財	租税
監査人	サービス	手数料

出所：Sunder（1997），『訳書』p. 19。

エージェンシー問題（agency problem），またはエージェンシーコスト（agency cost），契約コスト（contract cost）と呼び，コスト分析の手法を適用して利害の対立を説明する点に契約・エージェンシー理論の特徴がある。

　第3に，「情報の非対称性（information asymmetry）」と「契約の不完備性（incomplete contracts）」の問題を指摘する点である。人間の情報探索能力に

図表 2-6　契約・エージェンシー理論の企業観にみる資源提供と資源請求権

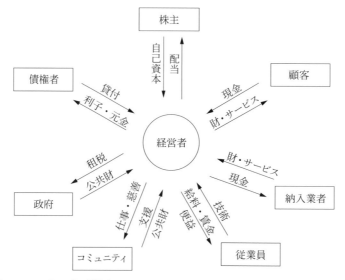

出所：Sunder（1998），『訳書』p. 49。

は限界がある。そのため，利害関係者の知りうる情報には遍在性が存在する。このように，契約の当事者全員に必要な情報が行き渡らず，一部の当事者は情報優位に，また一部の当事者は情報劣位になるような現象のことを「情報の非対称性」という。たとえば雇用契約を結ぶ場合，就職希望者は会社の詳細な内部事情を把握することはできないし，会社側も就職希望者の能力や人格，仕事に対する意欲などを完全に理解することはできない。このように，契約を締結する時点では必要な情報をすべて入手できないのである。

　また，契約の当事者双方が仮にすべての情報を入手できたとしても，それが将来どのように変化するかを予測することは困難である。このように，将来起こりうるすべての状況を予測して明記できない状況のもとで契約が締結されることを「契約の不完備性」という。就職希望者が会社に就職して，どのように成長するのかを予測することは困難であるし，会社の雇用制度そのものもいつまで維持されるかわからない。契約時点では，こうした将来性を契約に盛り込むことに限界があるのである。

それゆえ，たとえわれわれが自己の効用を最大化するよう合理的に行動したとしても，それは自己の知りうる情報によって統制されるということが指摘されている。Simon（1947, 1957, 1976, 1997）はこれを限定合理性（bounded rationality）と呼び，すべての利害関係者は限定合理性のもとに意思決定行動を行っていると指摘した。

こうした状況のもと，「情報の非対称性」と「契約の不完備性」はモラルハザード（moral hazard）や逆選択（adverse selection）[3]といった弊害の源泉とも指摘される。モラルハザードとは，エージェントが他者の利益を犠牲にしてまで自己利益の追求に専念する状況のことであり，経営者による機会主義的行動がこれに該当する。また逆選択とは，情報劣位者が取引される財の性質を判断できないため，良質な財が割高と評価されて淘汰され，劣悪な財が割安と評価されて選択されてしまう現象のことである。

契約・エージェンシー理論は，モラルハザードや逆選択といった問題を解消し，効率的な契約関係の構築に貢献するものである。こうした問題を解消することは，経営者と利害関係者の間のコンフリクトを解消すること，すなわちエージェンシーコストや契約コストを低減させることにつながる。ひいては企業価値の最大化を図ることに結びつく。経営者の機会主義的行動を抑制し最適なコーポレート・ガバナンスを達成するための理論として契約・エージェンシー理論が位置づけられているのである。

裁量行動研究の発展もまた，契約・エージェンシー理論の貢献によるものであり，今日では実証会計理論（positive accounting theory）という大きな理論体系として成熟してきている。実証会計理論とは，Watts and Zimmerman（1986）によって体系化された理論[4]であり，経営者個人のインセンティブに着目して企業の会計行動を説明することにその分析の主眼が置かれている[5]。また，経営者と利害関係者の契約関係に存在する利害の対立を調整し，効率的な契約の締結と履行を促すために会計制度が存在すると説明される（須田，2000，p. 21）。前節の図表2-2において説明したように，会計制度の機能とされる契約支援機能と意思決定支援機能はまさに，利害の調整と効率的な契約の締結と履行に貢献するものである。さらに，コーポレート・ガバナンスの見地からエージェンシー問題を解消するためのインセンティ

ブ・システム（incentive system）[6]やモニタリング・システム（monitoring system）[7]，ボンディング・システム（bonding system）[8]のあり方も積極的に検討されている[9]が，こうした議論の背景にも，契約・エージェンシー理論の貢献がある。

4　裁量的会計行動の動機―機会主義的行動および効率的契約―

　裁量行動の先駆的研究はWatts and Zimmerman（1986）の研究であり，今日では実証会計理論として体系化されている。本節では，裁量行動の動機と位置づけられる機会主義的行動と効率的契約に焦点をあて，契約・エージェンシー理論の枠組みから両者がどのように説明されるのかについて明らかにする。

　経営者が裁量行動を選択する動機については，契約・エージェンシー理論の観点から次のふたつが指摘されている[10]。それは，機会主義的行動（opportunistic behavior perspective）と効率的契約（efficient contracting perspective）である（Holthausen, 1990, pp. 1-2）。では，機会主義的行動と効率的契約という2つの本質的動機が契約・エージェンシー理論からどのように説明されるのかについて確認する。

　契約・エージェンシー理論では，経営者と利害関係者の利害の対立を調整し（利害調整機能），契約の履行を促す（契約支援機能）ために会計制度が存在すると考えられている。しかしながら，経営者と利害関係者の間には，前節で取り上げた情報の非対称性や契約の不完備性の問題が指摘される。

　たとえば，株主と経営者の間で取り交わされる報酬契約を例に挙げたい。株主は企業経営に関する情報について情報劣位にあるが，経営者は情報優位にあるとされる。そのため情報優位にある経営者は，株主の利益を犠牲にして役員報酬やストックオプションといった自己利益のみを最大化するよう会計数値を調整する動機をもつと予想される。また，想定されるあらゆる項目について記載した報酬契約を結ぶことは事実上不可能である。そのため経営者は，契約に明示されていない部分を利用して自己利益を拡大するよう会計数値を調整する動機をもつとも考えられる。これが機会主義的行動の動機で

ある。

　報酬契約に関する先行研究では，利益連動型報酬制度を有する企業の経営者が利益増加型の裁量行動を選択するということを確認している（Healy, 1985, pp. 95-106）。また，Lev（1979），Healy（1985），Jones（1991），Dichev and Skinner（2002）といった研究者らが機会主義的行動の検証に取り組んでいる。

　他方，機会主義的行動を抑制し効率的なコーポレート・ガバナンスを構築するために，利害関係者や規制当局は報酬制度，業績評価，内部統制といったコントロール・システムを設置し規制を強化している。それにより，経営者は機会主義的行動を抑制し，利害の対立によって生じたエージェンシーコストや契約コストを削減することによって企業価値を最大化するよう会計数値を調整する動機をもつと考えられる。これが効率的契約の動機である。

　たとえば，「債務契約におけるモラルハザードを抑制するために最適な財務制限条項が設定され，その条項を機能させるために最適な会計手続きが選択される」（須田，2000, p. 503）のであれば，それは効率的契約の動機による裁量行動となる。

　債務契約に関する先行研究においてもこれを支持する証拠が示されており（Dichev and Skinner, 2002, pp. 1108-1116），Christie and Zimmerman（1994），Dechow（1994），Guay（1999），Ahmed et al.（2000），Dichev and Skinner（2002），Watts（2003a, 2003b）といった研究者らが効率的契約の検証を進めている。

5　裁量行動研究が抱える本質的課題

　これまで多くの研究者によって，機会主義的行動と効率的契約という2つの本質的動機から具体的な検証が進められてきた。しかしながら，これらは理論的に大きな問題を抱えている。それは，これらの動機が相互に排他的ではなく，厳密に両者を区別することが困難であるという問題である（須田，2000, pp. 358-359）。すなわち観察される裁量行動が機会主義的行動によるものか，効率的契約によるものか容易に識別できないということである[11]。

そのため，経営者がいかなる動機から裁量行動を選択するのかというインセンティブの解明を阻害する要因となっている。そこで本節では，この相互排他性の問題を取り上げて考察する。

裁量行動に関する初期の実証研究では，機会主義的行動の動機にもとづく仮説が数多く検証されてきた[12]。しかし近年では，効率的契約の動機にもとづく仮説を検証する研究も発表されている[13]。本来，動機とは相互に排他的であり独立したものでなければならない。しかしながら，機会主義的行動と効率的契約については，必ずしも明確に区別されているわけではない。なぜならば，裁量行動の動機は「相互に両立的であることもあるし，非両立的であることもある」（岡部，2004，p.3）からだと指摘される。

たとえば，株価を高くするという目的と経営者報酬を引き上げるという目的は両立的である。なぜならば，ふたつの目的は利益を増加させるという動機に結びついているからである。逆に，株価を高くするという目的と税コストを節約するという目的は非両立的である。なぜならば，株価を高くするために利益を増加させると，かえって税コストが増加してしまうからである（岡部，2004，p.3）。そのため，観察される企業の裁量行動が，機会主義的行動によるものか，効率的契約によるものかを識別することは重要であるものの，その識別は容易ではないとされている。

より具体的な例を挙げたい。長期請負工事において経営者が利益増加型の裁量行動とされる工事進行基準を採用したとする。その場合，役員報酬の増額や経営者交代の回避といった機会主義的行動から工事進行基準が採用されたと説明される場合と，高い負債比率を低下させ，経営者と債権者の間に発生した契約コストを低減する効率的契約から採用されたと説明される場合がある（岩淵・須田，1993，p.42）。

債務契約における例も挙げられる。機会主義的行動の視点では，経営者は財務制限条項に抵触しそうになると利益増加型の裁量行動を選択して抵触を回避すると説明される（須田，2000，pp.305-340）。しかし効率的契約の視点では，経営者は財務制限条項に抵触しないように財務制限条項で要求される水準と実際の水準の差であるスラックを維持するよう利益増加型の裁量行動を選択すると説明される（Dichev and Skinner, 2002, pp.1108-1116）。こ

れは，経営者と債権者の間に発生した契約コストを低減し企業価値の増加につながる効率的な裁量行動といえる。

このように，機会主義的行動と効率的契約は相互に排他的でなく，厳密に両者を区別することは困難である。しかしそうであるとすれば，機会主義的行動や効率的契約とは異なる第3の動機が介在する可能性が考えられるのではないだろうか。見えない要因（潜伏変数）によってふたつの動機が統制されている可能性も指摘できる。この問題を概念的に図示したものが図表2-7である。

機会主義的行動と効率的契約の相互に排他的でない部分，すなわち図表2-7で機会主義的行動と効率的契約が重なっている部分から説明される因果関係は疑似相関[14]の可能性もある。それゆえ，これまでの動機とは異なる新たな動機（変数）を統制することで重複する部分を説明できるのではないかと考える[15]。このような問題意識から，本研究では契約・エージェンシー理論で取り上げられるレピュテーションを裁量行動の第3の動機として位置づけた。裁量行動の動機を包括的に分析することで，相互排他性の問題を解明することが本研究のねらいである。レピュテーション動機については次章で詳説したい。

図表 2-7 裁量行動研究が抱える課題―機会主義的行動と効率的契約の相互排他性―

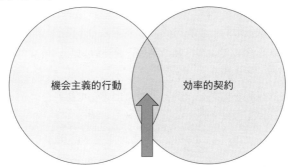

相互排他性が確保されていない。第3の動機が介在する可能性あり。

出所：筆者作成。

6 むすび

　本章では，裁量行動について取り上げ，契約・エージェンシー理論から裁量行動がどのように説明されるかについて考察した。本節では本章を要約する。

　第2節では，裁量行動について取り上げるとともに，契約過程において裁量行動がどのように位置づけられるものなのかについて明らかにした。経営者は財務諸表の作成過程において裁量行動という選択肢を有しており，その影響はつねに財務諸表に反映される。また，経営者が作成した財務諸表が利害関係者に報告されることで，会計制度の機能である契約支援機能や意思決定支援機能がその役割を果たす。こうしたプロセスこそ，経営者と利害関係者の契約過程にみる裁量行動と会計制度の機能の関係であり，契約関係の成立に会計制度が寄与することが期待される。

　第3節では，裁量行動の理論的基礎である契約・エージェンシー理論について取り上げ，詳細な説明を行った。契約・エージェンシー理論の特徴は「契約の束」「利己心にもとづく効用最大化行動」「情報の非対称性および契約の不完備性」という3点に集約される。契約・エージェンシー理論は，「利己心にもとづく効用最大化行動」の結果生じた利害の対立（エージェンシー問題）や，「情報の非対称性および契約の不完備性」がもたらすモラルハザードや逆選択といった弊害を解決し効率的な契約関係の構築に貢献するものと考えられている。

　第4節では，裁量行動の本質的動機である機会主義的行動と効率的契約について説明した。機会主義的行動の動機とは，経営者が自身の効用を最大化するよう会計数値を操作することである。また効率的契約の動機とは，経営者が機会主義的行動を抑制し，利害の対立によって生じたエージェンシーコストや契約コストを削減することによって企業価値を最大化するよう会計数値を操作することである。これらふたつの本質的動機が契約・エージェンシー理論からどのように説明されているのかについて指摘した。

　第5節では，機会主義的行動と効率的契約が抱える本質的課題について考察した。これらの動機は相互に排他的ではなく，厳密に両者を区別すること

は困難であるとされる。そのため，経営者がいかなる動機から裁量行動を選択するのかというインセンティブの解明をより困難なものとしている。ここでは，これまでの動機とは異なる新たな動機（変数）を統制することで重複する部分を説明できる可能性を指摘し，別の変数を統制することによって問題解決につながる可能性があると結論づけた。次章では，機会主義的行動と効率的契約の相互排他性の問題に対処するためのアプローチとしてレピュテーションを取り上げ，レピュテーションがなぜこの問題を解決する可能性を秘めているのかについて議論する。

注

1 エージェンシー理論の中身については伊藤（2003, 2007）を参照されたい。
2 契約・エージェンシー理論の特徴点については多くの研究者によって取り上げられている。代表的な研究者では Jensen and Meckling（1976）を参照されたい。
3 モラルハザードや逆選択を経済学の問題として最初に取り上げたのは Arrow（1963）である。
4 実証会計理論とは，「経営者による会計方針の選択といった行動や，経営者が新しい会計基準案にどのように反応するかを予測する理論」（Scott, 2006,『訳書』p. 269）である。裁量行動研究もこの実証会計理論の一部と位置づけてよい。
5 乙政（2004）はエージェンシー理論に依拠した会計研究として Baiman（1982, 1990），Watts and Zimmerman（1986），岡部（1993, 1994），Sunder（1997），須田（2000）の研究を挙げている（乙政，2004, p. 9）。
6 インセンティブ・システムとは，「本人と代理人の利害をできるだけ一致させ，本人の富の増加をもたらす行動を代理人に促す仕組み」のことである（須田，2008, p. 32）。たとえば，経営者報酬制度やストックオプションといったものが挙げられる。
7 モニタリング・システムとは，「本人が代理人の行動を監視し，モラルハザードに関する情報を収集する仕組み」のことである（須田，2008, p. 31）。たとえば，ディスクロージャー制度がその典型であるとされる。
8 ボンディング・システムとは，「代理人が自分の行動を規制し，積極的に本人の信頼を獲得する仕組み」のことである（須田，2008, p. 32）。たとえば，経営者による予測情報の開示や IR 制度などが挙げられる。
9 梶原（2008）によれば，Hölmstrom（1979），Banker and Datar（1989），Baiman（1990），Feltham and Xie（1994），Indjejikian（1999）といった研究が挙げられる（梶原，2008, p. 84）。

10 Holthausen (1990) はこれらの動機に加え,情報提供の動機 (information perspective) という第3の動機を提示している。しかしながら,本研究ではあえてこの情報提供の動機を取り上げないことにする。なぜならば,情報提供の動機は株式市場に関する動機であり,本研究が主眼とする契約に関する動機と一線を画すからである。そのため,問題の複雑化を避けるために本研究では情報提供の動機を取り上げないこととした。情報提供の動機とは,企業の将来キャッシュフローに関する内部情報を企業外部の利害関係者に伝達するような裁量行動が選択されるというものである。
11 Holthausen (1990), Christie and Zimmerman (1994), Scott (2006), 須田 (2000) といった多くの研究者がこの問題を指摘しているが,現在のところ問題解決に至る手立ては明らかにされていない。裁量行動研究の分野では,この問題の解明が期待されているところである。
12 Watts and Zimmerman (1986) は,効率的契約や機会主義的行動の動機を契約仮説 (契約の役割),情報提供の動機を情報仮説 (情報の役割) と定義している (Watts and Zimmerman, 1986,『訳書』pp. 197-198)。
13 Scott (2006) によれば,Christie and Zimmerman (1994), Dechow (1994), Guay (1999), Ahmed et al. (2000), Dichev and Skinner (2002), Watts (2003a, 2003b) らの研究が該当するとしている (Scott, 2006,『訳書』pp. 286-290)。
14 疑似相関とは,2つの事象に因果関係がないにもかかわらず,見えない要因によって因果関係があるかのように推測されてしまうことである。疑似相関の場合,一見すると2つの事象間に有意な関係があるような印象を与えるが,統制変数を加えることで無効となる。
15 たとえば,アイスクリームの売上が伸びると水死者数も確実に増える。したがって,アイスクリームが水死の原因だと推論するかもしれないがそうではない。アイスクリームがよく売れるのも水死が増えるのも夏であるため,夏の暑さが両方の事象の共通する要因として存在しアイスクリームの売上と水死者数にあたかも因果関係が存在するかのように見えただけである。機会主義的行動と効率的契約が相互に排他的でない部分の因果関係もこのような要因によるものではないかと推測する。すでに先行研究においても,このように他の動機を統制してレピュテーションの影響を分析する研究がなされている (Bowen et al., 1995, pp. 263-264)。

第3章

レピュテーションと裁量的会計行動

1 はじめに

　前章では，裁量行動について取り上げ，理論的な背景や動機について説明した。また，裁量行動の動機とされる機会主義的行動と効率的契約が抱える本質的課題について考察した。本章の目的は，レピュテーションと裁量行動の関係について契約・エージェンシー理論から考察することである。
　先行研究によれば，裁量行動の動機には大きく機会主義的行動と効率的契約というふたつの本質的動機が存在するとされ，これらの動機から経営者は利益増加型もしくは利益減少型の裁量行動を選択すると説明されてきた。しかしながら，これらは相互に排他的ではなく，厳密に両者を区別することは困難であるとされる。そのため，経営者がいかなる動機から裁量行動を選択するのかというインセンティブの解明をより困難なものとしている。そこで前章では，これまでの動機とは異なる新たな動機（変数）を統制することで重複する部分を説明できる可能性があると結論づけた。
　本章では，契約・エージェンシー理論のなかで取り上げられるレピュテーションに焦点をあて，レピュテーションが経営者の裁量行動に影響を与えるという命題（レピュテーション動機）について説明する。また機会主義的行動や効率的契約の動機とレピュテーション動機を比較検討することで，レ

ピュテーション動機を経験的に検証する必要性について明らかにする。

　第2節では，裁量行動に横たわる相互排他性の問題を解決するためのアプローチについて検討する。第3節では，レピュテーションと裁量行動の関係について理論的に考察する。そして第4節では，第2章の第3節で取り上げた裁量行動の動機とレピュテーション動機を取り上げて比較検討する。最後に第5節において，本章を要約する。

2　相互排他性の問題に対する解決アプローチ

　裁量行動の動機には大きく機会主義的行動と効率的契約というふたつの本質的動機が存在するとされ，これらの動機から経営者は利益増加型もしくは利益減少型の裁量行動を選択すると説明されてきた。これまで多くの研究者がこれらの動機から具体的な仮説を導出し，財務データを利用した経験的検証と分析を繰り返してきた。しかしその一方で，これらが相互に排他的でないという問題が指摘されている（須田，2000，pp. 358-359）。すなわち，観察される裁量行動が機会主義的行動によるものか，効率的契約によるものかという識別が容易でないということである。そのため，経営者がいかなる動機から裁量行動を選択するのかというインセンティブの解明をより困難なものとしている。そこで前章では，これまでの動機とは異なる新たな動機（変数）を統制することで重複する部分を説明できる可能性があると結論づけた。

　ここで，相互排他性の問題を解決するために以下のふたつのアプローチを採用する。ひとつは，契約・エージェンシー理論によって記述される抽象世界（理論の世界）に遡って新たな要因を探すことである。もうひとつのアプローチは，現実的な側面から裁量行動に関するサーベイ調査の結果によって見えない要因（変数）を抽出するというものである。

　まず，契約・エージェンシー理論に遡って問題解決の糸口を探すことにする。相互排他性の問題とは，観察される裁量行動が機会主義的行動によるものか，効率的契約によるものかという識別ができないということであった。別言すれば，経営者は利己的か，それとも利他的かということである。ここ

でいう利己的とは，経営者が自身の効用のみを考えて機会主義的な行動を選択するというものである。また利他的とはその逆で，効率的な契約の達成に向けた行動を選択するというものである。契約・エージェンシー理論では，経営者は利己的であるという仮定から，その利己心を抑えるための制度設計を充実させることで利他的行動を促すことが説明されている。

　これまでの裁量行動研究では，この利己的か利他的かという問題を明示的契約に限定して解明する分析が進められてきた。機会主義的行動や効率的契約の動機で取り上げられる報酬契約や債務契約はまさにこの代表例である。なぜならば，そもそも会計理論は報酬や債権債務といった測定可能な経済的資源を対象としているため，通常は従業員の誠実さや熱心さ，モラルやモラールといった測定不可能な変数は研究対象から排除してきたからである。

　しかし，裁量行動研究が依拠する契約・エージェンシー理論では，企業を経営者と利害関係者の契約の束と捉え，あらゆる利害関係者との契約や取引を念頭に置いている。また，ここで取り上げられる契約とは，明示的なものに限定されず暗黙的なものも含むとされ，契約の中身である資源提供と資源請求権については経済的資源に限定されず非経済的資源も含むとされる（Sunder, 1997, 『訳書』pp. 315-316）。そうであるとすれば，裁量行動研究が依拠する契約・エージェンシー理論の範囲は限定的であり，それによって体系化された実証会計理論は理論的に不完全であるといわざるを得ない。そこで本研究では，相互排他性の問題を解決するためのアプローチとして，明示的契約だけではなく暗黙的契約の視点も含めた包括的なアプローチを採用することにした。

　次に，現実的な側面から裁量行動に関する日米のサーベイ調査の結果を参考に見えない要因についてのインプリケーションを得ることにする。経営者が裁量行動によって目標利益を達成するメリットについて調査した研究には，Graham et al.（2005），須田・花枝（2008）の研究である。Graham et al.（2005）は米国企業を対象とし，須田・花枝（2008）は日本企業を対象に調査を行った。彼らは，財務・経理部門の責任者を対象に質問票によるサーベイ調査を行った。サンプル数は，米国企業を対象とした Graham et al.（2005）の研究が 394 社，日本企業を対象とした須田・花枝（2008）の研究が 619

社であった。調査の結果を示したのが，図表3-1である。

双方の調査の結果，経営者が裁量行動によって目標利益を達成するメリットのうち，賛成の回答率が高い項目は資本市場に関するものであった。他方，賛成の回答率が低い項目は報酬契約や債務契約に関するものであった。そして，「企業外部者から良い評判が得られる」ために目標利益を達成するという回答がその中間に位置しており，米国企業では77.4％，日本企業では51.9％の賛成回答率を示している。日本企業に比べて米国企業の方がレ

図表3-1　経営者が裁量行動によって目標利益を達成するメリット

〈日本企業〉

	平　均	賛成の回答率	反対の回答率	回答数
資本市場の信頼確保	1.61	95.30	0.48	618
当社の成長性を投資家に伝える	1.31	87.54	1.28	615
株価の上昇と維持に資する	1.29	87.87	1.28	610
事業の安定性をサプライヤー等に伝える	1.15	84.80	2.25	615
企業外部者から良い評判が得られる	0.73	51.86	4.35	613
株価の変動性を小さくする	0.65	53.63	4.51	606
従業員等へのボーナス支給	0.55	53.62	8.88	613
良い格付けの取得に結びつく	0.51	50.88	9.52	607
財務制限条項違反の回避	0.07	28.59	17.92	608

〈米国企業〉

	平　均	賛成の回答率	反対の回答率	回答数
資本市場の信頼確保	1.17	86.3	3.9	306
株価の上昇と維持に資する	1.06	82.2	3.6	304
企業外部者から良い評判が得られる	0.95	77.4	3.6	305
当社の成長性を投資家に伝える	0.90	74.1	5.9	305
株価の変動性を小さくする	0.74	66.6	6.2	305
事業の安定性をサプライヤー等に伝える	0.50	58.5	16.3	306
従業員等へのボーナス支給	0.06	40.1	30.3	307
良い格付けの取得に結びつく	0.07	39.5	28.8	306
財務制限条項違反の回避	-0.28	26.5	41.5	306

出所：須田・花枝（2008）p.57の図表4を若干修正。

ピュテーションを重視するとの回答が得られた。

　また,「企業外部者から良い評判が得られる」を中心にその他の項目をみてみると，それらの項目がそれぞれの利害関係者を意識したメリットになっていることがわかる。すなわち，それぞれの利害関係者の抱くレピュテーションを向上もしくは維持するために目標利益を達成していると読みかえることができる。

　さらに，須田・花枝（2008）は経営者が目標利益を達成するために，どの程度企業価値を犠牲にしてもよいと考えているのかについても調査している。その調査結果を示したのが図表3-2である。調査の結果，目標利益を達成するために企業価値を犠牲にしてもよいと回答した日本企業は過半数以上の337社（54.4％）であった。この点については，須田・花枝（2008）と異なる方法で行われたGraham et al.（2005）の研究においても同様の傾向が確認されている（須田・花枝，2008，pp. 59-60）。

　この結果について須田・花枝（2008）は,「ほとんどの企業は予想値を満たすために多少の利益を捻出できる，と投資家が考えている。したがって，予想値すら満たすことができない企業は，他の問題が背後にあると解釈され，わずかに予想値を満たすことができない場合でも，大幅な株価下落が発生する。そのため経営者は，若干の企業価値を犠牲にしてでも予想値を満たそうとする」というGraham et al.（2005）の見解をもとに解説している（須田・花枝，2008，p. 60）。

　しかしながら，先ほどの図表3-1で示された結果を踏まえれば，企業に

図表 3-2　利益調整と企業価値

〈日本企業〉

	度　数	相対度数	累積度数
企業価値は犠牲にしない	264	42.65	42.65
少しなら犠牲にしてもよい	236	38.13	80.78
ある程度なら犠牲にしてよい	99	15.99	96.77
大幅に犠牲にしてよい	2	0.32	97.09
欠損値	18	2.91	100.00

出所：須田・花枝（2008）p. 60。

は多少の企業価値を犠牲にしてでも守りたいものがあるという解釈も成り立つのではないだろうか。すなわち，企業外部者から良い評判を得て，長期・継続的な関係構築と事業継続のために多少の企業価値を犠牲にしてでも目標利益を達成しているということである。こうした解釈は，第1章で取り上げたゲーム理論からも説明できる。ゲームが無限回繰り返されるならば（繰り返しゲーム理論），非協調的行動よりも協調的行動によって利得を得る状況依存型の戦略が均衡解となる。それが長期的により高い利得を獲得することにつながると説明していた。経営者は企業価値の最大化を企業経営の目標として掲げながらも，現実的には利害関係者との長期・継続的な関係性を重視する可能性があると解釈できる。

　これらのサーベイ調査の結果は本研究に大きな意義を与えている。この結果を参考に，レピュテーションが裁量行動の新たな動機として考察するに値するという結論に至った。次節では，機会主義的行動，効率的契約に次ぐ新たな動機としてレピュテーション動機を取り上げ，契約・エージェンシー理論から検討する。

3　第3の動機としてのレピュテーション

　前節では，裁量行動研究の新たな研究アプローチとしてレピュテーションの可能性について考察した。本節では，会計数値によって形成されるレピュテーションに着目し，裁量行動の第3の動機と位置づけるレピュテーション動機について契約・エージェンシー理論の枠組みから検討する[1]。以下では，3.1 レピュテーション動機，3.2 レピュテーションと暗黙的契約というように順に説明する。

3.1　レピュテーション動機

　経営者は，利害関係者からポジティブなレピュテーションが得られるよう，利害関係者が暗黙裡に意識している会計数値を意図的に調整する動機をもつと予想する。これがレピュテーション動機であり，本研究が裁量行動の第3の動機と位置づける命題である。

第3章　レピュテーションと裁量的会計行動

　図表3-3は岡部（1993）の研究をもとに筆者が作成したものである。情報提供者である経営者が，情報利用者である利害関係者に会計情報 Is を提供する。その会計情報 Is をもとに利害関係者は次の行動を意思決定する。それらは通常何らかのリアクションとして示されるが，ここでは会計情報 Is に基づいて経営者へのレピュテーション Rs が発生しそれが経営者に向けられると考える。

　ここで，このレピュテーション Rs は経営者にとって有利な評価かもしれないしそうでないかもしれない。しかしいずれにしても，会計情報の提供が利害関係者のレピュテーション Rs を発生させ，それによって経営者の効用や将来の取引に直接または間接に影響を及ぼす可能性がある。そのため経営者は，レピュテーション Rs の影響や経済的含意を事前に考慮し，それが自らにとって，または企業にとって有利な結果になるよう，あるいは不利な結果を回避するよう提供する会計情報 Is を会計情報 Ia に調整する動機をもつ。これがレピュテーション動機である。

　レピュテーション動機のポイントは次の2点に要約される。ひとつは，レピュテーションが非金銭的効用としての性格を有する点である。契約・エー

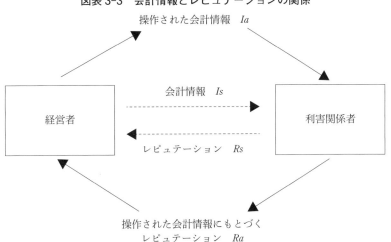

図表3-3　会計情報とレピュテーションの関係

出所：岡部（1993）p. 181をもとに筆者作成。

73

ジェンシー理論によれば，経営者は自身の効用が最大化するよう合理的に行動すると仮定される。ここでいう効用とはボーナスやストックオプションのような金銭的効用に限定されず，レピュテーションといった非金銭的効用も含まれるとされる (Jensen and Meckling, 1976, pp. 10-11)。また乙政 (2004) も，「評判，社会的地位，権威といった非金銭的報酬も含まれている」（乙政，2004, p. 21）と指摘していることから，レピュテーションもエージェントを動機づけるメカニズムとして機能している可能性が考えられる。そのため経営者は，レピュテーションという非金銭的効用を最大化させるような裁量行動を選択すると予想される。

　もうひとつは，レピュテーションが高いということは利害関係者との利害の対立を緩和することにつながり，それはエージェンシーコストや契約コストの低減を意味するという点である[2]。これは契約・エージェンシー理論におけるレピュテーションの含意と一致する。すなわち，レピュテーションは「情報の非対称性」を緩和させモラルハザードを防止するとともに (Milgrom and Roberts, 1992, pp. 259-260)，「契約の不完備性」を補完してエージェンシーコストを低減する役割をもつとされる (Baiman, 1990, pp. 355-357)。そのため経営者は，機会主義的行動や裏切り的行動によって短期的利益を獲得するよりも，将来の取引機会の損失を回避するためにレピュテーションを積み上げるような長期的行動を選択すると予想することができる。

3.2　レピュテーションと暗黙的契約

　レピュテーション動機について契約・エージェンシー理論から説明したが，それにともないレピュテーション概念について定義する必要がある。そこで，レピュテーション概念について検討し概念化を行う。

　契約・エージェンシー理論においてレピュテーションは，「暗黙的契約」の締結と履行を促すメカニズムとして位置づけられる (Milgrom and Roberts, 1992, pp. 259-260)。「暗黙的契約」[3]とは，報酬契約や債務契約のように契約書を交わすことで締結される「明示的契約」と対をなす概念であり，長期・継続的な取引関係を背景に契約当事者間にあたかも有利な契約が存在するかのように期待される行動を選択することである。

たとえば，企業が契約を誠実に履行していると評価されれば，仕入・調達先から有利な価格で購入することができるかもしれない。また債権者から低金利での資金調達が可能になるかもしれない。これは，取引する双方が将来にわたって長期・継続的な取引関係を維持していきたいというインセンティブから生じるものである。とりわけ，企業間取引においては多くの企業が長期・継続的な取引関係を前提に行動している。なぜならば，こうした関係を構築することによって新たに取引先を探索するコストや取引相手を監視するコスト，契約書類の作成にかかるコストを節約できるからである。そのため，契約当事者は価格や支払期間，取引規模などの取引条件を交渉するさいに互いに有利な条件を提示すると考えられる。

「暗黙的契約」は，長期・継続的な取引関係を維持することによってもたらされる利益が不履行によって被る損失を上回る限りにおいて機能する。すなわち，企業が誠実に契約を履行することよって企業の信用やブランド価値が蓄積され，その結果もたらされる利益（たとえば安定的な資金調達や材料調達，コストの削減など）が，不誠実な対応によって信用を失い，それによって被る損失（たとえば販売不振や取引停止など）を上回る限りにおいてそれを遵守するインセンティブが機能する。そのため，「暗黙的契約」の機能に不可欠な要素こそがレピュテーションなのである。

Bowen et al. (1995) によれば，レピュテーションは利害関係者が企業に対して有する暗黙的請求権（implicit claims）としての性格をもつと指摘している（Bowen et al., 1995, pp. 258-260）。請求権とは，相手に対して一定の行為を請求する権利である。たとえば，株式に付与された利益配当請求権や残余財産分配請求権は，株主が企業に対して利益配当や残余財産を請求することを意味する。

他方，暗黙の請求権は法的拘束力をもたない「暗黙的契約」をベースとした概念であるため，利益配当請求権や残余財産分配請求権などの明示的請求権とは性格が異なる。つまり，暗黙的請求権とは利害関係者が企業に対して抱く期待（expectation）であり，経営者は利害関係者の期待（暗黙的請求権）に対して適切に対応し，実績や信用を積み重ねることで「暗黙的契約」からもたらされる便益を享受しようとするのである。

ここで，株主を例に挙げて説明したい。株主と経営者が締結する契約に株式売買契約がある。この契約では契約書が作成されるとともに，その履行には株主が出資し（資源提供），企業の株式を譲り受けることが必要となる。株式売買契約は，契約書によって払込の請求権や株式に付与された利益配当請求権，残余財産分配請求権（資源請求権）が明確であることから明示的契約と呼ばれる。

　ではこの例を用いて，明示的契約と同時に締結される暗黙的契約について説明したい。株式売買契約を締結するさいに，株主は当該企業の成長力や将来性から株価の上昇を見込める，あるいは配当を期待できるといったレピュテーションをもっていたとする。このようなレピュテーションによって株主は契約を締結したと考えても誤りではない。このように，利害関係者が企業や経営者に対して抱く期待のことを契約・エージェンシー理論では暗黙的請求権と捉えている。

　暗黙的契約は明示的契約と異なり，契約書が交わされるわけではない。また契約書が交わされていない以上，契約の不履行が法的に問題となるわけでもない。しかしながら，暗黙的契約が履行されれば，すなわち株主・投資家の株価上昇や配当増額といった期待に対して企業が応じてくれたとすれば，株主・投資家は明示的な契約関係を継続する可能性が高い。または，さらなる追加投資の契約を締結する可能性も考えられる。逆に，暗黙的契約が履行されなければ期待はずれと認識され，最悪の場合には契約の解除といったことも考えられる。このように，レピュテーションとは利害関係者が経営者や企業に対して抱く期待であり，経営者はこのような期待に応えるよう業務を遂行し実績を積み上げることで暗黙的契約がもたらす効用を享受しようとする。これが「暗黙的契約」におけるレピュテーションの本質である。

　レピュテーションというと，「第三者からの評判」や「企業のもつ評判」というように安易に表層的な概念部分に注目しがちであるが，肯定的なものだけではなく否定的なものやアノマリーも含まれる。また，企業がどのように対処するかによって，今後の取引環境や企業経営に大きく影響するリスクやプレッシャーも兼ね備えている。それゆえ，経営者は企業の信用やブランド価値を維持・向上させるために，利害関係者からのレピュテーションにで

きる限り応える努力をしなければならないというのがこの概念の深層である。

　ではここで，レピュテーションの概念化を行いたい。本研究ではレピュテーションを，「企業を取り巻く様々な利害関係者が，当該企業の過去の実績や将来の予測にもとづいて当該企業に対して有する暗黙的請求権（implicit claims）」と定義する。利害関係者の有する暗黙的請求権は企業の過去の実績に依存し，企業の過去の実績は会計数値によって示される。つまり，会計数値によって形成されたレピュテーションが暗黙的請求権という性格を有し，「暗黙的契約」の締結と履行を促すメカニズムとして機能する。そして，経営者が利害関係者の暗黙的請求権に応えた結果が会計数値というかたちで翌期の財務諸表に表示され，それがひいては利害関係者のレピュテーションの源泉になると考える。

　このことから，経営者はレピュテーションの経済的含意を十分に考慮したうえで，それが経営者自身や企業にとって有利な結果になるよう，あるいは不利な結果を回避するよう，利害関係者が暗黙裡に意識する会計情報を意図的に操作する動機をもつと予想する。同様のことは会計制度そのものにおいても指摘されており，経営者は会計情報の作成者（発信者）であるにもかかわらず会計情報を操作するインセンティブをもつことを「フィードバック効果」と呼んでいる（伊藤，2014，pp. 40-41）。これは，会計情報の送り手である経営者が自己の利益を最大化させるために会計情報の潜在的影響を考慮しながら情報発信を行っているというものである。そうであるのならば，レピュテーションにおいても同様の影響が確認できるのではないかと期待される。本研究ではこうしたインセンティブをレピュテーション動機と表現し，検証すべき裁量行動の動機と位置づける。

4　機会主義的行動および効率的契約との比較

　前節では，会計数値によって形成されるレピュテーションに着目し，裁量行動の第3の動機と位置づけるレピュテーション動機について検討した。本節では，前章で整理した機会主義的行動，効率的契約の動機と，前節で取り

上げたレピュテーション動機の比較検討を行う。これら3つの動機について要約したものを図表3-4に示す。

まず，機会主義的行動の動機とレピュテーション動機を比較する。「情報の非対称性」や「契約の不完備性」が所与とされる状況において，合理的な経営者は自己の効用のみを最大化しようと試みる。これが機会主義的行動であった。非金銭的報酬ないし社会的報酬としてのレピュテーションの最大化を目的とする点から考えると，レピュテーション動機は機会主義的行動と類似する。なぜならば，機会主義的行動の分析ではボーナスやストックオプションのような金銭的報酬による動機づけに焦点をあててきたからである。しかし，レピュテーションが機会主義的行動を抑制し，モラルハザードや逆選択の問題を緩和する機能を有する点を踏まえると機会主義的行動の動機とは異なると判断できる。

次に，効率的契約の動機とレピュテーション動機の比較を行う。効率的契約とは，エージェンシーコストや契約コストの削減を図りながら企業価値の最大化を目的とする行動であった。レピュテーションもエージェンシーコストや契約コストの低減に貢献するという点から考えると，レピュテーション動機は効率的契約と同様の特徴を有する。しかし，すべての利害関係者のレ

図表3-4 機会主義的行動，効率的契約，レピュテーション―3つの動機の比較

裁量行動の動機	目的	契約の種類	キャッシュフローへの影響	契約コストへの影響	企業価値への影響
機会主義的行動	経営者の効用最大化	明示的契約	○	↑	↓
効率的契約	企業価値の最大化	明示的契約	○	↓	↑
レピュテーション	経営者（企業）の非金銭的効用の最大化，企業価値の最大化，取引の継続性，情報提供	暗黙的契約	△ ただし，長期的・間接的には影響あり	↓	↑

出所：筆者作成。

ピュテーションを同時に高めること，すなわちすべての利害関係者と効率的な契約を結ぶことは理論的に不可能である。なぜならば，利害関係者の間には直接的かつ間接的な利害の対立があるからである。そのため，経営者は自己拘束的に，ベストではなくともベターな裁量行動を選択していると考えるのが妥当である。その意味では効率的契約の動機と必ずしも同質の動機ではないと考えられる。

以上のように考えると，機会主義的行動と効率的契約は対極に位置する動機であり，それぞれが利己的行動と利他的行動を促すものであるといえる。会計の規制主体の立場からすれば，会計制度による効率的な契約関係の締結と履行を望むであろう。そのため，経営者の機会主義的行動を抑制し，効率的な契約関係の成立に資する制度設計に努めている。効率的契約はある種の理想的なかたちであり，機会主義的行動は例外である。そして会計規制主体は，その例外をいかに理想に近づけるかに尽力していると解釈できる。その両者の間に位置づけられるより現実的な動機こそがレピュテーション動機であると考える。

3つの動機を比較することによって，レピュテーション動機は機会主義的行動と効率的契約のどちらとも異なる新たな動機と位置づけることができる。そして，このレピュテーション動機によって相互排他性の問題を解決できるのではないかと予想される。その具体的な検証については，第7章および補論の実証分析で取り上げたい。

5　むすび

本章では，契約・エージェンシー理論の中で取り上げられてきたレピュテーションに焦点をあて，レピュテーションが経営者の裁量行動に影響を与えるという命題（レピュテーション動機）について説明し，レピュテーション動機を検証する必要性について論証した。会計数値によって形成されたレピュテーションは，利害関係者の暗黙的請求権というかたちで企業に向けられる。企業と利害関係者のこのようなやりとりは，通常の明示的契約ではなく「暗黙的契約」という枠組みのなかで行われる営みである。本節では第3

章を要約する。

　第2節では，裁量行動に横たわる相互排他性の問題を解決するためのアプローチについて検討した。そして，理論的にも現実的にも，取り上げるべき新たな要因がレピュテーションであることを確認し，相互排他性の問題を解決するきっかけになるのではないかと予想した。

　つづく第3節では，会計数値によって形成されるレピュテーションに着目し，レピュテーションが裁量行動の第3の動機になりうることを論証した。そして，レピュテーションが暗黙的契約のなかに存在し，「企業を取り巻く様々な利害関係者が，当該企業の過去の実績や将来の予測にもとづいて，当該企業に対して有する暗黙的請求権（implicit claims）」としての機能を有するものであると定義した。また，非金銭的報酬ないし社会的報酬としての性格を有する点から，エージェントを動機づけるメカニズムとして機能する可能性があることを指摘した。レピュテーションは，エージェンシーコストや契約コストの低減に貢献し，情報の非対称性から生じるモラルハザードや逆選択の問題を緩和する機能を有するとの指摘も行った。

　第4節では，機会主義的行動，効率的契約とレピュテーション動機の比較検討を行い，レピュテーション動機がこれらいずれの動機とも異なる新たな動機として位置づけられることを理論的に考察した。レピュテーションが非金銭的報酬ないし社会的報酬としての動機づけを有する点から考えると，レピュテーション動機は機会主義的行動に類似する側面をもつ。なぜならば，機会主義的行動の分析ではボーナスやストックオプションのような金銭的報酬による動機づけに焦点をあててきたからである。しかし，レピュテーションが機会主義的行動を抑制し，モラルハザードや逆選択の問題を緩和する機能を有する点を踏まえると機会主義的行動に包含されるものではないと考えられる。

　また，レピュテーションがエージェンシーコストや契約コストの低減に貢献するという点から考えると，レピュテーション動機は効率的契約と同様の特徴を有する。しかし，すべての利害関係者と効率的な契約を結ぶことは理論的に不可能である。なぜならば，利害関係者の間には直接的かつ間接的な利害の対立があるからである。そのため，経営者は自己拘束的に，ベストで

はなくともベターな裁量行動を選択していると考えるのが妥当である。その意味では効率的契約と必ずしも同質の動機ではないと考えられる。

3つの動機を比較することによって，レピュテーション動機は機会主義的行動と効率的契約のどちらとも異なる新たな動機と位置づけることができる。そして，このレピュテーション動機によって相互排他性の問題を解決できるのではないかと予想される。今後は，この命題にもとづいた操作化が行われ，具体的な仮説を導出することになる。導出された仮説を検証することで，会計分野におけるレピュテーション・メカニズムの解明が期待される。

注
1 裁量行動は契約・エージェンシー理論を理論的基礎としたものであった。レピュテーションと裁量行動の関係について考察するには，同じ理論体系から議論した方が有意義であると考えたため契約・エージェンシー理論を用いている。
2 通常，プリンシパルとエージェント間で交わされる契約は不完全である場合が多い。なぜならば，将来の起こりうる状態を詳細に取り決めた完全な契約を採用することは不可能であるからである。そのため，契約関係においては不完備な契約（不完備契約）を利用せざるを得ないとされる。そのためレピュテーションは，契約が不完全であるために生じる問題を解決するのに役立つという機能を有しているとも考えられる。
3 経営学や組織論の研究領域においては「心理的契約」といった表現がなされる場合もある。「心理的契約」については服部（2013a, 2013b）の研究を参考にしてもらいたい。彼はこの分野の先行研究を網羅的に渉猟しレビューしている。

第4章

裁量的会計行動の動機
―先行研究レビュー―

1 はじめに

　本章の目的は，裁量行動の動機に着目した主要な研究についてレビューを行うことである。本研究では，レピュテーションが経営者の裁量行動に影響を与える影響について検証することを目的としている。そのため，レピュテーションの有効性を検証するためには裁量行動の動機として取り上げられてきた因子を把握し，それらを検証において統制する必要がある。

　契約・エージェンシー理論によれば，裁量行動には大きく機会主義的行動と効率的契約というふたつの本質的動機が存在すると説明されてきた。機会主義的行動とは，経営者が自己の効用のみを最大化させる行動である。また効率的契約とは，エージェンシーコストや契約コストの低減を図ることで企業価値を最大化させる行動である。先行研究では，これらの動機から経営者が利益増加型もしくは利益減少型の裁量行動を選択すると説明されてきた（須田，2000，pp.358-359）。

　本章では，これらふたつの本質的動機から導出された仮説について検証している研究の展開を跡づけるとともに，本研究の主眼であるレピュテーションについて検証した研究を取り上げ，得られた発見事項とその相違，限界点や課題などを明らかにする。そして，今後の研究課題を探ることにする。

第2節では，機会主義的行動を検証した研究に焦点をあてる。実証会計理論の出発点は，機会主義的行動の検証であったといっても過言ではない。そこでまず，実証会計理論の嚆矢とされる Watts and Zimmerman（1986, 1990）の研究を取り上げる。次に，近年の研究として Gunny（2010）の研究を取り上げる。

　第3節では，効率的契約を検証した研究を取り上げる。近年の研究動向では，機会主義的行動よりも効率的契約の動機を支持する研究成果が明らかにされつつある（中久木，2002，p. 5）。前節と同様，先駆的研究である Mian and Smith（1990）の研究，その後の展開と位置づけられる Ahmed et al.（2000），Dichev and Skinner（2002）の研究を順に取り上げる。

　そして第4節では，レピュテーションについて検証した研究を包括的にレビューする。本節ではどの利害関係者を対象とした研究なのかという点に着目し，複数の利害関係者に焦点をあてた Bowen et al.（1995, 2008）の研究，そして個々の利害関係者に焦点をあてた岡部（1996），Daniel et al.（2008），Ang and Jung（1998），Raman and Shahrur（2008）の研究を順に取り上げる。最後に第5節では，本章で取り上げた研究とその成果を要約し，今後の研究課題について明らかにする。

2　機会主義的行動を検証した研究

　本節では，機会主義的行動を検証した研究について取り上げる。機会主義的行動とは，経営者が自己の効用のみを最大化させる行動である。実証会計理論の出発点は，機会主義的行動の検証であったといっても過言ではない。そこで，実証会計理論を体系化させた Watts and Zimmerman（1986, 1990）の研究を取り上げる。

2.1　Watts and Zimmerman（1986, 1990）による研究

　Watts and Zimmerman（1986, 1990）の研究は，今日の実証会計理論（positive accounting theory; PAT）の嚆矢とされるものである。そもそもの出発点は Watts and Zimmerman（1978, 1979）の研究にあるとされるが，本節では

実証会計理論の代表的仮説をまとめた Watts and Zimmerman（1986）の研究と，1980年代に行われた実証研究の問題点を指摘した Watts and Zimmerman（1990）の研究を同時に取り上げることにする。

Watts and Zimmerman（1986）は，これまで米国を中心に行われてきた会計的裁量行動に関する実証研究を包括的に分析し，報酬契約仮説（ボーナス制度仮説），債務契約仮説（財務制限条項仮説），政府契約仮説（政治コスト仮説）という3つの仮説に分類している。その詳細は以下のとおりである。

報酬契約仮説：他の条件が等しければ，ボーナス制度を有する企業の経営者は，利益増加型の会計方針を選択する傾向にある。
債務契約仮説：他の条件が等しければ，会計数値に依拠した財務制限条項に抵触する恐れのある企業の経営者ほど，利益増加型の会計方針を選択する傾向にある。
政府契約仮説：他の条件が等しければ，企業が直面する政治コストが高いほど，利益減少型の会計方針を選択する傾向にある。

この3つの代表的仮説にしたがって数多くの経験的検証が行われ，すべての仮説がともに支持されてきた。研究方法は，クロスセクション・データによるプロビットモデルまたはロジットモデルが使用され，被説明変数には利益増加型と利益減少型の会計方針を1と0で数量化したものが用いられた。また説明変数にはボーナス制度の有無，負債比率，企業規模（売上高または資産総額）などがあてられた。

Watts and Zimmerman（1990）は，1980年代を中心に行われた初期の研究におけるモデルの説明力の弱さを取り上げ，その原因について4つの問題点を指摘している（Watts and Zimmerman, 1990, p. 143）。第1に，設定されたモデルにおいて異なる説明変数に共通にして影響を与える別の変数が存在する可能性がある。第2に，プロビットモデルまたはロジットモデルの被説明変数は2値データであるため，研究対象が特定の会計方針に限定されてしまうという点である。そして第3に，説明変数の操作化の程度によってモデルの説明力が変化するという問題である。第4に，会計数値に依拠した他の

契約の存在を示す変数，会計数値に依拠していないが会計方針の選択に影響を及ぼす契約の存在を示す変数，業界により認められた会計方針を示す変数など説明変数から除外されたいくつかの変数が存在することである。

しかし幸いにも，1990年代以降これらの問題は解決の方向へ進展している。まず，被説明変数については裁量的会計発生高を推定する研究手法が確立され，多くの検証において用いられている。また，説明変数については実際の財務制限条項の内容や役員賞与，役員報酬などを用いることでこれらの問題点を緩和しようという試みが行われている。

Watts and Zimmerman（1986, 1990）は，これまで米国を中心に行われてきた実証研究を包括的に分析し3つの代表的仮説に分類している。また，これまでの実証研究の問題点について指摘し，その解決方向にまで言及している。将来の研究に対する枠組みを提示したという点において彼らの研究成果は大きな意義があるといえよう。

2.2 Gunny（2010）による研究

Gunny（2010）の研究は，機会主義的な実体的裁量行動がふたつの利益ベンチマーク（ゼロ利益と前年度利益）の達成に与える影響について検証している。

この研究でGunny（2010）は，実体的裁量行動を①利益を増加させるために研究開発費を減少させる行動，②利益を増加させるために販売費及び一般管理費を減少させる行動，③固定資産や有価証券の売却によって収益を調整する行動，④今期の売上高を高めるために価格値引を行う行動，または売上原価を減少させるために過剰生産を行う行動という4つに分類している。そして，これら実体的裁量行動を選択することによって，企業が利益ベンチマークを達成しているのか，またそのような企業の経済的帰結について分析を行っている。Gunny（2010）の仮説は以下のとおりである。仮説の検証にはクロスセクション分析が用いられている。

仮　説1：利益ベンチマーク（利益0と前年度利益）を達成する企業は，実体的裁量行動を選択する。

仮　説 2：利益ベンチマークを達成するために実体的裁量行動を用いることと将来の業績との間に関係はない。

　調査期間は 1988 年から 2002 年までとされ，Compustat から利用可能な企業データを入手している。また実体的裁量行動の最終サンプルは，研究開発費を用いたもので 4,028 社 28,308 サンプル，販売費及び一般管理費を用いたもので 6,021 社 46,156 サンプル，資産売却を用いたもので 5,454 社 33,528 サンプル，価格値引・過剰生産を用いたもので 5,526 社 39,432 サンプルであった。

　モデルの被説明変数には，4 つの実体的裁量行動の操作尺度，産業調整済総資本利益率，産業調整済総資本営業キャッシュフロー比率が用いられている。また説明変数には，利益ベンチマーク変数[1]，企業規模（対数処理済み総資産），時価簿価比率，総資本利益率，産業調整済み総資本利益率，総資本営業キャッシュフロー比率，産業調整済み総資本営業キャッシュフロー比率，総資本利益率の変化量などがあてられている。

　分析の結果，利益ベンチマークを達成するために経営者が実体的裁量行動を選択していることを明らかにしている。研究開発費，販売費及び一般管理費，価格値引・過剰生産による実体的裁量行動は利益ベンチマークの達成とプラスの関係をもつことが確認されている。また，実体的裁量行動を用いて利益ベンチマークを達成した企業は，次期の企業業績も比較的高いということを明らかにしている。この点は，実体的裁量行動を用いずに利益ベンチマークを達成した企業と達成できなかった企業とで比較しても有意な結果となっている。

　Gunny（2010）の研究は，機会主義的行動の視点から経営者の実体的裁量行動について検証した研究であり，近年の研究動向に即した実証研究である。実体的裁量行動が利益ベンチマーク達成のための手段として用いられ，また実体的裁量行動によって利益ベンチマークを達成した企業が次期に比較的高い業績を達成していることを明らかにしている。利益ベンチマークの達成というこれまでの研究に，実体的裁量行動を取り入れて検証した点に

Gunny (2010) の学術的貢献がある。

3 効率的契約を検証した研究

　前節では機会主義的行動を検証した研究を取り上げた。本節では，効率的契約を検証した研究について取り上げる。効率的契約とは，エージェンシーコストや契約コストの低減を図ることで企業価値を最大化させる行動である。近年の研究動向では，機会主義的行動よりも効率的契約の動機を支持する研究成果が明らかにされつつある（中久木，2002, p. 5）。そこで，前節と同様，先駆的研究である Mian and Smith (1990) の研究，その後の展開と位置づけられる Ahmed et al. (2000)，Dichev and Skinner (2002) の研究を順に取り上げる。

3.1　Mian and Smith (1990) による研究

　Mian and Smith (1990) の研究は，効率的契約について検証した先駆的研究と位置づけることができる。彼らは，経営者が連結財務諸表を作成するさい子会社を連結するか否かの選択をどのように行っているかについて分析した。

　Mian and Smith (1990) は親子会社の関係に着目し，両者の相互依存関係が強いほど親会社は連結財務諸表を作成する傾向にあると予想した。両者の相互依存関係が強ければ，それぞれ個別財務諸表を作成するよりも連結財務諸表を作成した方が契約コストを低減できるからである。また，業績評価やモニタリングの観点からも連結ベースの業績指標を用いることが効率的であると指摘している。

　Mian and Smith (1990) の仮説は以下のとおりである。仮説の検証にはクロスセクション分析が用いられている。

　　仮　説：業務，情報，財務における親子会社の相互依存関係が強いほど，
　　　　　　親会社は連結財務諸表を作成する傾向にある（子会社の財務業績
　　　　　　を連結ベースで報告する）。

サンプルは 1985 年の Fortune 500 から入手しており，最終サンプル数は484 サンプルであった。うち 246 サンプルが金融子会社をもつ企業であり，238 サンプルが金融子会社をもたない企業であった。被説明変数には連結財務諸表の作成を選択する親会社数を採用している。また説明変数には，金融会社である子会社数，海外の子会社数，非金融会社である親会社数，保険会社である子会社数，親会社が子会社の負債に直接保証を与えた数，親会社が子会社の負債に間接保証を与えた数があてられている。

分析の結果，親子会社の相互依存関係が強いほど親会社は連結財務諸表を作成する傾向にある（子会社の財務業績を連結ベースで報告する）ということを明らかにした。①国内の子会社より海外の子会社の場合，②親会社が子会社の負債に対して直接保証を付与している場合，③親会社が金融業に属している場合に親子会社間の相互依存関係はより強くなり，連結ベースの財務諸表が作成されると分析している。

Mian and Smith（1990）の研究は，親子会社関係に着目し両者の相互依存関係が強いほど親会社の経営者は連結ベースの財務諸表を作成するということを検証した。予想のとおり，両者の相互依存関係が強いほど経営者は連結財務諸表を作成するということを明らかにしている。Mian and Smith（1990）の研究は，経営者の意思決定に対して，効率的契約の影響が存在することを明らかにした。これまでの機会主義的行動の研究成果と異なる知見を明らかにしたという点に，本研究の大きな意義がある。

3.2 Ahmed et al.（2000）の研究

Ahmed et al.（2000）の研究は，Mian and Smith（1990）の研究と同様，効率的契約について検証した研究と位置づけることができる。

Ahmed et al.（2000）は，効率的な債務契約に着目し，企業の債務契約が効率的契約である場合に経営者はどのような会計的裁量行動を選択するかについて検証している。前節で取り上げた債務契約仮説では，経営者の機会主義的行動によって利益増加型の会計方針が選択されるということが確認された。Ahmed et al.（2000）の研究は，異なる動機から債務契約仮説の検証に

取り組んだ研究と捉えることができる。

　Ahmed et al.（2000）の仮説は以下のとおりである。仮説の検証にはクロスセクション分析が用いられている。

　　仮　説1：他の条件が等しければ，配当政策において債権者・株主の強い
　　　　　　　コンフリクトに直面している企業はより保守的な会計方針を選
　　　　　　　択する傾向にある。
　　仮　説2：他の条件が等しければ，保守主義会計は負債コストにマイナス
　　　　　　　の影響を与える。

　調査期間は1987年から1998年と定められ，Compustatから企業データを入手している。また負債コストについてはS＆Pから入手している。最終サンプル数は702サンプルであった。被説明変数には，保守主義の尺度として時価簿価比率[2]とStandard and Poor'sによる債権格付け値があてられている。また説明変数には，総資本利益率，株価，企業規模（総資産），負債比率（長期負債／総資産），配当性向（配当／総資産），固定資産／総資産，売上成長率，オペレーティング・リスク（過去のROEの標準偏差によって測定）があてられている。

　分析の結果，仮説1と仮説2はともに支持され，債権者・株主の強いコンフリクトに直面している企業はより保守的な会計方針を選択する傾向にあることを明らかにしている。また，保守主義会計が負債コストにマイナスの影響を与えることも確認している。

　より詳細な分析によれば，彼らの予想どおり，オペレーティング・リスク，負債比率，配当性向が高いほど保守主義が強まる傾向にあるとされる。また，保守主義が強まれば債権格付けが高くなり，結果として負債コストが減少するということも示された。これらの結果は効率的契約と整合的である。

　Ahmed et al.（2000）の研究では，効率的債務契約が経営者の会計的裁量行動にどう影響するかということを検証した。当初の予想のとおり，債権者・株主の強いコンフリクトに直面している企業はより保守的な会計方針を

選択し，それが結果として負債コストの低減に影響するということを明らかにしている。Ahmed et al.（2000）の研究は，機会主義的行動から説明されてきた財務制限条項仮説と異なる結果を示したという点に大きな意義があるといえよう。

3.3 Dichev and Skinner（2002）の研究

Dichev and Skinner（2002）の研究も効率的契約の動機について検証したものであり，Ahmed et al.（2000）の研究と同様，債務契約について検証した研究と位置づけることができる。

Dichev and Skinner（2002）は，流動比率や純資産額にもとづく財務制限条項が裁量行動に与える影響を大規模サンプルを用いて検証している。彼らの仮説は以下のとおり債務契約仮説といってもよい。仮説の検証にはヒストグラムによる分析が用いられている。

> 仮　説：経営者は，企業が会計ベースの財務制限条項に抵触する可能性を軽減する裁量行動を選択する。

研究では，各サンプル企業に対して制限条項スラックが計算されている。制限条項スラックとは，四半期末時点での企業の流動比率と，債務契約で維持することが要求される流動比率の差で計算されるものであり，この制限条項スラックをヒストグラムで分析する手法が採られている。制限条項スラックの計算は流動比率と純資産に対して行われ，制限条項スラックが0以上で維持されるような行動が観察されれば債務契約仮説を支持する結果が得られるということになる。

調査期間は1989年から1999年と定められ，DealscanとCompustatから債務データと企業データを入手している。利用可能サンプルは流動比率で13,052サンプル，純資産で2,339サンプルであった。

分析の結果，制限条項スラックが0もしくは若干正の値をとる四半期の数が有意に多いということを確認している。また，制限条項スラックが若干負の値をとる四半期の数が有意に少ないことも示された。より詳細にみると，

0以上の制限条項スラックを維持する傾向は，財務制限条項に抵触する直前の四半期，そしてはじめて抵触した四半期に強くあらわれている。すなわち，経営者は財務制限条項への抵触を回避するために制限条項スラックの維持に努めているということがここから読み取れる。

　Dichev and Skinner（2002）の研究は，効率的契約の視点から債務契約仮説について検証した。機会主義的行動の視点からの債務契約仮説では，企業が財務制限条項に抵触しそうになると経営者は利益増加型の裁量行動を選択するというものであった。しかし Dichev and Skinner（2002）の研究では，制限条項スラックを用いることで経営者が効率的に制限条項スラックの維持に努めているということを明らかにしている。Dichev and Skinner（2002）の研究は，経営者が単に利益増加型の裁量行動を選択するのではなく，効率的に制限条項スラックの維持に努めているという新たな知見を示したという点に大きな意義があるといえよう。

4　レピュテーションについて検証した研究

　本節では，レピュテーションについて検証した先行研究[3]を取り上げ，これまでの研究における発見事項と経験的検証の問題点について明らかにする。

　まず，複数の利害関係者に焦点をあてた研究として Bowen et al.（1995, 2008）の研究を取り上げる。次に，個別の利害関係者に焦点をあてた研究として，株主に焦点をあてた Daniel et al.（2008），岡部（1994, 1996）の研究，債権者に焦点をあてた Ang and Jung（1998）の研究，顧客・供給業者に焦点をあてた Raman and Shahrur（2008）の研究を順に取り上げることにする。

4.1　Bowen et al.（1995, 2008）の研究

　レピュテーション動機を検証した先駆的研究として位置づけられるのが Bowen et al.（1995）の研究である。彼らは実際の事例に依拠しながら，特定の利害関係者（顧客，供給業者，従業員，短期債権者）が企業に対して暗

黙的請求権（レピュテーション）を有すると指摘した。そして，暗黙的契約に重視する経営者は企業の財務イメージを向上させるために利益増加型の裁量行動を選択すると推測した。ここでは，Bowen et al. (1995) の研究の改善を試みた Bowen et al. (2008) の研究とあわせて取り上げることにする。

Bowen et al. (1995) の研究では，暗黙的請求権と会計的裁量行動の関係について検証がなされている。彼らが注目した会計的裁量行動は棚卸資産と減価償却における会計方針の選択であった。Bowen et al. (1995) の仮説は以下のとおりである。仮説の検証にはクロスセクション分析が用いられている。

仮　説：他の条件が同じならば，経営者は顧客，供給業者，従業員，短期債権者からの暗黙的請求権により，利益増加型の会計方針を選択する。

調査期間は 1981, 1984, 1987, 1990, 1993 年と定められ，Compustat から企業データを入手している。最終サンプル数は 1981 年が 1,342 サンプル，1984 年が 1,945 サンプル，1987 年が 2,484 サンプル，1990 年が 2,908 サンプル，1993 年が 2,565 サンプルであった。

被説明変数には会計方針スコアという合成変数があてられている。これは棚卸資産（先入先出法，平均法，後入先出法）と減価償却（定額法，定率法，二者の組合せ法）を分類し，利益減少型，中間型，利益増加型の会計方針に対して 0, 0.5, 1 を割りあて，それらの値の平均値を計算することで作成される。

また，説明変数には暗黙的請求権変数があてられ，顧客に対して研究開発費，供給業者に対して売上原価[4]，従業員に対して研究開発費，労働集約性（1－償却性固定資産／総資産額），年金，短期債権者に対して短期支払手形をあてることで暗黙的請求権（レピュテーション）の操作化を行っている[5]。さらに，Watts and Zimmerman (1986, 1990) によって分類された裁量行動の代表的仮説を統制する必要があるとし，負債，役員報酬，税，企業規模に対して統制変数が加えられている (Bowen et al., 1995, p. 2)。この点が

Bowen et al.（1995）の研究における大きな特徴である。

　分析の結果，仮説は支持され，特定の利害関係者が有する暗黙的請求権が利益増加型の会計方針の選択に有意にプラスの影響を与えることが確認にされた。このことは，特定の利害関係者への依存が大きいほど経営者は利益増加型の裁量行動を選択するということを示している。また，この傾向は裁量行動の代表的仮説を差し引いても顕著であることが確認された。

　ただし，この分析は変数の操作化とその説明について問題がある。この点について Bowen et al.（2008）の研究では改善がみられる。企業が耐久消費財産業に属するか否かを示す変数,研究開発費変数（研究開発費／売上高），労働集約性変数（1－固定資産／総資産）の因子分析によって暗黙的請求権の操作変数を導出し有意な結果を得ている。

　Bowen et al.（1995）の研究は，経営者と特定の利害関係者の暗黙的契約に着目し，その関係の強さが会計的裁量行動に与える影響について検証している。その結果をまとめると，特定の利害関係者が有する暗黙的請求権が大きいほど，すなわち経営者と特定の利害関係者の関係が強いほど，経営者は利益増加型の会計方針を選択するということを明らかにしている。ただし，事例による説明を多用し理論的説明が不足している，重要な利害関係者である株主を考慮していないといった限界点も指摘できる。

　Bowen et al.（1995）の研究は，レピュテーション動機を検証するさいのフレームワークとして位置づけられる点に大きな意義があるといえよう。実際に，Bowen et al.（1995）の研究を起点として，Matsumoto（2002），Cheng and Warfield（2005），首藤（2007）といった研究者らによる研究の展開がみられる。これらについても簡単に取り上げることにする。

　企業がアナリスト予測値を達成する要因について分析した Matsumoto（2002）の研究では，モデルのなかに暗黙的請求権変数を組み入れることでレピュテーション動機の検証を行っている。Matsumoto（2002）は，Bowen et al.（1995）の分析結果のなかでとくに説明力の高かった①耐久消費財産業に属するか否かのダミー変数，②研究開発費，③労働集約性の3つの変数を利用し，因子分析を行うことで暗黙的請求権を代理する合成変数を作成し，それをモデルに組み入れた。分析の結果，暗黙的請求権がアナリスト予

測値の達成に有意にプラスの影響を与えることが明らかにされた。すなわち，企業がアナリスト予測値を達成する要因として暗黙的請求権の影響が確認されたのである。

また Cheng and Warfield（2005）の研究においても，Matsumoto（2002）と同様の研究アプローチを採用しながら，アナリスト予測による利益達成の決定要因について分析がなされた。ただし Matsumoto（2002）の研究との違いは，Bowen et al.（1995）の分析結果のなかで説明力の高かった③労働集約性のみを用いることで従業員の暗黙的請求権に着目した点にある。Cheng and Warfield（2005）の分析結果においても，従業員の暗黙的請求権がアナリスト予測値の達成に有意にプラスの影響を与えることが確認された。ここでも暗黙的請求権の存在が確認されたことになる。

Matsumoto（2002），Cheng and Warfield（2005）の研究によって，経営者がアナリスト予測値を達成するために利害関係者のレピュテーションを重視しているということが証明された。加えてわが国においても，首藤（2010）が同様の研究を行っている。首藤（2010）も Matsumoto（2002）の研究アプローチを踏襲しながら，損失回避，減益回避，経営者予測利益という3つの利益ベンチマークを達成する要因について分析を行った。しかしながら，首藤（2010）の研究では暗黙的請求権が利益ベンチマークの達成に有意な影響を及ぼすという証拠を確認することができなかった。

4.2　Daniel et al.（2008）の研究

Daniel et al.（2008）の研究は，経営者と株主の関係に着目し，配当政策と会計的裁量行動の関係について検証した研究と位置づけることができる。Bowen et al.（1995, 2008）の研究では，重要な利害関係者である株主を考慮していなかった。その点，Daniel et al.（2008）と次に取り上げる岡部（1996）の研究はこの点を補完する意義がある。

Daniel et al.（2008）は，企業利益が期待配当水準に達しない場合，経営者は利益増加型の会計的裁量行動を選択すると予測した。一見すると経営者の機会主義的行動にも該当しそうであるが，この選択によって経営者自身の金銭的効用が高められるかといえば必ずしもそうではない。むしろ非金銭的

効用，すなわち配当カットによって被る株主からのマイナスのレピュテーションを回避することを目的としていると考えられている。

Daniel et al.（2008）の仮説は以下のとおりである。仮説の検証にはクロスセクション分析およびロジット回帰分析が用いられている。

仮　説1：経営者は，調整前の利益が期待配当水準に達しないと予想した場合，利益増加型の会計方針を選択する。
仮　説2：経営者の会計的裁量行動は配当カットに影響する。

調査期間は1992年から2005年と定められ，CompustatのExecucompにリストされたS＆P 1,500から企業データを入手している。最終サンプルはクロスセクション分析が13,495，ロジット回帰分析が6,985であった。仮説1の被説明変数には裁量的会計発生高があてられている。また主要な説明変数としてはDeficit変数があてられている。Deficit変数とは，Max（0, 利益不足額）と定義され，利益不足額は見積期待配当額－利益調整前利益で計算される。見積期待配当額は前年度配当額があてられ，利益調整前利益は営業キャッシュフロー＋非裁量的会計発生高－優先配当で計算される。利益調整前利益と見積期待配当額を比較することで企業の配当政策を捉えようとした点が，Daniel et al.（2008）の研究の大きな特徴である。

仮説2の被説明変数には配当カットした企業を1，それ以外を0とするデータがあてられ，説明変数には一株あたり配当（DPS），一株あたり利益（EPS），株価リターン，キャッシュフロー・ストックなどがあてられている。

分析の結果，仮説1と仮説2はともに支持され，企業の利益が期待配当水準に達しない場合に利益増加型の調整を行う可能性があるということを明らかにしている。また，企業が裁量的会計発生高を通じて利益不足額を補わないときに，企業は配当カットを行う傾向にあるということも明らかにされた。逆にいえば，裁量行動を行う企業は有意に配当カットを行わないということである。なお，これらの結果は会計的裁量行動の他の動機と配当カットの他の動機を統制した結果である。

より詳細な分析によれば，Deficit変数が0以上である企業の81％は利益

増加型の会計方針を選択していることがわかった。また，Deficit 変数＝0 である企業はその 41% しか利益増加型の会計方針を選択していないということも確認された。さらに，裁量行動を行う企業の特徴として次の点を明らかにしている。企業は①SOX 法制定以前に，②2003 年の配当減税以降に積極的に会計的裁量行動を行っている。また③高い配当率をもつ企業，④CEO が高い配当を受ける企業，⑤役員報酬が企業業績と連動する企業，⑥外部持分で資金調達を行わない企業が積極的に会計的裁量行動を行っているということである。

Daniel et al.（2008）の研究結果をまとめると，企業利益が期待配当水準に達しない場合に利益増加型の会計方針が選択される，また会計的裁量行動を用いない企業は配当カットを行うということを明らかにしている。SOX 法制定前に会計的裁量行動が積極的に行われたという結論は，近年の研究動向と整合的である。そのため，Daniel et al.（2008）の研究の知見は本研究における検証に大いに役立つものと考えられる。

4.3 岡部（1996）の研究

岡部（1996）の研究は，企業とメインバンクの継続的関係に着目し，メインバンクの影響力が企業の配当政策と裁量行動にどのような影響を与えるのかについて検証している。

岡部（1996）は，メインバンクの影響力が強い企業ほど安定配当政策を行う傾向にあると予想した。岡部（1996）の仮説は以下のとおりである。仮説の検証には時系列分析およびクロスセクション分析を用いている。仮説 1 は Daniel et al.（2008）の研究で用いられた仮説 1 とほぼ同一であるといえる。

仮　説 1：法律上の配当拘束の縛りが厳しくなると，経営者は会計利益を増やすように会計方針を変更したり特別利益を捻出したりする。

仮　説 2：メインバンクの影響が強い企業は，経営者の裁量行動によって調整できる会計利益が少ない。

調査期間は1981年から1993年までとされ，日経NEEDSの個別決算ファイルから上場企業のデータを入手している。最終サンプル数は112社であった。また，企業とメインバンクの関係の強さを数値化するために，配当余裕度と借入金を変数として用いている。配当余裕度とは最低配当水準に対する最高配当限度額の割合であり，最低配当水準とは市場ルールで発行済株式数に5円を乗じて算出され，最高配当限度額とは期末の非拘束性留保利益に税引後当期純利益を加えた金額とされる。仮説で述べられている配当拘束とは，最高配当限度額が最低配当水準に接近することであり，配当余裕度が1に近づくことを指している。

　分析の結果，配当拘束の縛りが増すと，経営者は利益増加型の会計的裁量行動および実体的裁量行動を選択することを明らかにしている。これは，基準年以降の特別利益が増加している点，また基準年に近づくにつれて一株あたり配当や配当性向が低下している点から明らかである。また，メインバンクの影響力が強いほど裁量行動が抑制されるということも示された。これは，裁量行動によって増加させた利益額に対して負債比率と銀行の持株比率が有意なマイナスであり，配当余裕度と負の相関をもつことから判断できる。

　岡部（1996）の研究は，配当政策と裁量行動の関係について検証している。その結果をまとめると，配当拘束の縛りが増すと，経営者は利益増加型の会計的裁量行動および実体的裁量行動の両方を選択するということを明らかにしている。また，メインバンクの影響力が強いほど裁量行動が抑制されるということも明らかにされた。仮説1はDaniel et al.（2008）の研究結果と整合する。ただし両者の違いは，Daniel et al.（2008）が会計的裁量行動を検証したのに対して，岡部（1996）は会計的裁量行動と実体的裁量行動の両方を検証した点にある。この点で岡部（1996）の研究の大きな意義があるといえよう。

4.4　Ang and Jung（1998）の研究

　Ang and Jung（1998）の研究は，企業と資金提供者の継続的関係に着目

し，資本市場における暗黙的契約の有無とその暗黙的契約が企業行動にどのような影響を与えるのかについて検証している。資金提供者とは，株主，債権者，レッサー（特定の物件の所有者たる貸手）を指している。企業と資金提供者の暗黙的契約が，企業の裁量行動に与える影響を検証した研究と位置づけられる。

Ang and Jung（1998）は，債務契約における明示的契約と暗黙的契約という概念の違いを制限条項の有無として操作化を行った。すなわち，契約書に制限条項がある契約を明示的契約，制限条項のない契約を暗黙的契約とした。そして，各契約を有する企業が同等の負債を調達することが可能かどうかについて検証を行っている。このようなアプローチが彼らの研究の大きな特徴である。

Ang and Jung（1998）の仮説は以下のとおりである。仮説の検証には差の検定およびロジスティック分析を用いている。

仮　説：借入契約やリース契約に関して，制限条項を有する企業と制限条項を有しない企業のサンプルに統計的な差は存在しない。

調査期間は1966年から1982年までとされ，利用可能な企業データをＳ＆ＰのCompustat Expanded Annual Industrial Fileから入手している。そして，最初のクロスセクションから10年間のヒストリカルデータを入手している。最終サンプル数は1976年が263サンプル，1978年が317サンプル，1980年が341サンプル，1982年が346サンプルとなっている。また，リース資産を保有している企業サンプルはふたつにサンプル分割されている。ひとつは，リース契約に明示的制限をもたない企業から構成される（暗黙的契約サンプル）。もうひとつは，リース契約に対して制限条項をもつ企業から構成される。

被説明変数には負債（リース）比率があてられている。説明変数であるレピュテーションは，企業規模（企業の期末資産）とCompustatから入手したＳ＆Ｐの債権格付けによって操作化されている。また，将来の取引から獲得される利益を示す説明変数として，企業の将来投資機会を示す時価簿価比

率，過去5年内に発行された債券数，資産収益性，オペレーティング・レバレッジ[6]，売上高流動性[7]，流動性もしくは流動比率が組み込まれている。

分析の結果，仮説は支持され，明示的契約をもたない（暗黙的契約をもつ）企業は，そうでない企業よりも高い利益を報告する傾向にあることを明らかにしている。また，暗黙的請求権（債務契約にリースの使用に関して制限が記載されていない）をもつ借り手企業は，多くの負債やリースを引き受ける行動を選択しないということも証明された。

Ang and Jung（1998）の研究結果をまとめると，暗黙的契約をもつ企業は利益増加型の裁量行動を選択する傾向にあり，またそのような企業は多くの負債やリースを引き受ける行動を選択しないということが明らかにされた。この結果は，第3節で取り上げた Ahmed et al.（2000）と Dichev and Skinner（2002）の研究結果と一部整合する。しかし，暗黙的契約を取り上げて操作化した点に Ang and Jung（1998）の研究の大きな意義があるといえる。

4.5 Raman and Shahrur（2008）の研究

Raman and Shahrur（2008）の研究は，企業と顧客・供給業者の関係に着目し，両者の関係が会計的裁量行動に与える影響を検証した研究と位置づけることができる。

Raman and Shahrur（2008）は，企業と顧客・供給業者の関係を関係目的投資として概念化した。関係目的投資とは Williamson（1975）によって示された概念であり，将来の取引関係に対する投資であるとされる。そして，その関係目的投資が経営者の会計的裁量行動に影響を与えるか否かについて検証を行っている。

また Raman and Shahrur（2008）は，先行研究として Bowen et al.（1995）の研究を取り上げ，暗黙的請求権の変数の操作化についての限界を明らかにした。そこで彼らは，顧客企業や供給業者が属する産業ごとの関係目的投資と，企業ごとの関係目的投資の2つの変数を用いて再操作化を行っている[8]。

Raman and Shahrur（2008）の仮説は以下のとおりである。仮説の検証にはクロスセクション分析を用いている。

仮　説 1：供給業者・顧客との関係目的投資がより普及している環境で企業が操業している場合，企業の会計的裁量行動は大きくなる。
仮　説 2：企業の会計的裁量行動によって，供給業者・顧客との関係目的投資は増加する。また供給業者・顧客との取引継続期間に対する会計的裁量行動の影響はない。

　調査期間は 1984 年から 2003 年までとされ，Compustat から企業データを入手している。10,864 社をサンプルとし，企業 – 年のパネルデータとして 96,302 のデータが使用されている。
　説明変数である顧客・供給業者の関係目的投資は，研究開発費にもとづく変数と戦略的アライアンスやジョイントベンチャー（以下，SAandJV とする）の強度を示す変数で操作化されている。研究開発費については Compustat から，また SAandJV については SDC データベースから入手している。また顧客・供給業者の業界情報を入手するために，Bureau of Economic Analysis が公開する Benchmark Input-Output Accounts が使用されている。
　分析の結果，まず会計的裁量行動の決定要因についての検証では仮説 1 が支持され，顧客企業や供給業者が属する産業ごとの関係目的投資の係数が，裁量的会計発生高に有意にプラスの影響を及ぼすことを明らかにしている。また，企業ごとの関係目的投資の係数では，供給業者による関係目的投資の係数が裁量的会計発生高に有意にプラスの影響を及ぼすことが示された。ただし，顧客による関係目的投資の係数では確認されなかった。
　さらに，顧客と会計的裁量行動の関係が企業規模によって統制されることが示された。すなわち，顧客よりも企業規模の大きい企業が行う会計的裁量行動に対して，顧客の関係目的投資は有意にプラスの影響を及ぼすということである。
　次に，会計的裁量行動の影響についての検証では仮説 2 の一部が支持され，企業の会計的裁量行動の水準が高いときに顧客企業や供給業者は研究開発費により多く投資するということがわかった。この結果は，顧客企業や供給業者が企業の会計的裁量行動について完全に理解していないか，ある程度の会計的裁量行動に対して寛容である可能性を示している。他方で，企業の

会計的裁量行動が顧客企業や供給業者との取引期間に対してマイナスの影響を及ぼすことも明らかにされた。すなわち，会計的裁量行動の規模が大きい場合，顧客企業や供給業者は取引をやめることもあるということである。

Raman and Shahrur（2008）の研究は，企業と顧客企業や供給業者の関係が会計的裁量行動に与える影響について検証している。その結果をまとめると，顧客企業や供給業者と企業の関係を示す関係目的投資の係数が裁量的会計発生高に有意にプラスの影響を及ぼすということを明らかにしている。両者の関係を関係目的投資と定義した点に Raman and Shahrur（2008）の研究の独創性があるといえる。

5　むすび

本章では，裁量行動の動機に焦点をあてた研究の展開を跡づけるとともに，レピュテーションについて検証した研究について包括的にレビューした。本節では，本章の要約をするとともに，今後の研究課題を明らかにする。

まず第2節では，機会主義的行動と裁量行動の関係を検証した研究に焦点をあて，実証会計理論の嚆矢とされる Watts and Zimmerman（1986, 1990）の研究，そして近年の研究として Gunny（2010）の研究を取り上げた。

つづく第3節では，効率的契約と裁量行動の関係を検証した研究に焦点をあて，その先駆的研究と位置づけられる Mian and Smith（1990）の研究，そしてその後の展開として位置づけられる Ahmed et al.（2000），Dichev and Skinner（2002）の研究を取り上げた。

第4節では，レピュテーションについて検証した先行研究を取り上げ包括的にレビューした。ここでは，どの利害関係者を対象とした研究なのかという点に着目し先行研究を大きくふたつに分類した。ひとつは，複数の利害関係者からのレピュテーションを検証した研究として Bowen et al.（1995, 2008）の研究を取り上げた。もうひとつは，個別の利害関係者からのレピュテーションを検証した研究として，株主の視点から岡部（1996），Daniel et al.（2008）の研究，債権者の視点から Ang and Jung（1998）の研究，顧客・

供給業者の視点から Raman and Shahrur（2008）の研究を順に取り上げた。

　本章のレビューにおいて明らかにされた点や今後の研究課題については以下の3点に要約される。まず，機会主義的行動の動機よりも効率的契約の動機の説明を支持する研究成果が明らかにされつつある点である。この点は，金融規制や内部統制の強化によって経営者の裁量の範囲が狭められてきたという事実と整合的であり，結果として経営者の機会主義的行動が抑制されたと推察できる。ただし，これらの研究成果はあくまでも個々の事象に対しての限定的な結論であり，機会主義的行動が完全に抑制されるわけではないということに注意しなければならない。それゆえ，検証においては両方の動機をコントロールする必要がある。

　次に，レピュテーションについて検証した研究では主要な利害関係者として顧客，供給業者，従業員，債権者を取り上げている。しかしながら，会計分野において主要な利害関係者である株主・投資家を取り上げた包括的な検証は行われていない。契約・エージェンシー理論では，明示的契約と暗黙的契約は両立して締結できると解釈されることから，明示的契約を締結できる主要な利害関係者を中心に取り上げ株主・投資家も含む包括的なモデル構築を試みる必要がある。

　最後に，レピュテーション変数の操作化の問題が挙げられる。先行研究では Bowen et al.（1995）や Matsumoto（2002）の研究アプローチに依拠した方法が採用されているが，操作化については理論的な説明がなされているとはいい難い。またその表面的妥当性が担保されているかについても疑問が残る。そこで，①法的拘束力を有する明示的請求権に該当しない変数，②先行研究において裁量行動の関係が個別に議論されている変数，③レピュテーションと裁量行動の因果関係を明確にするために利益項目を含む変数という基準を設け，それらに合致したものを代替変数として提示する。詳細については「第6章　リサーチ・デザイン」で取り上げる。

　また，裁量行動の測定方法についても違いが見られた。Bowen et al.（1995）はポートフォリオによる合成変数を用いたモデル分析を行っているが，その他の研究では利益ベンチマークに焦点をあてたヒストグラム分析や裁量的会計発生高を用いている。そこで次章において，裁量行動研究の展開をその検

出方法に焦点をあててレビューする。これまでの研究から鑑みれば，裁量的会計発生高を用いた検証を行う必要がある。裁量的会計発生高を用いることで先行研究よりも正確に裁量行動を把握することが可能となる。

注
1　利益ベンチマーク変数では，①資産利益率が 0 から 0.01 の間の場合と，② t-1 から t の間の総資産利益率の変化量が 0 から 0.01 の間か 0 の場合のどちらか一方の場合の 2 パターンによって選択されている。
2　この点について Ahmed et al.（2000）は，効率的市場仮説から考察すると市場は株主資本が小さくなっていることを見抜くので，他の条件が同じであれば時価簿価比率が低いほど会計は保守的であると解釈している。
3　レピュテーションは多くの研究領域において取り上げられてきた概念である。こと経済学の研究領域では，Kreps and Wilson（1982），Milgrom and Roberts（1982, 1992），Wilson（1985），DeJong et al.（1985），Bulow and Rogoff（1989），Diamond（1989, 1991），青木・奥野（1996）によってその有効性が明らかにされてきた。またレピュテーションが何らかの経営行動に影響を与えることを検証した先駆的研究では，Fama（1980）と Wolfson（1985）を挙げることができる。Fama（1980）は経営者のレピュテーションを分析し，経営者と株主のエージェンシー問題は労働市場における経営者のレピュテーションに対する関心によって最小化されると指摘した。また Wolfson（1985）も経営者のレピュテーションを取り上げ，レピュテーションが機会主義的な利益マネジメントを低下させモラルハザードを低減すると結論づけている。
4　供給業者変数に対して用いられる売上原価は製造業売上原価と非製造業売上原価に分けられている。
5　これら特定の利害関係者の暗黙的請求権を示す変数は，企業規模によって統制されると同時に，検証年の前後 1 年を加えた 3 年間の平均値が用いられている。
6　オペレーティング・レバレッジについては，過去 10 年間にわたる売上高に対する営業利益の回帰の傾きとして計算されるとしている。
7　売上高流動性については，過去 10 年間にわたる売上高の変化量の係数として計算されるとしている。この変数は企業の資産リスクの変数と位置づけられている。
8　この操作化については Fee et al.（2006）と Kale and Shahrur（2007）の研究に依拠しているとされる。

第5章

裁量的会計行動の検出方法
—先行研究レビュー—

1 はじめに

　本章の目的は，これまでの裁量行動研究の展開を跡づけながら，その検出方法に焦点をあてたレビューを行うことである。本研究では，レピュテーションが経営者の裁量行動に与える影響について検証することを目的としていることから，裁量行動は因果モデルの被説明変数に位置づけられる。そのため，これまで行われてきた裁量行動研究の展開を概観し，裁量行動を補足するためにどのような代替変数を用いるべきかという問題についても手当てをしておく必要がある。

　検出方法の起点として位置づけられるのは Burgstahler and Dichev（1997）によるヒストグラム分析である。この方法は，裁量行動の有無を視覚的かつ統計的に分析するアプローチである。他方，Jones（1991）の用いた方法は会計上の見積りや会計方針の変更といった会計的裁量行動の影響を示す裁量的会計発生高によって測定するアプローチである。この方法は，研究者の名前を冠して Jones モデルと呼ばれている。

　加えて，近年の研究動向に目を向けると，経営者の関心が会計的裁量行動から実体的裁量行動に移行していることが指摘されている。Graham et al.（2005），須田・花枝（2008）のサーベイ調査では，金融規制や内部統制

の強化によって経営者の裁量権が狭められた結果,経営者が選択する裁量行動が会計的裁量行動から実体的裁量行動に移行しつつあるとの結果が示されている。

こうした点を踏まえると,前述したヒストグラムによる検証,裁量的会計発生高による検証に加え,実体的裁量行動に着目した検証も必要であろう。これらを包括的かつ体系的に分析することによってはじめてメカニズムの解明に貢献する知見が得られるはずである。

本章では,これら3つの検出方法の展開に着目しながら,これまでの研究で得られた発見事項とその相違,限界点や課題などを明らかにする。そして,今後の研究課題を探ることにする。

第2節では,ヒストグラムによる利益分布の形状を用いて裁量行動の有無を検証した研究に焦点をあて,Burgstahler and Dichev（1997）,Degeorge et al.（1999）,須田・首藤（2004）の研究を取り上げる。つづく第3節では,裁量的会計発生高を測定して会計的裁量行動を分析した研究を取り上げることとし,Jones（1991）,Dechow et al.（1995）,Kasznik（1999）らの研究を順に取り上げる。

そして第4節では,近年の研究動向を踏まえ,実体的裁量行動について分析した研究を取り上げる。ここでは,包括的な検証を行っている Roychowdhury（2006）,山口（2011）の研究を取り上げるほか,特定の会計項目における実体的裁量行動の検証を行った Herrmann et al.（2003）,田澤（2010）の研究を取り上げる。最後に第5節では,本章で取り上げた研究とその成果を要約し,今後の研究課題について明らかにする。

2　ヒストグラム分析を用いた研究

本節では,ヒストグラム分析を用いた研究を取り上げる。ヒストグラム分析とは,裁量行動が存在するか否かを検証するために利益分布の形状を調査する方法である。ここでは,その代表的研究である Burgstahler and Dichev（1997）の研究を取り上げる。次に,Burgstahler and Dichev（1997）の研究を受けて3つの利益ベンチマークを提示した Degeorge et al.（1999）の研究

を取り上げる。さらに，Burgstahler and Dichev (1997), Degeorge et al. (1999) のアプローチを採用したわが国の研究として，須田・首藤 (2004) の研究を取り上げる。

2.1 Burgstahler and Dichev (1997) による研究

Burgstahler and Dichev (1997) の研究は，裁量行動の有無について着目した代表的研究である。彼らは，ヒストグラムによる利益分布の形状によって裁量行動の有無を検証した。ヒストグラム分析による検証の有用性を提唱した研究と位置づけられる。

Burgstahler and Dichev (1997) は，経営者が赤字を避けるために損失を回避する行動を選択する，当年度の利益が前年度利益を下回らないようするために減益を回避する行動を選択するというふたつの仮説を導出し，損失回避には利益 0，減益回避には前年度利益という利益ベンチマークをそれぞれ設定した。そして，裁量行動の有無を視覚的に判断するために，利益水準と利益変化の分布におけるゼロ付近の不規則なゆがみに対して標準化差異検定を行うことでその歪みが統計的に有意なものかを検証した[1]。

調査期間は 1976 年から 1994 年までとされ，銀行業，金融業および電力，ガス，水道などの規制産業のサンプルは除かれた。また財務データは Compustat から入手している。最終サンプルは 64,466 であった。調査の結果は図表 5-1 に示す。

分析の結果，ヒストグラムのゼロ付近において，ゼロをわずかに上回る区間の頻度がゼロをわずかに下回る区間の頻度と比べて非常に多いという不規則な歪みの形状を発見した。このことから，経営者はわずかな損失や減益を回避するために裁量行動を選択して利益 0，前年度利益という利益ベンチマークを達成していると解釈された。このように，Burgstahler and Dichev (1997) よって損失回避や減益回避を目的とした裁量行動の存在を裏づける証拠が示された。同様に，ヒストグラムによる分析方法を提示した点に彼らの研究の大きな貢献があるといえよう。

図表 5-1 利益 0 のベンチマーク

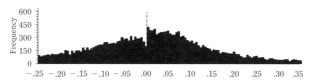

Panel A: Year Subsequent to A Loss

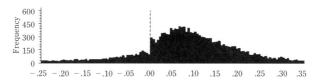

Panel B: Year Subsequent to 1 or 2 Years of Positive Earnings

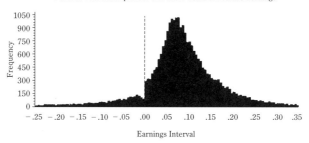

Panel C: Year Subsequent to 3 or More Years of Positive Earnings

Earnings Interval

原書注：Fig 4. Three empirical distributions of earnings scaled by market value categorized according to the pattern of preceding earnings for the firm. Panel A: the distribution for the years immediately following a loss; Panel B: the distribution for the years following exactly one or two years of positive earnings; and Panel C: the distribution for the years following three or more years of positive earnings. (See Fig.3 for detailed definitions of variables.)
出所：Burgstahler and Dichev (1997) p. 110.

2.2　Degeorge et al.（1999）による研究

　Degeorge et al.（1999）の研究もまた，裁量行動の有無について着目した研究である。彼らは，Burgstahler and Dichev（1997）が検証した損失回避，減益回避に加え，経営者はアナリストによる利益の予測値を達成する行動を選択する，という仮説を検証した。今日では，損失回避（利益 0），減益回避（前年度利益），アナリスト予測達成（アナリスト予測利益）の 3 つの利益水準をもって利益調整の目標値となる「利益ベンチマーク」と定義されて

いる。

　Degeorge et al.（1999）は，損失回避，減益回避，アナリスト予測達成を検証するために利益水準，利益変化，アナリスト予測誤差の3つのヒストグラムを作成した。そして，ヒストグラムのゼロ付近における不規則な歪みの形状に対して標準化差異検定を行った。

　調査期間は1974年から1996年までとされ，四半期データを入手できる5,387社がサンプルとされた。また，四半期データの期間比較を担保するために四半期が3, 6, 9, 12月で終了しない会社は除外された。財務データならびにアナリスト予測データはCompustat, Abel/Noser, I/B/E/Sから入手している。

　分析の結果，3つのヒストグラムすべてにおいてゼロ付近における統計的有意な歪みの形状を明らかにした。このことから，経営者はわずかな減益や損失を回避するだけでなく，アナリストによる予測利益をわずかに達成するためにも裁量行動を選択して3つの利益ベンチマークを達成していると解釈された。

　また，3つの利益ベンチマークのうち裁量行動の動機としてもっとも優先順位の高いものを明らかにするために行われた追加的検証では，他の利益ベンチマークの達成および未達成をコントロールしたヒストグラム分析が行われた。分析の結果，損失回避がもっとも有力な動機であることが示され，次いで減益回避，アナリスト予測達成の順になることが確認された。経営者は報告利益が赤字というシグナルの影響を十分認識しており，操作可能な赤字の範囲であれば裁量行動によって報告利益を黒字に操作している可能性が高い。

　Degeorge et al.（1999）の研究は，Burgstahler and Dichev（1997）のアプローチを踏襲しながら，経営者が減益回避，損失回避，アナリスト予測達成を目的とした裁量行動を行っているかを検証した研究である。分析の結果，経営者が減益回避，損失回避，アナリスト予測達成を目的として裁量行動を選択していることを裏づける証拠が提示された。Degeorge et al.（1999）の研究は，損失回避や減益回避に加え，アナリスト予測達成という新たなベンチマークを提示しそれを検証した点に大きな意義がある。

2.3　須田・首藤（2004）による研究

　須田・首藤（2004）の研究も，Burgstahler and Dichev（1997），Degeorge et al.（1999）と同様のアプローチを採用した研究と位置づけることができる。彼らの主眼は，予測利益の達成を目的とした裁量行動の検証であった。Degeorge et al.（1999）の研究ではアナリスト予測利益を取り上げていたが，わが国では金融商品取引所の要請による決算情報の適時開示制度（決算短信）が存在し経営者による次期の業績予想が公表されるため，須田・首藤（2004）は決算短信の業績予測値を利益ベンチマークとして取り上げた。

　須田・首藤（2004）は，経営者が決算短信における業績予測値を達成する裁量行動を選択するという仮説に対して，予測値と実績値の差額を標準化した予測誤差の分布の形状を分析した。そして，予測誤差のヒストグラムに対して標準化差異検定を行い，ゼロ付近の不規則な歪みが統計的に有意であるか否かを検証した。予測誤差のヒストグラムには売上高，経常利益，当期純利益が取り上げられた。

　調査期間は1990年から1999年までとされ，サンプルは銀行，証券，保険業以外のすべての3月決算の上場企業が対象とされた。また，サンプル企業が決算短信で公表した単体の予測値は日本経済新聞縮刷版から収集され，最終サンプルは15,713となった。調査の結果は図表5-2に示す。

　分析の結果，経常利益と当期純利益の予測誤差のヒストグラムではゼロ付近の有意な歪みの形状を確認することができたが，売上高の予測誤差のヒストグラムでは確認することができなかった。この結果から，経常利益と当期純利益の実績値が予測値をわずかに上回る企業が多く存在しており，経営者は経常利益と当期純利益の予測値を達成する裁量行動を選択している可能性があると結論づけられた。また，売上高の予測値をベンチマークとした裁量行動は行われていないということも示唆された。

　須田・首藤（2004）の研究により，先行研究と同様の結論をわが国のサンプルでも確認することができた。彼らの特筆すべき点は，決算短信によって公表された業績予測値をベンチマークとして取り上げた点にある。先行研究で取り上げられたアナリスト予測利益とは異なるわが国固有の利益ベンチマークを提示し，それを検証したところに本研究の大きな貢献がある。

図表 5-2　売上高，経常利益および当期純利益の予想誤差分布

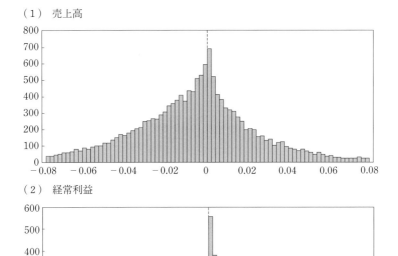

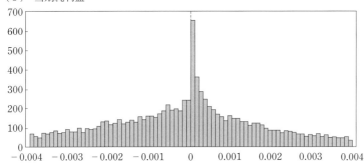

原書注：(1) 売上高：予想誤差が−0.08 から +0.08 の範囲にある観測値を集め，0.002 の階級幅で区間を設定した。
(2) 経常利益：予想誤差が−0.008 から +0.008 の範囲にある観測値を集め，0.0002 の階級幅で区間を設定した。
(3) 当期純利益：予想誤差が−0.004 から +0.004 の範囲にある観測値を集め，0.0001 の階級幅で区間を設定した。各ヒストグラムの横軸は区間で，縦軸は度数を示す。点線はゼロとの境界線である。
出所：須田・首藤 (2004) p. 215。

以上のように，Burgstahler and Dichev（1997），Degeorge et al.（1999），須田・首藤（2004）の研究はヒストグラムによる利益分布の形状によって利益ベンチマークの達成を目的とした裁量行動を検証した研究と位置づけられる。Burgstahler and Dichev（1997）の研究では損失回避および減益回避を目的とした裁量行動の存在が確認され，Degeorge et al.（1999）の研究では損失回避，減益回避に加えて，アナリスト予測達成を目的とした裁量行動の存在が示された。また，同様のアプローチを採用した須田・首藤（2004）の研究においても，決算短信における経常利益および当期純利益の予測値を達成する裁量行動の存在が認められた。これらの研究を基礎として，Beatty et al.（2002），Dechow et al.（2003），野間（2004），Brown and Caylor（2005），Burgstahler and Eames（2006），Burgstahler et al.（2006）も同様の検証を試みている[2]。いずれの研究も同様のアプローチが採用され，裁量行動の存在を示す証拠が明らかにされている。しかしながら，裁量行動の存在を明らかにすることができたとしても，その具体的な手法や影響の程度を検証することは困難である。そこで，新たに注目されるアプローチが裁量的会計発生高を用いた研究である。次節では，裁量的会計発生高を用いた研究を取り上げる。

3　裁量的会計発生高を用いた研究

　前節では，ヒストグラム分析を用いた研究を取り上げた。これらの研究から，ヒストグラムによる利益分布の形状によって利益ベンチマークの達成を目的とした裁量行動の存在が確認することができた。しかしながら，ヒストグラム分析を用いたアプローチでは裁量行動の存在を明らかにすることはできても，その具体的な手法や影響の程度を検証することはできない。

　そこで本節では，裁量的会計発生高を用いた研究を中心に取り上げる。まず，代表的研究であるJones（1991）の研究を取り上げる。次に，Jones（1991）のモデルに改良を加えたDechow et al.（1995）の研究を取り上げる。さらに，両者の研究を受けてさらなるモデルの改善を試みたKasznik（1999）の研究を取り上げる。

3.1 Jones（1991）による研究

Jones（1991）の研究は裁量的会計発生高を用いた研究の嚆矢とされる。彼女が提案したモデルは Jones モデルと称され，裁量的会計発生高を用いた裁量行動研究の起点と位置づけられる。

Jones（1991）は，米国国際貿易委員会（International Trade Commission；ITC）が国内産業の保護を目的とした輸入規制の決定を行うさい，保護対象産業に属する企業が報告利益を減少させる裁量行動を選択するかどうかを検証した。ここで Jones（1991）は，会計利益のうち経営者による利益操作が可能な部分（裁量的会計発生高）を推定することで利益減少型の裁量行動を把握しようと試みた。

そもそも，会計利益は営業活動によるキャッシュフローと会計発生高に分解される[3]。会計発生高は発生項目によって構成されるため，経営者の見積りや判断といった裁量行動の影響が反映されると推測される。そこで，会計発生高のうち経営者による裁量の影響を全く受けない部分（非裁量的会計発生高）と，経営者による意図的な操作が可能な部分（裁量的会計発生高）を分解し，会計発生高から非裁量的会計発生高を控除することで裁量的会計発生高を抽出する。裁量的会計発生高がプラスであれば利益増加型，マイナスであれば利益減少型の裁量行動が行われたと判断する。これが裁量的会計発生高アプローチである。

サンプルは自動車や炭素鋼といった ITC の保護対象産業が対象とされ，最終サンプルは 23 社の企業が取り上げられた。ITC が保護対象企業の調査を開始した年を 0 年とし，0 年を含む前後 1 年の計 3 年間が調査期間とされた。財務データや必要とされるデータは Compustat から入手している。

分析の結果，Jones（1991）の予想どおり，ITC が保護対象企業の調査を開始した年（0 年）に有意にマイナスの裁量的会計発生高が確認され，企業が利益減少型の裁量行動を選択したとの証拠が明らかにされた。保護対象産業に属する企業の経営者は，ITC が保護対象企業の調査を開始した年に意図的に利益減少型の裁量行動を選択し，自社が産業保護を受けやすくなるよう操作していることが示唆される。

裁量的会計発生高アプローチでは，まず非裁量的会計発生高を推定し，そ

れを会計発生高から控除することで経営者による裁量行動の部分を示す裁量的会計発生高を算定するというものである。Jones（1991）の研究の特徴は，非裁量的会計発生高の基本的な変動要因を売上高の変化額と有形固定資産に規定した点である。しかしながら，売上高を非裁量的項目とした点については問題も指摘される。その点を改善したのが次項で取り上げる Dechow et al.（1995）である。とはいえ，経営者による裁量行動を数量的に算定し，利益増加型または利益減少型の裁量行動を把握しようと試みた彼女の研究は極めて大きなインパクトをもつ。

3.2　Dechow et al.（1995）による研究

　Dechow et al.（1995）の研究もまた，裁量的会計発生高について着目した研究である。Dechow et al.（1995）は，Jones モデル，Healy モデル，DeAngelo モデル，産業モデル[4]といった先行研究における裁量的会計発生高の推定モデルを使用して検証力の有効性を比較している。また，彼女らは Jones（1991）によって提示された Jones モデルの問題点を指摘し，Jones モデルを精緻化することで新たな推定モデルを提示した。彼女らが提示したモデルは修正 Jones モデルと称され，数多くの研究で用いられている。

　Jones モデルの問題点とは，非裁量的会計発生高の変動要因のひとつを売上高の変化額と規定した点にある。すなわち，売上高項目における会計操作は行われないという前提にたった推定であった。しかし Dechow et al.（1995）は，売上債権による売上操作は可能であると指摘し，売上高の変化額から売上債権の変化額を控除する変数を導入したモデルを提示した。これが修正 Jones モデルである。

　サンプルには 4 種類が準備された。ひとつはランダムサンプリングされた 1,000 サンプル，ふたつめは財務業績が極端に良好（悪化）している企業からランダムサンプリングされた 1,000 サンプル，3 つめは不自然な裁量的操作を続ける企業からランダムサンプリングされた 1,000 サンプル，4 つめは過度な会計利益の報告に対して SEC の強制執行を受ける可能性のある 32 サンプルである。1950 年から 1991 年における 168,771 サンプルが使用され，連続してデータを入手することが可能なものが抽出された。データは Com-

第5章　裁量的会計行動の検出方法

図表 5-3　各検証モデルの有効性テストの結果

Model	Test level of 5 %	Test level of 1 %
Healy Model: t-test	12.5 %*	6.3 %**
De Angelo Model: t-test	9.4	0.0
Jones Model: t-test	18.8**	6.3**
Modified Jones Model: t-test	28.1**	12.5**
Industry Model: t-test	18.8**	9.4**

原書注：＊Significantly different from the specified test level at the 5 percent level using a two-tailed binomial test.
　　　＊＊Significantly different from the specified test level at the 1 percent level using a two-tailed binomial test.
出所：Dechow et al. (1995) p. 224.

pustatから入手している。調査の結果は図表5-3に示す。

分析の結果，Healyモデル，DeAngeloモデル，産業モデルに比べて，Jonesモデルや修正Jonesモデルの測定精度が高いということが明らかにされた。また，Jonesモデルや修正Jonesモデルの相違点である売上債権による売上操作を検証するために，売上操作を行っているサンプルと売上操作を行っていないサンプルを用いた追加的検証を行った。その結果，Jonesモデルに比べて修正Jonesモデルの測定誤差が小さく，修正Jonesモデルの方がより検証力が高いことが証明された。

Dechow et al. (1995) の研究の貢献は，Jonesモデルの問題点を修正し，修正Jonesモデルという新たなモデルを提示した点にある。また，これまで裁量的会計発生高アプローチで用いられてきたモデルの測定精度を比較検証し，修正Jonesモデルの精度がもっとも高いということを明らかにした点にある。ただし，Dechow et al. (1995) も指摘するように，いずれのモデルを用いても裁量的会計発生高を正確に測定することはできない。業績の善し悪しによって測定誤差が影響を受ける点については依然として課題が残されている。

3.3　Kasznik（1999）による研究

Kasznik（1999）もまた，裁量的会計発生高について着目した研究を行っ

ている一人である。彼の研究の主眼は，経営者予測利益の達成を目的とした裁量行動の検証であった。とりわけ Kasznik（1999）は，Jones（1991）によって提示された Jones モデルと，Dechow et al.（1995）によって提示した修正 Jones モデルを拡張して新たな推定モデルを提示することで分析を行った。このモデルは一般に CFO 修正 Jones モデルと称され，その後の研究にも幅広く用いられている。

　Kasznik（1999）の推定モデルは，修正 Jones モデルの説明変数に営業活動によるキャッシュフローの変化額を加えたものである。その根拠として Kasznik（1999）は，営業活動によるキャッシュフローを非裁量的会計発生高の変動要因のひとつとして加えた方がより正確に裁量的会計発生高を把握することが可能になるためとしている。また，Dechow et al.（1995）の分析の結果，会計発生高と営業活動によるキャッシュフローに負の相関が認められたことを受けてそれを推定モデルに反映させたとしている[5]。

　さらに Kasznik（1999）は，会計利益と裁量的会計発生高の間にも正の相関が見られたとの Dechow et al.（1995）の研究結果も踏まえ，サンプル企業とそのコントロール企業を ROA を用いて 100 のポートフォリオに分け，裁量的会計発生高の中央値をサンプル企業のそれから差し引くことにより裁量的会計発生高の推定誤差を緩和することを試みている。

　調査期間は 1976 年から 1994 年までとされ，銀行業，金融業，電力，ガス，水道などの規制産業はサンプルから除かれた。また，合併企業サンプル，データが入手不可能なサンプル，データがあいまいなサンプル，欠損データを有するサンプルも除かれた。その結果，最終サンプルは 499（336 社）であった。なお，財務データは Compustat から入手している。

　分析の結果，過度な経営者予測を報告した企業とプラスの裁量的会計発生高の間に有意な相関が判明した。このことから，過度な経営者予測を報告した企業が利益増加型の裁量行動を選択している可能性が指摘された。また，裁量的会計発生高の増加率は経営者予測を報告する年にもっとも高くなるとの結果も示された。

　Kasznik（1999）の研究の特徴は，Jones モデルおよび修正 Jones モデルをさらに拡張させ，CFO 修正 Jones モデルという新たなモデルを提示した点に

ある。そして，裁量的会計発生高の推定における測定誤差を少しでも緩和するという試みがなされている。営業活動によるキャッシュフローを非裁量的会計発生高の変動要因と考える理論的根拠に課題は残るものの，こうした研究の展開は修正Jonesモデルに ROA を追加し ROA 修正 Jones モデルを提示した Kothari et al.（2005）の研究にも大きな影響を与えている。こうした点に，Kasznik（1999）の研究の意義があるといえる。

以上のように，Jones（1991），Dechow et al.（1995），Kasznik（1999）の研究は裁量的会計発生高を推定し，利益増加型もしくは利益減少型の裁量行動を検出した研究と位置づけられる。Jones（1991）は裁量的会計発生高アプローチを確立し，非裁量的会計発生高の基本的な要因を売上高の変化額と有形固定資産に規定したJonesモデルを提示した。Dechow et al.（1995）はJonesモデルの問題点を修正し，修正Jonesモデルという新たなモデルが提示した。また，これまで裁量的会計発生高アプローチで用いられてきたモデルの測定精度を比較検証し，修正Jonesモデルの測定精度がもっとも高いことを明らかにした。さらにKasznik（1999）は，Jonesモデルおよび修正Jonesモデルをさらに拡張させ，CFO修正Jonesモデルという新たなモデルを提示した。また，測定誤差の問題を緩和するために企業業績によるコントロールを試みた。

これらの研究を起点として，Balsam（1998），DeFond and Subramanyam（1998），Teoh et al.（1998），Dechow et al.（2003），Larcker and Richardson（2004），Kothari et al.（2005），Suda and Shuto（2006）といった研究者らによって裁量行動の分析は大きく展開している[6]。しかしこうした背景には，裁量的会計発生高アプローチの測定誤差の問題も大きくのしかかってくる。すなわち，推定モデルを用いて裁量的会計発生高を算定するため少なからず測定誤差が含まれる。その点が，裁量行動の検証に大きな障害となってしまうのである。

しかしながら，本節で取り上げた研究が示すように，測定誤差の問題に対してモデルの精緻化が試みられている。また，Jonesモデル，修正Jonesモデル，CFO修正Jonesモデルの決定係数を比較すると，CFO修正Jonesモデルがもっとも高くなり測定精度が高いとされることから[7]，モデルの精緻化

の取り組みは一定の貢献をもたらしていると判断される。

4 近年注目される実体的裁量行動への展開

前節では，裁量的会計発生高を用いた研究を中心に取り上げた。これらの研究は裁量的会計発生高アプローチを採用していることから，裁量行動のなかでも会計的裁量行動に焦点をあてた研究であるといえる。しかしながら，近年の研究動向では経営者の関心が会計的裁量行動から実体的裁量行動へと移行しつつあり，それを裏づける証拠が数多く提示されている。この点を考慮すれば，裁量行動研究は会計的裁量行動だけでなく実体的裁量行動も加えた包括的な分析が必要とされる。

そこで本節では，実体的裁量行動を分析した研究を中心に取り上げる。まず，その代表的研究である Roychowdhury（2006）の研究を取り上げる。次に，Roychowdhury（2006）の研究に依拠した山口（2011）の研究を取り上げる。さらに，Roychowdhury（2006）の研究とは異なる視点から，特定の会計項目における実体的裁量行動に焦点をあてた研究として Herrmann et al.（2003），田澤（2010）の研究を取り上げる。

4.1 Roychowdhury（2006）による研究

Roychowdhury（2006）の研究は実体的裁量行動の代表的研究とされる。Roychowdhury（2006）は，売上高操作，裁量的費用の削減，過剰生産の3つの実体的裁量行動を分析対象とした。それぞれに営業活動によるキャッシュフロー，裁量的費用，製造原価といった項目を取り上げ，実体的裁量行動を検証可能な推定モデルを提示している。

売上高操作とは，収益認識の前倒しや値引販売などを行うことで販売量を増やし，売上高を増加させることで利益を捻出することである。また裁量的費用の削減とは，研究開発費や広告宣伝費，修繕費などの支出を削減することにより利益を捻出することである。さらに過剰生産とは，経営者が通常の生産量よりも多くの製品を製造し，製品一単位あたりの固定費を低下させることで利益を捻出することである。

Roychowdhury (2006) は，利益水準および予測誤差のヒストグラムにおいてゼロの右側にある第1区間のサンプルを裁量行動が疑われるサンプルと定め，それらのサンプルが売上高操作，裁量的費用の削減，過剰生産の実体的裁量行動を選択しているかどうかを検証した。

調査期間は1987年から2001年までとされ，銀行業，金融業および規制産業のサンプルは除かれた。その結果，サンプルは21,758（4,252社）となった。うち，株式所有データを有するサンプルは17,338（3,672社）であった。財務データや必要とされるデータはCompustatから入手している。検証結果については図表5-4のとおりである。

分析の結果，裁量行動が疑われる最終サンプルが売上高操作，裁量的費用の削減，過剰生産による実体的裁量行動を選択し，損失回避および予測利益の達成を行っているとの証拠が示された。また図表5-4に示されるように，実体的裁量行動は有利子負債の存在，流動負債比率および成長性に伴って増加し，機関投資家の持株比率が高いほど減少することを明らかにした。

このようにRoychowdhury (2006) は，売上高操作，裁量的費用の削減，過剰生産の3つの実体的裁量行動を取り上げ，それぞれについて検証可能な推定モデルを提示した。これまでの実体的裁量行動に関する研究では，研究開発費や広告宣伝費といった個別の項目に限定された分析が行われてきた。しかしRoychowdhury (2006) は，経営者による実体的裁量行動を包括的に推定するモデルを提示することでその影響を明らかにした。彼のアプローチに依拠した分析が徐々に蓄積されていることから，この研究の意義と可能性は極めて大きいといえる。

4.2 山口（2011）による研究

山口（2011）の研究は，わが国の実体的裁量行動に着目した研究である。彼はいち早くRoychowdhury (2006) の分析手法をわが国に導入し，実体的裁量行動に影響を与える要因を包括的に検証している。

山口（2011）の研究以前は，わが国の経営者が利益増加型の実体的裁量行動によって3つの利益ベンチマークを達成しているか否かを検証し，経営者が損失回避のために利益増加型の実体的裁量行動を選択していることを明

図表 5-4　実体的裁量行動の検証結果

	Abnormal CFO	Abnormal discretionary expenses	Abnormal production costs
Intercept	0.0140**	−0.0506**	0.0220**
	(2.88)	(−5.73)	(3.71)
Net Income	0.2177**	−0.0866**	−0.1705**
	(7.48)	(−4.16)	(−7.06)
SUSPECT_NI	−0.0147	0.0859**	0.0010
	(−0.66)	(2.27)	(0.03)
MFG	0.0024	0.0102**	−0.0098**
	(0.98)	(2.72)	(−3.15)
HASDEBT	−0.0098**	−0.0432**	0.0212**
	(−2.50)	(−4.61)	(2.79)
MTB_RANK	0.0082**	0.0613**	−0.0520**
	(3.49)	(17.24)	(−13.43)
CL_RANK	−0.0185**	0.0551**	−0.0195**
	(−7.63)	(17.54)	(−8.27)
INVREC_RANK	−0.0233**	0.0096**	0.0085*
	(−6.62)	(3.92)	(1.84)
INST_RANK	0.0001	0.0198**	−0.0054**
	(0.01)	(3.77)	(−2.14)
SIZE_RANK	0.0123**	0.0108**	−0.0070
	(3.36)	(2.75)	(−1.52)
MFG * SUSPECT_NI	−0.0133*	−0.0572**	0.0456**
	(−1.78)	(−6.29)	(5.92)
HASDEBT * SUSPECT_NI	0.0195	−0.0765**	0.0261**
	(1.12)	(−3.98)	(2.21)
MTB_RANK * SUSPECT_NI	0.0060	−0.0509**	0.0267**
	(0.75)	(−2.54)	(2.10)
CL_RANK * SUSPECT_NI	−0.0107	−0.0110*	0.0009
	(−1.21)	(−1.70)	(0.09)
INVREC_RANK * SUSPECT_NI	−0.0144	−0.0458**	0.0658**
	(−1.48)	(−3.78)	(4.03)
INST_RANK * SUSPECT_NI	−0.0146	0.0631**	−0.0524**
	(−1.14)	(6.38)	(−5.72)
SIZE_RANK * SUSPECT_NI	0.0078	−0.0366**	0.0055
	(0.61)	(−2.32)	(0.16)

原書注：*Significant at the 10% level. **Significant at the 5% level.
　　　　This table reports the results of Fama-Macbeth regressions, over a period of 15 years from 1987 to 2001. The sample includes 17,338 observations, including 389 suspect firm-years. The regressions being estimated are of the form
出所：Roychowdhury (2006) p. 358.

らかにしている（山口，2009a, p. 152）。また，機会主義的な利益増加型の実体的裁量行動に着目した分析では，企業の実体的裁量行動が将来の業績に有意にマイナスの影響を及ぼすことを示唆している（山口，2009b, p. 131）。

　これらの研究成果を踏まえ，山口（2011）の研究では経営者の実体的裁量行動に影響を与える要因の解明を試みている。山口（2011）は，Roychowdhury（2006）のアプローチに依拠しながら，売上高操作，裁量的費用の削減，過剰生産[8]という実体的裁量行動が①政府契約，②債務契約，③成長性，④損失回避のインセンティブ，⑤経営者交代，⑥経営者による株式保有，⑦金融機関による株式保有，⑧会計上のフレキシビリティ，⑨監査の質に影響を受けるか否かについての検証を行った。

　調査期間は2000年3月期から2008年3月期までとされ，連結財務諸表のデータを用いて分析を行っている。サンプルは，①わが国の証券取引所のいずれかに上場している，②銀行，証券，保険，その他金融業，電力，ガスおよび鉄道業に属していない，③決算日が3月31日であり，決算月数が12カ月である，④米国会計基準を採用していない，⑤日経NEEDS企業財務データにおいて研究開発費，広告宣伝費，拡販費・その他販売費，人件費・福利厚生費のうち少なくとも1項目はゼロではなく，また役員報酬・賞与がゼロではない，⑥債務超過ではない，⑦同一産業かつ同一年度の中で6以上のサンプルがあるという7つの条件を満たし，必要となるデータがすべて入手可能なものとされた。

　また，財務データは日経NEEDS企業財務データ，株価データは日経ポートフォリオ・マスター，監査人に関するデータはeolで入手したデータをもとに有価証券報告書や監査報酬総覧から入手している。また経営者交代に関するデータは役員四季報から入手している。その結果，最終サンプルは13,266であった。検証結果は図表5-5のとおりである。

　分析の結果，債務契約，損失回避のインセンティブ，経営者交代，低い会計上のフレキシビリティが利益増加型の実体的裁量行動の促進要因になり，政府契約，金融機関による株式保有が抑制要因になるということが明らかにされた。すなわち，負債比率が高い場合，損失を回避する場合，経営者交代

図表 5-5　実体的裁量行動の検証結果

	予測符号	abCFO		abDE		abPD	
		推定値	t値	推定値	t値	推定値	t値
定数項	?	0.0605 ***	6.3017	0.1475 ***	12.904	0.2559 ***	12.5896
SIZE	−	−0.0022 ***	−5.1877	−0.0061 ***	−11.8933	−0.0099 ***	−10.8538
DEBT	+	0.0093 ***	3.3782	0.0091 ***	2.7899	0.0240 ***	4.1166
MTB	+	−0.0020 ***	−4.6742	0.0001	0.2430	−0.0053 ***	−5.9204
S_NI	+	0.0107 ***	6.1625	−0.0007	−0.3361	0.0111 ***	3.0040
MGT	+	0.0014	1.0894	0.0028 *	1.8635	0.0049 *	1.8062
OWN	−	−0.0827 ***	−3.0789	−0.1796 ***	−5.6166	−0.3010 ***	−5.2921
OWN^2	+	0.2187	1.2258	0.8771 ***	4.1286	0.8410 **	2.2251
OWN^3	−	−0.3070	−1.0729	−1.3241 ***	−3.8865	−1.1257 *	−1.8574
FIN	−	−0.0109 **	−2.5467	0.0051	0.9919	−0.0044	−0.4811
NOA	+	−0.0005	−0.5031	0.0022 *	1.8890	0.0018	0.8574
BIGN	+	−0.0042 ***	−3.7594	−0.0036 ***	−2.6537	−0.0102 ***	−4.2874
Adj-R^2		0.0229		0.0253		0.0467	

原書注：n=13,266，***，**，*はそれぞれ1％水準，5％水準，10％水準で有意（両側検定），変数の定義は本文を参考のこと。
出所：山口（2011）p. 68。

の前年度である場合，会計上のフレキシビリティが低い（純営業資産が大きい）場合に経営者は実体的裁量行動を行う一方，企業規模が大きい場合や金融機関持株比率が高い場合には実体的裁量行動を控えるということである。また経営者持株比率は，相対的に低い水準と高い水準において抑制要因となり中間の水準において促進要因になるということも示された。

このように山口（2011）の研究は，先行研究において会計的裁量行動の要因として特定されたものが実体的裁量行動の要因でもあったことを明らかにした。また，Roychowdhury（2006）のアプローチに依拠した山口（2009a, 2009b, 2011）の一連の研究から，実体的裁量行動の動機やその影響が明らかにされた。とくに，利益増加型の実体的裁量行動が将来の企業業績に悪影響を及ぼすとの指摘[9]は，会計基準やコーポレート・ガバナンスに関する議論に対して大きな貢献をもたらすと思われる。このような点に山口（2009a, 2009b, 2011）の研究の大きな意義と貢献がある。

4.3　Herrmann et al.（2003）による研究

　Herrmann et al.（2003）の研究は，資産売却による実体的裁量行動に着目した研究である。彼らは，わが国の経営者が固定資産や市場性のある有価証券の売却損益を利用した実体的裁量行動を行っているかについて検証している。

　Herrmann et al.（2003）によれば，負の株価反応，面目，報酬の減少，解雇，シグナル，インサイダー取引規制などを根源的動機として，経営者は当期利益が予測利益よりも低い場合に資産売却益を計上して当期利益を増加させるインセンティブをもつと指摘する。そこで Herrmann et al.（2003）は，経営者がこれらの根源的動機から予測利益を達成するために資産売却益を用いた実体的裁量行動を行っていると予想した。

　調査期間は 1993 年から 1997 年までとされ，サンプルは東京証券取引所の 1 部上場の連結企業が対象とされた。また，サンプルについては 3 月末決算企業に限定され，金融業，保険業，不動産業，運輸業，電力・ガス・水道業に属するもの，連結財務諸表のデータを提供していないもの，前期または当期の営業利益に関する予測データを提供していないものは除外された。経営者予測のデータについては Japan Company Handbook から，財務データは NEEDS/MICRO（関西学院大学産業研究所）から入手している。その結果，最終サンプルは 3,068 であった。検証結果を図表 5-6，図表 5-7 に示す。

　分析の結果，経営者予測誤差が資産売却益超過額に有意にマイナスの影響を及ぼすことが明らかにされた。またこれらの結果は，将来業績の期待値，負債比率，企業規模，前期の資産売却益を統制しても変化がないことも確認された。このことから，当期利益が経営者による予測利益よりも低い場合，経営者は固定資産や市場性ある有価証券の売却によって利益を増加させる実体的裁量行動を選択することを証明した。

　Herrmann et al.（2003）の研究は，固定資産および市場性ある有価証券という会計の特定項目を用いた実体的裁量行動に焦点をあてた点に特徴がある。また，裁量的要素や利益戦略の側面から資産売却による実体的裁量行動に注目した研究とも位置づけることができる。分析の結果，経営者は資産売却を用いて当期利益を予測利益よりも高く操作する可能性が明らかにされ

図表 5-6　資産売却益超過額に対する回帰分析の検証結果

$$EISA_t = \alpha_0 + \alpha_1 CP_t + \alpha_2 FP_t + \alpha_3 DE_t + \alpha_4 SIZE_t + \alpha_5 GROWTH_t + \alpha_6 \text{Lag}(EISA)_t + \varepsilon_t$$

Variables[b]	1993 (n=539)	1994 (n=560)	1995 (n=566)	1996 (n=644)	1997 (n=660)	Averages
Intercept	-.01950**	-.00482	-.01621**	-.01480**	-.01886**	-.01484**
	(-2.581)	(-.691)	(-2.496)	(-2.577)	(-3.131)	(-5.606)
CP	-.07729**	-.04992**	-.09564**	-.07790**	-.06971**	-.07409**
	(-3.848)	(-2.341)	(-4.535)	(-4.817)	(-3.907)	(-10.02)
FP	-.00991	.06617**	.06623**	.06785**	.02658	.04138*
	(-.632)	(2.670)	(2.716)	(3.491)	(1.175)	(2.408)
DE	.00510**	.00674*	.00488**	.00029	.00257	.00391*
	(2.889)	(3.949)	(3.097)	(.019)	(1.786)	(3.484)
SIZE	.00065**	.00009	.00058**	.00057**	.00068**	.00051**
	(2.406)	(.321)	(2.247)	(2.498)	(2.837)	(4.751)
GROWTH	-.00446	-.00420*	-.00553*	.00002	-.00079	-.00299*
	(-1.511)	(-1.983)	(-1.662)	(.032)	(-.700)	(-2.731)
Lag(EISA)	.09968**	.18408**	.16606**	.10636	.10032**	.13130**
	(6.654)	(6.318)	(6.893)	(5.309)	(5.630)	(7.241)
Adj. R^2	.1379	.1442	.2191	.1574	.0965	.1510

原書注：[a]Amounts reported are coefficients with *t*-statistics in parentheses. Influential observations are deleted by applying the criterion proposed in Belsey, Kuh, and Welsch (1980).
　　　　[b]The variables are defined as follows:
　　　　　ISA = income (net gain or loss) from the sale of fixed assets and marketable securities divided by total assets at the beginning of the period
　　　　　EISA = excess income from the sale of assets; *EISA* equals *ISA* minus the sample median *ISA*, by year and three-digit industry code
　　　　　CP = current performance; *CP* equals current period's operating income minus last period's management forecast of current period's operating income, divided by total assets at the beginning of the period
　　　　　FP = expected future performance; *FP* equals management forecast of next period's operating income minus current period's operating income, divided by total assets at the beginning of the period
　　　　　DE = debt-to-equity; *DE* equals total long-term liabilities divided by total stockholders' equity plus total long-term liabilities
　　　　　SIZE = log of total sales for the current period
　　　　　GROWTH = the percentage change in sales for the current period
　　　　*(**)Significant at the .05 (.01) level for a one-tailed *t*-test.
出所：Herrmann et al. (2003) p. 103.

た。次に取り上げる田澤（2010）の研究も，会計の特定項目に焦点をあてた研究であり，Herrmann et al. (2003) のアプローチと類似する。このような会計の特定項目に限定した実体的裁量行動の検証の蓄積も，裁量行動全体

図表 5-7　固定資産売却益超過額と売買目的有価証券売却益超過額に対する回帰分析の検証結果

$$EISA_t = a_0 + a_1 CP_t + a_2 FP_t + a_3 DE_t + a_4 SIZE_t + a_5 GROWTH_t + a_6 \mathrm{Lag}(EISA)_t + \varepsilon_t$$

Variables[b]	Excess Income from Sale of Fixed Assets			Excess Income from Sale of Marketable Securities		
Intercept	.00028**	.00007**	-.00619*	-.00001	-.00002	-.00586**
	(2.291)	(.558)	(-2.585)	(-.048)	(-.227)	(-3.657)
CP	-.05726**	-.03919**	-.03904**	-.04263**	-.04118**	-.04027**
	(-9.424)	(-5.284)	(-5.710)	(-9.557)	(-8.303)	(-8.786)
FP		.05365**	.05049**		.00432	-.00275
		(6.100)	(5.807)		(.667)	(-.471)
DE			.00182**			.00175**
			(3.180)			(4.514)
SIZE			.00021*			.00020**
			(2.220)			(3.131)
GROWTH			-.00020			-.00077**
			(-.390)			(-2.310)
Lag(EISA)			.07848**			.35823**
			(9.892)			(24.908)
Adj. R^2	.0287	.0404	.0775	.0297	.0295	.2284

原書注：[a] Amounts reported are coefficients with t-statistics in parentheses. Influential observations are deleted by applying the criterion proposed in Belsey, Kuh, and Welsch (1980).
　　　　[b] The variables are defined as follows:
　　ISA = income (net gain or loss) from the sale of fixed assets and marketable securities divided by total assets at the beginning of the period
　　$EISA$ = excess income from the sale of assets; $EISA$ equals ISA minus the sample median ISA, by year and three-digit industry code.
　　CP = current performance; CP equals current period's operating income minus last period's management forecast of current period's operating income, divided by total assets at the beginning of the period
　　FP = expected future performance; FP equals management forecast of next period's operating income minus current period's operating income, divided by total assets at the beginning of the period
　　DE = debt-to-equity; DE equals total long-term liabilities divided by total stockholders' equity plus total long-term liabilities
　　$SIZE$ = log of total sales for the current period
$GROWTH$ = the percentage change in sales for the current period
*(**)Significant an the .05 (.01) level for a one-tailed *t*-test.
出所：Herrmann et al. (2003) p. 104.

のメカニズムの解明につながるという点において，彼らの研究には大きな意義があると考えられる。

4.4　田澤（2010）による研究

　田澤（2010）の研究は，棚卸資産を通じた損失回避の裁量行動に着目した研究である。棚卸資産は過剰生産や売上高操作といった実体的裁量行動だけでなく，簿価切下げの遅延化や恣意的な評価損の見積りといった会計的裁量行動にも関連する項目であるため，田澤（2010）は会計的裁量行動と実体的裁量行動という2つの視点から検証を行っている。

　研究では，①利益増加型の裁量行動を行っている企業が会計的裁量行動もしくは実体的裁量行動を選択しているか（具体的には，棚卸資産を過大に見積もることで利益を増加させているか，もしくは過剰生産によって固定費を低減させることにより利益を増加させているか），②利益増加型の裁量行動を行っている企業のうち，棚卸資産評価の低価法採用企業が会計的裁量行動を選択しているか，③利益増加型の裁量行動を行っている企業のうち，製造費用に占める労務費および経費の割合が高い企業が実体的裁量行動を選択しているかという3つの点について検証を行っている。

　調査期間は2000年度から2006年度までとされ，個別財務諸表のデータを用いて分析を行った。サンプルは東京証券取引所，大阪証券取引所，名古屋証券取引所の各一部二部の上場企業のうち，製造業に属する企業とされ，①変則決算，②債務超過，③前期からの総資産増減率が50%超，④自己資本の時価簿価比率が15%超，⑤次期予想売上高に対する棚卸資産総額が65%超，⑥分析に必要なデータに欠損値が存在するという条件のうち，いずれかにあてはまるものは除外されている。また，当期純利益／期首総資産の両端0.5%のサンプルを除外し，残るサンプルのうち同一産業かつ同一年度のなかで10未満のサンプルを除外している。

　また推定モデルについては，Roychowdhury（2006）による製造原価の推定モデルを改良し，新たに棚卸資産の期待値を推定する棚卸資産推定モデルを用いている[10]。なお，推定モデルで用いるデータについては，財務データをNEEDS財務データ一般事業会社版，経営者予測データをNEEDS新業績予測データ，株価データを株価CD-ROMからそれぞれ入手している。最終サンプルは968社による5,844であった。検証結果は図表5-8，図表5-9に示す。

図表 5-8　①の検証結果

説明変数	$ABINV\_emt_t$	$ABPROD_t$	$ABINV\_am_t$	$AB \Delta INV\_Roy_t$	$ABPROD\_Roy_t$
切片	0.0000	-0.0015	0.0001	0.0002	-0.0013
	(0.18)	(-0.59)	(0.25)	(0.66)	(-0.50)
DSP_t	0.0004	0.0089	0.0003	-0.0002	0.0086
	(0.69)	(1.61)	(0.50)	(-0.34)	(1.58)
$EBEI_t$	0.0386**	-0.3343***	0.0426***	0.0255***	-0.3878***
	(3.91)	(-4.11)	(4.37)	(2.77)	(-4.81)
$SIZE_{t-1}$	-0.0001	-0.0046***	-0.0001	-0.0001	-0.0046***
	(-0.60)	(-2.87)	(-0.50)	(-0.65)	(-2.95)
MTB_{t-1}	0.0001	-0.0044	0.0001	0.0001	-0.0032
	(0.29)	(-1.58)	(0.15)	(0.38)	(-1.23)
Adj. R^2	0.004	0.009	0.005	0.002	0.010

原書注：観測数：5,844 企業－年。（　）内は White（1980）の共分散推定に基づく t 値である。***，**，*は，それぞれ両側 1 ％，5 ％，10 ％水準で有意であることを示す。DSP：当期純利益／期首総資産が 0 ％以上 1 ％以下のときに 1，それ以外のときに 0 をとるダミー変数。EBEI：特別損益前・税引後利益／期首総資産。SIZE：株式時価総額の自然対数。MTB：自己資本の時価・簿価比率。EBEI, SIZE および MTB からは同一業種－年における平均値を控除する。ABINV_emt：異常棚卸資産。ABPROD：異常製造費用。ABINV_am：ABPROD でコントロール済みの異常棚卸資産。AB Δ INV_Roy および ABPROD_Roy：それぞれ Roychowdhury（2006）の手法に基づく異常棚卸資産増加および異常製造費用。

出所：田澤（2010）p. 35。

分析の結果，低価法採用企業では損失回避のために棚卸資産の評価損の過小な見積り（棚卸資産の過大計上）などの会計的裁量行動が行われていることが明らかにされた。しかしながら，過剰生産によって損失回避する実体的裁量行動を示す証拠は得られなかった。これらの結果から，棚卸資産を通じた裁量行動に関しては実体的裁量行動よりも会計的裁量行動の影響が強く及んでいることが明らかになった。

田澤（2010）の研究では，Roychowdhury（2006）のモデルを応用し，新たな推定モデルを導出することで棚卸資産を通じた実体的裁量行動と会計的裁量行動の両者を分析した。田澤（2010）の貢献は，棚卸資産について裁量行動を識別する新たなモデルを提示した点にある。Roychowdhury（2006）のアプローチを基礎として，田澤（2010）の研究のように特定の会計項目に限定した検証がもたらす貢献も極めて大きいと考えられる。

以上のように，Roychowdhury（2006），山口（2011），Herrmann et al.

図表 5-9 ②および③の検証結果

説明変数	$ABINV\_emt$	$ABPROD_t$	$ABINV\_am_t$	$AB\Delta INV\_Roy_t$	$ABPROD\_Roy_t$
切片	0.0003	0.0228***	0.0003	0.0005	0.234***
	(0.95)	(14.20)	(1.19)	(1.39)	(12.36)
DSP_t	0.0012	0.0005	0.0008	0.0008	0.0010
	(0.96)	(0.11)	(0.73)	(0.72)	(0.20)
$DLCM_t$	-0.0009**	-0.0011	-0.0009**	-0.0006	-0.0035
	(-2.05)	(-0.20)	(-2.14)	(-1.15)	(-0.77)
$DFIX_t$	-0.0001	-0.0370***	-0.0002	-0.0004	-0.0371***
	(-0.48)	(-15.27)	(-0.64)	(-0.66)	(-14.19)
$DLCM_t*DSP_t$	0.0032***	-0.057	0.0031***	0.0018	-0.0072
	(2.95)	(-0.48)	(3.00)	(1.55)	(-0.75)
$DFIX_t*DSP_t$	-0.0018	0.0154*	-0.0015	-0.0017	0.0150*
	(-1.25)	(1.90)	(-1.09)	(-1.47)	(1.77)
$EBEI_t$	0.0385***	-0.3516***	0.0424***	0.0253***	-0.4065***
	(4.55)	(-8.02)	(5.30)	(2.79)	(-6.75)
$SIZE_{t-1}$	-0.0001	-0.0051***	-0.0001	-0.0001	-0.0050***
	(-1.26)	(-8.92)	(-0.95)	(-1.40)	(-5.30)
MTB_{t-1}	0.0001	-0.0038*	0.0001	0.0001	-0.0027*
	(0.30)	(-1.70)	(0.17)	(0.73)	(-1.65)
Adj. R^2	0.004	0.018	0.005	0.002	0.019

原書注：観測数：5,844 企業-年。( ) 内は White (1980) の共分散推定に基づく t 値である。***，**，*は，それぞれ両側1％，5％，10％水準で有意であることを示す。DLCM：低価法を採用しているときに1，それ以外のときに0をとるダミー変数。DFIX：各年度の労務費・経費/総製造費用がサンプルの上位1/3のときに1。それ以外のときに0をとるダミー変数。他の変数については表5を参照。
出所：田澤（2010）p. 36。

(2003)，田澤（2010）の研究は実体的裁量行動を分析した研究として位置づけられる。Roychowdhury（2006）の研究では，損失回避および予測利益の達成を目的として売上高操作，裁量的費用の削減，過剰生産といった実体的裁量行動が選択されていることが明らかされた。わが国における実体的裁量行動の研究に対してインパクトを与えたといっても過言ではない。つづく山口（2011）の研究は，実体的裁量行動の要因について包括的検証を行った。その結果，複数の要因が実体的裁量行動の促進要因と抑制要因として分類できることを証明した。

Roychowdhury（2006），山口（2011）の行った包括的な分析とは異なり，

特定の会計項目における実体的裁量行動を検証したのが Herrmann et al. (2003) と田澤（2010）の研究である。Herrmann et al. (2003) の研究は，固定資産および市場性ある有価証券の売却による実体的裁量行動に焦点があてられ，経営者は資産売却を用いて当期利益を予測利益よりも高く操作する可能性が示された。つづく田澤（2010）の研究では，棚卸資産を用いた損失回避の会計的裁量行動および実体的裁量行動を識別するモデルが提示され，低価法採用企業が損失回避のために棚卸資産を利用した会計的裁量行動を選択していることを明らかにした。ただし，棚卸資産を利用した実体的裁量行動についての証拠を得ることはできなかった。

実体的裁量行動に関するこれまでの研究では，Herrmann et al. (2003) や田澤（2010）の研究と同様に，特別損益等の非日常的な取引や，研究開発費や広告宣伝費の削減などの特定の会計項目における事象を対象としたものが支配的であった（岡部，2008, p. 10）。たとえば，乙政（1999）の研究ではボーナスプランに焦点をあてた分析を行っている。また小嶋（2004, 2005, 2008），新美（2009）は，研究開発支出や広告宣伝支出と実体的裁量行動の関係を検証している。野間（2009）もまた，利益ベンチマークの達成を目的とした研究開発投資に焦点をあてた分析を行っている。

しかしながら，前述のように Roychowdhury (2006) の研究以降は実体的裁量行動を包括的に検証するアプローチが支配的になりつつあり，Ewert and Wagenhofer (2005), Pan (2009) といった研究者らによる研究の展開も確認される[11]。このような点からも，Roychowdhury (2006) の研究が実体的裁量行動の研究に大きな変化をもたらしたといえる。

ただし，Roychowdhury (2006) のアプローチを援用して知見を得たとしても，それは実体的裁量行動の一部を明らかにしたにすぎず，すべての実体的裁量行動を検出する包括的モデルの提示までには至っていない。その理由は，経営者が選択した行動が事実に即した行動なのか，ある意図をもった裁量行動なのかを判断することが困難であるためである。またそれを合理的に推測するモデル構築の難しさにもあらわれている。しかし近年の動向として，経営者の関心が会計的裁量行動から実体的裁量行動へと移行しつつあり，それを裏づける証拠が数多く提示されている。この点を考慮すれば，会

計的裁量行動のみならず実体的裁量行動も研究対象とした包括的な検証が求められると考える。

5　むすび

　本章では，これまでの裁量行動研究の展開をたどるとともに，裁量行動の検出方法やアプローチの発展過程に着目したレビューを行った。本節では，本章の要約をするとともに，今後の研究課題を明らかにする。

　まず第2節では，ヒストグラム分析を用いた研究として Burgstahler and Dichev（1997），Degeorge et al.（1999），須田・首藤（2004）の研究を取り上げた。つづく第3節では，裁量的会計発生高を用いた研究を取り上げ，Jones（1991），Dechow et al.（1995），Kasznik（1999）の研究を跡づけた。そして第4節では，実体的裁量行動に着目した研究を取り上げ，Roychowdhury（2006），山口（2011），Herrmann et al.（2003），田澤（2010）の研究を順に取り上げた。

　本章のレビューにおいて明らかにされた点や今後の研究課題については以下の3点に要約される。まず，第2節で取り上げたヒストグラム分析のメリットは，裁量的会計発生高や実体的裁量行動の推定につきまとう測定誤差の問題を回避できる点にある。測定誤差を考慮すれば，第3，4節で取り上げた研究よりも第2節で取り上げた研究の頑健性は高いといえる。しかしながら，会計的裁量行動や実体的裁量行動をより詳細に検証するためには，推定モデルを用いたアプローチの方が有効であると指摘できる。本研究では，裁量的会計発生高アプローチと Roychowdhury（2006）のアプローチがリサーチ・デザインの参考になると考えている。

　次に，近年の動向として，経営者が選択する裁量行動が会計的裁量行動から実体的裁量行動に移行しているとされ，それを裏づける証拠が数多く提示されている[12]。会計的裁量行動と異なり，実体的裁量行動は法令や規則によって制限することが困難であるというのがその背景にある。しかしながら，山口（2009b）の研究によれば，実体的裁量行動は将来の企業業績に悪影響を及ぼすとされ（山口，2009b，p. 130），実体的裁量行動の増加は企業

業績や企業価値のみならず，情報の質にも極めて大きな影響を及ぼす可能性がある。このような点を考慮すれば，会計的裁量行動のみならず実体的裁量行動も研究対象とした包括的な検証が求められると考える。

最後に，会計的裁量行動および実体的裁量行動は会計利益を裁量的に調整するという点において共通であるが，その性質は大きく異なる。前者は会計上の処理方法のみが操作の対象となるのに対し，後者は市場取引そのものが操作の対象となる。ゆえに，実体的裁量行動について言及すれば，経営者が選択した行動が事実に即した行動なのか，裁量的に選択した意図的行動なのか，それとも粉飾を意図した行動なのかを判断することは容易ではない。また，本章で取り上げた先行研究も実体的裁量行動の一部分を明らかにしたにすぎず，すべての行動を検出するには至っていない。本研究において分析ならびに解釈を行うさいには，こうした点に注意しなければならない。

注

1 若林（2009）によれば，特徴的なヒストグラムの形状について最初に指摘したのは Hayn（1995）であるとされる。そして Hayn（1995）の発見を裁量行動研究に反映させたのが Burgstahler and Dichev（1997）であるとしている（若林，2009，p. 220）。
2 これらの研究も，本節で取り上げた研究と同様のアプローチで行われた研究である。このような展開に鑑み，本節で取り上げた研究をヒストグラム分析の起点として位置づけた。
3 浅野・首藤（2007）によれば，「会計発生高は，経済的事実の発生および期間対応というふたつの見地から計上される，営業活動によるキャッシュ・フローに対する発生主義会計固有の調整額ことである。すなわち，会計発生高は営業活動によるキャッシュ・フローと会計利益の差額」（浅野・首藤，2007，p. 89）とされる。
4 会計発生高に着目した初期の研究には，Healy（1985）や DeAngelo（1986），Dechow and Sloan（1991）の研究が挙げられる。Healy（1985）は，会計発生高そのものを裁量行動の指標として用いた。これを一般に，Healy モデルと称する。また DeAngelo（1986）は，前期の会計発生高に裁量的会計発生高が含まれていないと仮定し，当期と前期の会計発生高の差額を裁量的会計発生高と定義した。この方法は DeAngelo モデルと称される。さらに Dechow and Sloan（1991）は，会計発生高を産業平均で回帰することによって裁量的会計発生高を推定する方法を採用した。これは一般に産業モデルと称されている。

5　ただし太田（2007a）によれば，説明変数に営業活動によるキャッシュフローの変化額を加える理論的根拠は存在せず，CFO Jones モデル以降のモデルの深化については理論的妥当性が欠けているとの指摘もなされている（太田，2007a, p. 596）。
6　これらの研究も，本節で取り上げた研究と同様のアプローチで行われた研究である。このような展開に鑑み，本節で取り上げた研究を裁量的会計発生高アプローチの起点として位置づけた。
7　Balsam（1998），Suda and Shuto（2006）の研究においても CFO 修正 Jones モデルがもっとも測定精度が高いという指摘がなされている。
8　非製造業においても，期待需要を上回る商品を仕入れることで売上原価を低くおさえ利益を増やす可能性が指摘されることから（中野，2008, p. 11），山口（2011）の研究では Roychowdhury（2006）と同様に，売上原価と棚卸資産変化額の合計として製造原価を定義し非製造業においても代理変数として機能するように配慮している。
9　山口（2009a, 2009b, 2011）の他に，Cohen and Zarowin（2010）の研究によって同様の指摘がなされている。
10　田澤（2010）は，推定モデルの予測精度を高めるために経営者の需要予測や需要シフトといった変数を棚卸資産推定モデルに組み入れている（田澤，2010, p. 25）。
11　これらの研究も実体的裁量行動について検証した研究である。研究のアプローチは，それぞれの研究者がどのような実体的裁量行動を検証するのかというリサーチクエスチョンや仮説に依存するため，一般的な方法が存在するわけではない。ただし研究の展開に鑑みれば，Roychowdhury（2006）のアプローチが広く採用されつつある。Pan（2009）の研究もそのひとつである。
12　裁量行動が会計的裁量行動から実体的裁量行動に移行していることを明らかにした研究として，Bruns and Merchant（1990），Graham et al.（2005），須田・花枝（2008）の研究が挙げられる。

第6章

リサーチ・デザイン

1　はじめに

　本章の目的は，利害関係者が企業に対して抱くレピュテーションによって経営者が裁量行動を選択するか否かを検証するためのリサーチ・デザインについて検討することである。具体的には，検証方法や調査対象となるデータの特性，データの入手方法について取り上げる。第2節では仮説の設定，第3節では裁量行動の測定方法，第4節では推定モデル，第5節ではサンプルの選択および変数の入手方法について順に取り上げる。第2節の仮説の設定，第3節の分析モデルについては，前章で取り上げた理論的背景や先行研究における考察を踏まえた検討を行う。

2　仮説の設定

　本研究の目的は，利害関係者が企業に対して抱くレピュテーションに着目し，経営者がレピュテーションを意識した裁量行動を選択するという命題について理論的かつ実証的な分析を行い，その影響について明らかにすることである。本節では，この命題を具体的に検証可能な仮説にするための操作化（operationalization）[1]を行い操作仮説を導出する。そのために，操作化におい

ては次の2つの要件を満たすこととする[2]。

　まず，契約・エージェンシー理論では，利害関係者の利害は直接的にも間接的にも対立すると説明される。利害が対立する状況において，レピュテーションを評価する項目は利害関係者ごとにそれぞれ異なると考えられる。そのため，利害関係者ごとにレピュテーション変数を設定する必要がある。そこで本研究では，代表的な利害関係者として①株主・投資家，②債権者，③得意先・顧客，④仕入・調達先，⑤労働組合・従業員を取り上げそれぞれに仮説を設定する方法を採用する。この点はこれまでの先行研究と明確に異なる点である。

　次に，本研究の検証の主眼はレピュテーションを評価することではない。レピュテーションという要因によって，経営者が裁量行動を選択するかということである。そこで本研究では，契約・エージェンシー理論ならびにこれまでの先行研究における知見を踏まえ，①法的拘束力を有する明示的請求権に該当しない変数，②先行研究において裁量行動の関係が個別に議論されている変数，③レピュテーションと裁量行動の因果関係を明確にするために利益項目を含む変数（裁量行動によって操作が可能な変数）という基準を設け，それらに合致した財務比率をもって代替変数とする。

　利害関係者が企業との契約を意思決定するさいに重視する指標であり，かつ裁量行動によって操作が可能な財務比率であれば代替変数として取り上げるに値する。以上が財務比率による操作化の理由である。以下，それぞれの利害関係者ごとに順に説明を行うことにする。

2.1　株主・投資家仮説

　経営者と株主・投資家の関係について，配当に着目した研究は数多くなされてきた。配当行動に関するサーベイ調査では，経営者が株式市場に与える配当政策の影響を強く意識していることが示されている[3]。また配当平準化行動に関する実証分析では，経営者が長期的に一定の配当性向を目標として設定しつつも，毎期の配当を平準化している証拠が提示されている[4]。さらに配当政策と裁量行動の関係について検証した実証分析では，経営者が期待配当水準や株主との継続的関係をインセンティブとした裁量行動を選択する

ことを明らかにしている[5]。

　以上の調査結果から，経営者が株主・投資家を強く意識し，継続的関係を維持するために裁量行動を選択していることがわかる。また，株主・投資家からポジティブなレピュテーションを獲得するために，経営者が株主・投資家の期待を達成しようとする動機をもつことを示唆している。さらにそのような傾向は，配当政策と裁量行動の関連においてより顕著に把握できると予測される。

　そこで本研究では，株主・投資家の暗黙的請求権として企業の配当支払能力に着目し，株主・投資家の抱くレピュテーションを前年度の配当性向（dividend payout ratio; DPR）によって代替する。経営者は裁量行動によって操作が可能な配当性向を前年度よりも高くしたいというインセンティブをもつと予想する。そこで，株主に対して仮説（H_1）を設定する。

　H_1：前年度の配当性向（支払現金配当額／当期純利益）を株主・投資家の抱くレピュテーションを代替する操作変数とする。このとき，他の条件が等しければ，経営者は当年度の配当性向を高めるために利益減少型の裁量行動を選択する。

　配当性向は当期純利益に占める配当額の割合を示す指標であり，配当による株主還元の程度を示すものである。配当性向が高ければ当期純利益に対する配当額の割合が高いことを示し，積極的な株主還元の姿勢を示すことができる。株主還元の割合が高ければ，株主・投資家の抱くレピュテーションが向上し，次年度以降の追加出資や株式売却の抑制といった効果をもたらすと考えられる[6]。そのため，配当性向によって株主・投資家の抱くレピュテーションを代替することとした。

　配当性向は，配当性向（dividend payout ratio; DPR）＝支払現金配当額（dividends; D）／当期純利益（net income; NI）と定義される。これまでの議論から，以下の(1)式が示すように前年度よりも当年度の配当性向が高くなるような裁量行動が求められる。

$$D_{t-1}/NI_{t-1} < D_t/NI_t \quad \cdots\cdots(1)$$

(1)式を満たすためには $NI_{t-1} > NI_t$ となるような裁量行動を選択する必要がある。すなわち，当年度に利益減少型の裁量行動を選択することによって，前年度よりも当年度の配当性向を増加させることができるのである。ゆえに経営者は，前年度の配当性向をベンチマークとして当年度の配当性向を高めるために利益減少型の裁量行動を選択すると予想する。なお，配当額の変更は本研究が対象とする裁量行動ではないため，そのような増減はないものとする。

2.2 債権者仮説

経営者と債権者の関係において，これまで債務契約（明示的契約）に着目した分析がなされてきた。具体的には，財務制限条項仮説や負債比率仮説の検証であり，財務制限条項や一定の負債水準に抵触しそうになると，経営者が利益増加型の裁量行動を選択し抵触を回避することが示された[7]。

他方，経営者と債権者の暗黙的契約関係に着目した実証分析に Ang and Jung（1998）の研究がある。彼らは，財務制限条項が付与されていない債務契約を締結した企業ほど，利益増加型の裁量行動を選択することが示されている。経営者が財務制限条項の非付与や債権者との継続的関係をインセンティブとした裁量行動を選択する可能性を明らかにしている。

いずれの調査結果も，経営者が債権者を意識していることを示している。また，債権者からポジティブなレピュテーションを獲得するために，経営者が債権者の期待を達成しようとする動機をもつことを示唆している。しかしながら，これまでの裁量行動研究や Ang and Jung（1998）の研究のように，財務制限条項による操作化によって債権者の暗黙的契約を検証するには限界がある。財務制限条項の付された債務契約を締結する企業は非常に少ないため，検証にバイアスが生じてしまうのである。

そこで本研究では，債権者の暗黙的請求権として企業の債務返済能力に着目し，債権者の抱くレピュテーションを前年度の固定長期適合率（fixed long term conformity ratio; FLTCR）によって代替する。経営者は裁量行動によっ

て操作が可能な固定長期適合率を前年度よりも低くしたいというインセンティブをもつと予想する。そこで，債権者に対して仮説（H_2）を設定する。

> H_2：前年度の固定長期適合率（固定資産／自己資本＋固定負債）を債権者の抱くレピュテーションを代替する操作変数とする。このとき，他の条件が等しければ，経営者は当年度の固定長期適合率を低めるために利益増加型の裁量行動を選択する。

固定比率や固定長期適合率は継続的取引を考慮するさいの長期的支払能力を把握する指標であり，低いほど安全性が高いことを示している。ただし，固定比率よりも固定長期適合率の方がより明確な基準となりベンチマークとして適切である。なぜならば，固定長期適合率が100％を超過している場合，流動負債で固定資産を購入していることを意味し，財務健全性や支払能力の観点から債権者の抱くレピュテーションを低下させてしまう恐れがあるからである。逆に100％以下であれば企業の財務健全性が良好であることを示すことができ，債権者の抱くレピュテーションを向上させることができる。その結果，次年度以降の継続融資や追加融資，融資条件の緩和といった効果をもたらすことが推測される。

固定長期適合率は，固定長期適合率（fixed long term conformity ratio; FLT-CR）＝固定資産（fixed assets; FA）／｛固定負債（fixed liabilities; FL）＋自己資本（equity capital; EC）｝×100と定義される。これまでの議論から，以下の(2)式が示すように前年度よりも当年度の固定長期適合率が低くなるような裁量行動が求められる。

$$FA_{t-1}/(FL_{t-1}+EC_{t-1}) > FA_t/(FL_t+EC_t) \quad \cdots\cdots(2)$$

(2)式を満たすためには$EC_{t-1}<EC_t$となるような裁量行動を選択する必要がある。すなわち，自己資本のうち留保利益に該当する利益剰余金に向けられる可能性のある利益を増加させるというものである。当年度に利益増加型の裁量行動を選択することによって，前年度よりも当年度の固定長期適合率を

低下させることができる。ゆえに経営者は，前年度の固定長期適合率をベンチマークとして当年度の固定長期適合率を低めるために利益増加型の裁量行動を選択すると予想する。なお，固定資産や固定負債，利益剰余金以外の自己資本を増減することは本研究の対象とする裁量行動ではないため，そのような増減はないものとする。

加えて，本研究では企業の利息支払能力に着目し，債権者の抱くレピュテーションを前年度のインタレスト・カバレッジ（interest coverage ratio; ICR）によっても代替する。経営者は裁量行動によって操作が可能なインタレスト・カバレッジを前年度よりも高くしたいというインセンティブをもつと予想する。先行研究では，利息支払能力に着目した分析は行われていない。しかし，安全性の観点から債権者の抱くレピュテーションを考察するためには債務返済能力のみならず利息支払能力も分析に加えた方が望ましい。そのため，債権者に対して仮説（H_3）を加える。この点は本研究独自の分析であるといえる。

H_3：前年度のインタレスト・カバレッジ（営業利益＋受取利息・割引料および受取配当金／支払利息・割引料）を債権者の抱くレピュテーションを代替する操作変数とする。このとき，他の条件が等しければ，経営者は当年度のインタレスト・カバレッジを高めるために利益増加型の裁量行動を選択する。

インタレスト・カバレッジは企業の利息支払能力（信用力）を把握する指標であり，金融機関による融資判断や社債の格付け判断など企業と債権者の継続的取引において考慮される重要な指標である。高いほど安全性が高いことを示している。インタレスト・カバレッジを高めれば，債権者の抱くレピュテーションを向上させることができる。その結果，固定長期適合率と同様に，次年度以降の契約に有利な効果をもたらしたり，銀行による融資判断や社債の格付け判断などにおいてもより良い結果をもたらすと推測される[8]。そのため，インタレスト・カバレッジによって債権者の抱くレピュテーションを代替することとした。

インタレスト・カバレッジは，インタレスト・カバレッジ（interest coverage ratio; ICR）={営業利益（operating profit; OP）+受取利息・割引料（interest and discount received; IDR）+受取配当金（dividends received; DR）}／支払利息・割引料（interest and discount paid; IDP）×100 と定義される。これまでの議論から，以下の(3)式が示すように前年度よりも当年度のインタレスト・カバレッジが高くなるような裁量行動が求められる。

$$(OP_{t-1}+IDR_{t-1}+DR_{t-1})／IDP_{t-1}<(OP_t+IDR_t+DR_t)／IDP_t \quad \cdots\cdots(3)$$

(3)式を満たすためには $OP_{t-1}<OP_t$ となるような裁量行動を選択する必要がある。すなわち，当年度に利益増加型の裁量行動を選択することによって，前年度よりも当年度のインタレスト・カバレッジを上昇させることができる。ゆえに経営者は，前年度のインタレスト・カバレッジをベンチマークとして当年度のインタレスト・カバレッジを高めるために利益増加型の裁量行動を選択すると予想する。なお，受取利息・割引料や受取配当金，支払利息・割引料を増減することは本研究の対象とする裁量行動ではないため，そのような増減はないものとする。

2.3　得意先・顧客仮説

　経営者と得意先・顧客の関係について分析を行った Bowen et al.（1995）の研究では，製品の向上という視点から研究開発費，低価格という視点から売上原価，アフターサービスの向上という視点から広告宣伝費を用いた分析が行われた。また，Bowen et al.（1995）の操作化の限界を指摘した Raman and Shahrur（2008）の研究では，Willamson（1975）によって示された関係目的投資という概念を用いて研究開発費にもとづく変数の再操作化を行った。

　いずれの調査結果も，経営者が得意先・顧客の抱くレピュテーションに関心をもち継続的関係を維持するために裁量行動を選択していることを示している。また，得意先・顧客からポジティブなレピュテーションを獲得するために，経営者が得意先・顧客の期待を達成しようとする動機をもつことを示

唆している。しかしながら，これらの先行研究では実額のデータが用いられているため，裁量行動との因果関係を説明することは困難である。また，上記の実額データは業種，業態によっても大きく異なるため，使用するにはデータに何らかの加工が求められる。

　本研究では先行研究の視点を尊重し，得意先・顧客の暗黙的請求権として商品・製品やサービスの訴求力（ブランド力），投資効率，訴求効果という３つの視点から分析を行うこととする。そして得意先・顧客の抱くレピュテーションを前年度の売上高売上総利益率（gross margin ratio; GMR），売上高研究開発費比率（ratio of R&D expenditures to sales; RRDS），売上高広告宣伝費比率（ratio of advertising expenses to sales; RAS）によって代替することとする。経営者は裁量行動によって操作が可能な売上高売上総利益率については前年度よりも高く，売上高研究開発費比率と売上高広告宣伝費比率については前年度よりも低くしたいというインセンティブをもつと予想する。そこで，得意先・顧客に対して仮説（H_4），（H_5），（H_6）を設定する。

H_4：前年度の売上高売上総利益率（売上総利益／売上高）を得意先・顧客の抱くレピュテーションを代替する操作変数とする。このとき，他の条件が等しければ，経営者は当年度の売上高売上総利益率を高めるために利益増加型の裁量行動を選択する。

H_5：前年度の売上高研究開発費比率（研究開発費／売上高）を得意先・顧客の抱くレピュテーションを代替する操作変数とする。このとき，他の条件が等しければ，経営者は当年度の売上高研究開発費比率を低めるために利益増加型の裁量行動を選択する。

H_6：前年度の売上高広告宣伝費比率（広告宣伝費／売上高）を得意先・顧客の抱くレピュテーションを代替する操作変数とする。このとき，他の条件が等しければ，経営者は当年度の売上高広告宣伝費比率を低めるために利益増加型の裁量行動を選択する。

まず，売上高売上総利益率（以下では，売上総利益率とする）から検討する。売上総利益率は，商品・製品やサービスが有する根本的な収益性を示す指標であり，高いほど商品・製品やサービスの訴求力が高いこと（ブランド力の高さ）を示している。売上総利益率が高いもしくは一定の水準を維持できていれば，商品が経常的に売れていることを示している。企業が売れ行きのよい商品・製品やサービスを有することは，これまで顧客ではなかったが売れ行きのよいものを購入したいという潜在的な顧客を発掘することにつながる。また株主や債権者からの印象も良くなる。その結果，次年度以降の売上高の増加や価格決定権の強化につながると推測される[9]。そのため，売上総利益率によって得意先・顧客の抱くレピュテーションを代替することとした。

売上総利益率は，売上総利益率（gross margin ratio; GMR）＝{売上高（sales; S）－売上原価（cost of sales; COS）}／売上高（sales; S）×100 と定義される。これまでの議論から，以下の(4)式が示すように前年度よりも当年度の売上総利益率が高くなるような裁量行動が求められる[10]。

$$GM_{t-1}/S_{t-1} < GM_t/S_t \quad \cdots\cdots(4)$$

(4)式を満たすためには $GM_{t-1}<GM_t$ となるような裁量行動を選択する必要がある。$GM_{t-1}<GM_t$ を満たすためには $S_{t-1}<S_t$ もしくは $COS_{t-1}>COS_t$ となるような裁量行動を選択する必要がある。そこで，当年度の売上高を操作する利益増加型の裁量行動を選択することによって前年度よりも当年度の売上総利益率を上昇させることができる。また，過剰生産によって当年度の売上原価を圧縮する利益増加型の裁量行動を選択し，前年度よりも当年度の売上総利益率を上昇させることができる。ゆえに経営者は，売上高売上総利益率を高めるために利益増加型の裁量行動を選択すると予想する。

次に，売上高研究開発費比率について検討する。本来，売上高研究開発費比率は新規事業などの将来性を示す指標であり，高いほど先行投資や新規事業に注力していることを表している。そのため，企業の研究開発力を評価する指標と位置づけることができる。しかし売上高研究開発費比率が高い企業

が必ずしも新たな製品やサービスを生み出すとは限らない。場合によっては過剰投資の可能性も疑われてしまう。そこで本研究では，企業の投資効率を示す指標として位置づけ，低いほど研究開発投資が売上高に寄与していることを表すものとして用いることにする[11]。

一般に，得意先・顧客が研究開発費の妥当性や研究開発の実現可能性を判断することは困難である。しかしながら，売上高研究開発費比率であれば投資の成果を客観的に評価することが可能となる。一定の研究開発投資によって，売れる商品を提供する企業として得意先・顧客の信頼を得ることができる。その結果，次年度以降の売上高の増加や価格決定権を強化できると推測される。そのため，売上高研究開発費比率によって得意先・顧客の抱くレピュテーションを代替することとした。

売上高研究開発費比率は，売上高研究開発費比率（ratio of R&D expenditures to sales; RRDS）＝研究開発費（research and development; R&D）／売上高（sales; S）×100 と定義される。これまでの議論から，以下の(5)式が示すように前年度よりも当年度の売上高研究開発費比率が低くなるような裁量行動が求められる。

$$R\&D_{t-1}／S_{t-1} > R\&D_t／S_t \quad \cdots\cdots(5)$$

$R\&D_{t-1}=R\&D_t$ と仮定した場合，(5)式を満たすためには $S_{t-1}<S_t$ となるような裁量行動を選択する必要がある。そこで，当年度の売上高を操作し利益増加型の会計的裁量行動を選択することによって前年度よりも当年度の売上高研究開発費比率を減少させると予想する。

また，(5)式を満たすために $R\&D_{t-1}>R\&D_t$ となるような裁量行動を選択する可能性も考えられる。そこで，裁量的費用を圧縮して利益を増加させる実体的裁量行動を選択することによって売上高研究開発費比率の低減を図ると予想する。総じて，経営者は前年度の売上高研究開発費比率をベンチマークとし，当年度の売上高研究開発費比率を低めるために利益増加型の裁量行動を選択すると予想する。

最後に，売上高広告宣伝費比率について検討する。本来，売上高広告宣伝

費比率は広告宣伝費の費用対効果を示す指標であり，売上高に対してどれだけの広告宣伝投資を行っているかを表している。しかしながら，売上高研究開発費比率と同様に，売上高広告宣伝費比率を高い水準にすれば将来的に売上高が増加するとは限らない。場合によっては企業の過剰投資の可能性も考えられる。そこで本研究では，企業の訴求効果を示す指標として位置づけ，低いほど一定の広告宣伝投資が売上高に大きく貢献していると評価できるものとして用いることにする[12]。

　得意先・顧客が広告宣伝費の妥当性やその費用対効果を判断することは困難である。しかしながら，売上高広告宣伝費比率であれば訴求効果を把握することが可能となる。効果的な広告宣伝投資によって商品やサービスの訴求力を高めそれが売上高の増加に結びつけば，研究開発と同様に売れる商品やサービスを提供する企業として得意先・顧客の信頼を得ることができる。その結果，次年度以降の売上高の増加や価格決定権を強化できると推測される。そのため，売上高広告宣伝費比率によって得意先・顧客の抱くレピュテーションを代替することとした。

　売上高広告宣伝費比率は，売上高広告宣伝費比率（ratio of advertising expenses to sales; RAS）＝広告宣伝費（advertising expenses; A）／売上高（sales; S）×100 と定義される。これまでの議論から，以下の(6)式が示すように前年度よりも当年度の売上高広告宣伝費比率が低くなるような裁量行動が求められる。

$$A_{t-1}/S_{t-1} > A_t/S_t \quad \cdots\cdots(6)$$

　$A_{t-1} = A_t$ と仮定した場合，(6)式を満たすためには $S_{t-1} < S_t$ となるような裁量行動を選択する必要がある。そこで，当年度の売上高を操作し利益増加型の会計的裁量行動を選択することによって前年度よりも当年度の売上高広告宣伝費比率を減少させると予想する。

　また(6)式を満たすために $A_{t-1} > A_t$ となるような裁量行動を選択する可能性も考えられる。そこで，裁量的費用を圧縮して利益を増加させる実体的裁量行動を選択することによって売上高広告宣伝費比率の低減を図ると予想す

る。総じて，経営者は前年度の売上高広告宣伝費比率をベンチマークとし，当年度の売上高広告宣伝費比率を低めるために利益増加型の裁量行動を選択すると予想する。

2.4 仕入・調達先仮説

経営者と仕入・調達先の関係について分析を行った Bowen et al. (1995) の研究では，売上原価を用いた分析が行われた。また，Bowen et al. (1995) の操作化の限界を指摘した Raman and Shahrur (2008) の研究では，戦略的アライアンスやジョイントベンチャーの強度を示す変数を用いて再操作化を行った。この変数については Thomson Reuters が提供する SDC データベースから入手している。

いずれの調査結果も，経営者が仕入・調達先の抱くレピュテーションを意識し継続的関係を維持するために裁量行動を選択していることを示している。また，仕入・調達先からポジティブなレピュテーションを獲得するために，経営者が仕入・調達先の期待を達成しようとする動機をもつことを示唆している。しかしながら，これらの先行研究でも実額のデータが用いられているため，裁量行動との因果関係を説明することが困難になってしまう。また，データの入手可能性の問題もあることから他の代替変数を検討する必要がある。

そこで本研究では，仕入・調達先の暗黙的請求権として企業の代金支払能力に着目し，仕入・調達先の抱くレピュテーションを前年度の買入債務回転日数（payables turnover period; PTP）によって代替する。経営者は裁量行動によって操作が可能な買入債務回転日数を前年度よりも低くしたいというインセンティブをもつと予想する。そこで，仕入・調達先に対して仮説（H_7）を設定する。

H_7：前年度の買入債務回転日数（(買入債務／売上高)＊365日）を仕入・調達先の抱くレピュテーションを代替する操作変数とする。このとき，他の条件が等しければ，経営者は当年度の買入債務回転日数を短くするために利益増加型の裁量行動を選択する。

商品や原材料を調達すると買掛金や支払手形といった買入債務が増加する。この買入債務の平均的支払期間を測定する指標が買入債務回転日数であり，日数が短いほど企業の資金繰りが良好であり支払能力が高いことを示す。買入債務回転日数が長期化すれば企業の資金繰りに余裕ができるが，仕入・調達先から支払能力について懸念をもたれる可能性や仕入・調達先との信頼関係を損なう可能性がある。逆に買入債務回転日数の短期化は，支払能力の観点から仕入・調達先の抱くレピュテーションを向上させることができる。そのため，買入債務回転日数によって仕入・調達先の抱くレピュテーションを代替することとした。

買入債務回転日数とは，買入債務回転日数（payables turnover period; PTP）＝｛買入債務（trade payables; TP）／売上高（sales; S）｝×365と定義される。これまでの議論から，以下の(7)式が示すように前年度よりも当年度の買入債務回転日数が短くなるような裁量行動が求められる。

$$(TP_{t-1}/S_{t-1}) \times 365 > (TP_t/S_t) \times 365 \quad \cdots\cdots(7)$$

(7)式を満たすためには$S_{t-1}<S_t$となるような裁量行動を選択する必要がある。そこで，当年度の売上高を操作し利益増加型の裁量行動を選択することによって前年度よりも当年度の買入債務回転日数を短くすることができる。ゆえに経営者は，前年度の買入債務回転日数をベンチマークとして当年度の買入債務回転日数を短くするために利益増加型の裁量行動を選択すると予想する。なお，買入債務を増減することは本研究の対象とする裁量行動ではないため，そのような増減はないものとする。

加えて，本研究では企業の現金創出能力に着目し，仕入・調達先の抱くレピュテーションを前年度のキャッシュ・コンバージョン・サイクル（cash conversion cycle; CCC）によっても代替する。仕入・調達先に対する買入債務の原資となるものは当然のことながら現金である。企業が現金を回収する日数を把握する指標がキャッシュ・コンバージョン・サイクルであり，日数が短いほど企業が現金を生み出す現金創出能力が大きいことを示す。

キャッシュ・コンバージョン・サイクルが短い，すなわち現金創出能力が

大きいほどフリーキャッシュフローは潤沢になり，研究開発や財務改善，買入債務の返済に投入する資金が大きくなる。現金創出能力が大きいことは買入債務の返済という観点のみならず，さらなる受注への期待という点においても仕入・調達先の抱くレピュテーションを向上させるであろう。他方，キャッシュ・コンバージョン・サイクルの長期化は，企業が不良債権や不良在庫を保有している可能性があると考えられるため，仕入・調達先の信頼を損なう可能性がある。そのため，キャッシュ・コンバージョン・サイクルによって仕入・調達先の抱くレピュテーションを代替することとした。

これまでの先行研究においては現金創出能力に着目した分析は行われていない。しかし，安全性の観点から仕入・調達先の抱くレピュテーションを考察するためには，代金支払能力のみならず代金支払いの原資となる現金がいかに生み出されているかについても分析も加えた方が望ましい。

また，一般にキャッシュ・コンバージョン・サイクルは運転資本管理の巧拙を測定するための財務指標と位置づけられているが，来栖（2010）が指摘するように，「初期投資額を上回る回収余剰を稼得できる経営者の能力の水準を評価するための財務指標の一つ」（来栖，2010，p. 57）という捉え方も注目されている[13]。仕入・調達先がそのような視点から企業を評価しているとすればレピュテーションの考え方と極めて整合的である。すなわち，経営者の能力が高いと判断されれば当該企業に対して仕入・調達先が抱くレピュテーションは相対的に高くなるであろうし，その逆もまたしかりという解釈ができる。そこで，仕入・調達先に対して仮説（H_8）を設定する。この点は本研究の特徴的な分析であるといえる[14]。

H_8：前年度のキャッシュ・コンバージョン・サイクル（棚卸資産回転日数＋売上債権回転日数－買入債務回転日数）を仕入・調達先の抱くレピュテーションを代替する操作変数とする。このとき，他の条件が等しければ，経営者は当年度のキャッシュ・コンバージョン・サイクルを短くするために利益増加型もしくは利益減少型の裁量行動を選択する。

キャッシュ・コンバージョン・サイクルとは，キャッシュ・コンバージョ

ン・サイクル（cash conversion cycle; CCC）＝棚卸資産回転日数（inventory turnover period; ITP）＋売上債権回転日数（receivables turnover period; RTP）－買入債務回転日数（payables turnover period; PTP）と定義される。これまでの議論から，以下の(8)式が示すように前年度よりも当年度のキャッシュ・コンバージョン・サイクルが小さくなるような裁量行動が求められる。I_{t-1} と I_t は前年度と当年度の棚卸資産，R_{t-1} と R_t は前年度と当年度の売上債権，TP_{t-1} と TP_t は前年度と当年度の買入債務，S_{t-1} と S_t は前年度と当年度の売上高を示している。また，(8)式の左辺は前年度のキャッシュ・コンバージョン・サイクル，右辺は当年度のキャッシュ・コンバージョン・サイクルを表している。

$$\{(I_{t-1}/S_{t-1})+(R_{t-1}/S_{t-1})-(TP_{t-1}/S_{t-1})\}\times 365$$
$$>\{(I_t/S_t)+(R_t/S_t)-(TP_t/S_t)\}\times 365 \quad \cdots\cdots(8)$$

(8)式を満たすためには $S_{t-1}<S_t$，$I_{t-1}>I_t$，$R_{t-1}>R_t$ となるような裁量行動を選択する必要がある。そこで，当年度の売上高を増加させる，あるいは当年度の売上債権や棚卸資産を圧縮することによって前年度よりも当年度のキャッシュ・コンバージョン・サイクルを減少させることができる[15]。ゆえに経営者は，前年度のキャッシュ・コンバージョン・サイクルをベンチマークとして当年度のキャッシュ・コンバージョン・サイクルを短くするために利益増加型もしくは利益減少型の裁量行動を選択すると予想する[16]。なお，売上債権や買入債務を増減させることによっても(8)式を満たすことは可能であるが，本研究の対象とする裁量行動ではないため，そのような増減はないものとする。

2.5 労働組合・従業員仮説

経営者と従業員の関係について分析を行った Bowen et al.（1995）の研究では，研究開発費を用いた分析が行われた。しかしこの操作化の詳細な説明は記述されていない。

そこで本研究では，労働組合・従業員の暗黙的請求権として企業の福利厚

生に着目し，労働組合・従業員の抱くレピュテーションを前年度の労働分配率（labor's share; LS）によって代替する。経営者は裁量行動によって操作が可能な労働分配率を前年度よりも高くしたいというインセンティブをもつと予想する。そこで，労働組合・従業員に対して仮説（H_9）を設定する。

H_9：前年度の労働分配率（人件費／付加価値）を労働組合・従業員の抱くレピュテーションを代替する操作変数とする。このとき，他の条件が等しければ，経営者は当年度の労働分配率を高めるために利益減少型の裁量行動を選択する。

労働分配率とは付加価値に占める人件費の割合を示す指標である。春闘や労使交渉において，付加価値のうちどの程度を人件費[17]に回すかという基準として取り上げられることが多い。労働分配率が高ければ，福利厚生の観点から労働組合・従業員の抱くレピュテーションを向上させることができる。また，優秀な従業員の獲得や会社全体のモラールアップにつながる可能性もある。逆に労働分配率が低ければ，労働組合・従業員の抱くレピュテーションを低下させてしまい，従業員のモラールダウンが生じたり，人材確保に支障が出てきたりする可能性がある。また労使問題に発展するおそれもある。そのため，労働分配率によって労働組合・従業員の抱くレピュテーションを代替することとした。

労働分配率は，労働分配率（labor's share; LS）＝人件費（labor cost; LC）／付加価値（value added; VA）と定義される。これまでの議論から，以下の(9)式が示すように前年度よりも当年度の労働分配率が高くなるような裁量行動が求められる。

$$LC_{t-1}/VA_{t-1} < LC_t/VA_t \quad \cdots\cdots(9)$$

(9)式を満たすためには $VA_{t-1} > VA_t$ となるような裁量行動を選択する必要がある。この場合，経営者が利益減少型の裁量行動を選択することで前年度よりも当年度の労働分配率を増加させることができる。ゆえに経営者は，前年

度の労働分配率をベンチマークとして当年度の労働分配率を高くするために利益減少型の裁量行動を選択すると予想する。なお，人件費を増減することは本研究の対象とする裁量行動ではないため，そのような増減はないものとする。

　以上が，本研究で取り上げる仮説である。各利害関係者ごとにたてられた仮説および操作化を要約したものを図表6-1に示す。

図表6-1　各利害関係者ごとの操作化の要約

利害関係者	暗黙的契約（企業に対する利害関係者の暗黙的請求権）	裁量行動と関連する暗黙的契約	代替変数
H1 株主	株価の維持・上昇 自己株式取得による還元 配当の維持・増加	配当支払能力	配当性向（DPR）
H2 債権者	安全性（元本，利子を遅滞なく支払ってほしい） 配当などのキャッシュアウトをしてほしくない	債務支払能力 利息支払能力	固定長期適合率（FLTCR） インタレスト・カバレッジ（ICR）
H3 得意先・顧客	品質，サービス，値ごろ感（費用対効果） 商品・製品，サービスの向上（イノベーション），品質の向上，低価格 商品・製品，サービスを広告をしてほしい，情報提供してほしい	商品・製品やサービスの訴求力やブランド力 投資効率 訴求効果	売上高売上総利益率（GMR） 売上高研究開発費比率（RRDS） 売上高広告宣伝費比率（RAS）
H4 仕入・調達先	安全性（購入代金を遅滞なく支払ってほしい）	代金支払能力 現金創出能力	買入債務回転日数（PTP） キャッシュ・コンバージョン・サイクル（CCC）
H5 労働組合・一般従業員	長期雇用・終身雇用，雇用保障 定昇，人事評価，教育訓練制度 福利厚生	福利厚生	労働分配率（LS）

出所：筆者作成。

3 裁量的会計行動の測定

本節では，裁量行動の測定と代理変数について説明する。そもそも会計利益とは，営業活動によるキャッシュフロー（cash flow from operation; CFO）と会計発生高（total accruals; TA）によって構成されている。現金主義による利益が営業活動によるキャッシュフローに，発生主義による収支が会計発生高に反映されると考えることができる。このうち，会計発生高は経営者の裁量的な部分を反映した裁量的会計発生高（discretionary accounting accruals; DAA）と非裁量的な部分である非裁量的会計発生高（non-discretionary accounting accruals; NAA）に区分される。そのため，会計的裁量行動はこのDAAによって測定されるのである。DAAがプラスであれば利益増加型の裁量行動，マイナスであれば利益減少型の裁量行動が選択されていることになる。

しかしながら，ここまでの説明では営業活動によるキャッシュフローの項目における裁量行動の可能性を無視している。実際の取引を操作することで営業活動によるキャッシュフローを調整することは可能である。この点に注目した研究こそ近年注目される実体的裁量行動の研究である。

ではここで，会計的裁量行動の代理変数であるDAAの算定について説明する。DAAの算定には，会計利益（net income; NI）[18]からCFOを控除し，TA[19]を算定するところから始まる。そしてTAからNAAを控除することによりDAAを算定する。したがって，DAAを算定するためには，NAAを特定する必要がある。

先行研究では，Jones（1991）によって提示されたJonesモデルを起点として，修正Jonesモデル，CFO Jonesモデル，CFO修正Jonesモデル，Forward Lookingモデル（Dechow et al, 2003, pp. 359-363）と，NAAの推定モデルの説明力は徐々に上昇し深化を重ねてきた。また，日本においてはCFO修正Jonesモデルの説明力が高いことが示されている（須田・首藤，2004, p. 20）。そこで本研究では，代表的な4つの推定モデルのうち，CFO修正Jonesモデルを用いてそれぞれNAAの予測値を推定し，DAAを算定する方法を採用する。以下，CFO修正Jonesモデルを示す。

第6章　リサーチ・デザイン

$$NAA_{i,t}/A_{i,t-1} = \alpha_0 + \beta_1\ (1/A_{i,t-1}) + \beta_2(\Delta REV_{i,t} - \Delta REC_{i,t}/A_{i,t-1})$$
$$+ \beta_3(PRE_{i,t}/A_{i,t-1}) + \beta_4(\Delta CFO_{i,t}/A_{i,t-1}) + \varepsilon_{i,t}$$

ただし，$NAA_{i,t}$：t 期における i 企業の非裁量的会計発生高，$\Delta REV_{i,t}$：$t-1$ 期と t 期の売上高の差額，$\Delta REC_{i,t}$：$t-1$ 期と t 期の売上債権の差額，$PRE_{i,t}$：t 期における i 企業の償却性固定資産，ΔCFO：$t-1$ 期における i 企業の営業活動によるキャッシュフローの差額，$A_{i,t-1}$：$t-1$ 期における i 企業の期末総資産，ε：誤差項

モデルの推定には最小二乗法（OLS）を用いる。不均一分散の問題を緩和するために，すべての変数を前年度末総資産額で基準化して推定する。また，業種を考慮したクロスセクションによる推定を実施する。そして，得られた NAA の予測値を TA の実績値から控除することで DAA を算定し会計的裁量行動の代理変数として扱う。

次に，Roychowdhury（2006）の研究に依拠して売上高操作（sales manipulation），裁量的費用の削減（reduction of discretionary expenditures）および過剰生産（overproduction）の3つの実体的裁量行動に着目する。そして，それぞれの実体的裁量行動の代理変数の算定について説明する。

まず売上高操作とは，値引販売などを行うことで販売量を増やし売上高を増加させることで利益を捻出することである。利益率がプラスである場合，売上高操作によって売上高が増加すれば利益は増加する。しかしながら，値引販売は販売価格を切り下げるため，たとえ販売量を増やすことができたとしても売上高単位あたりのキャッシュインフローは減少する。したがって，売上高操作を行うと正常な営業活動と比較して，当年度における営業活動によるキャッシュフローの減少や売上高操作にともなう製造原価や裁量的費用の増加が見込まれる。

裁量的費用の削減とは，研究開発費や広告宣伝費などの支出を削減することにより利益を捻出することである。裁量的費用の削減を行うと削減した分だけ利益が増加する。また，裁量的費用を現金払いしていると仮定すると，削減した分だけ営業活動によるキャッシュフローが増加すると考えられる。

過剰生産とは，経営者が通常の生産量よりも多くの製品を製造し，製品一単位あたりの固定費を低く計上することで利益を捻出させることである。た

だし，過剰生産によって製品一単位あたりの固定費を低減できたとしても製造原価自体は増加する。また，通常の生産量以上に製造した製品を当年度中にすべて売却し現金回収できるとは限らない。それゆえ，過剰生産を行うと製造原価の増加と営業活動によるキャッシュフローの低下が予測される。

本研究では，Roychowdhury（2006）が提示したモデルを援用して営業活動によるキャッシュフロー，裁量的費用，製造原価の期待値を推定し，得られた期待値をそれぞれの実績値から控除することによって異常営業キャッシュフロー（abCFO），異常裁量的費用（abDE），異常製造原価（abMC）を算定する。以下にRoychowdhury（2006）の提示した3つの推定モデルを示す。実体的裁量行動を選択していれば通常の営業活動の範囲を超える営業活動によるキャッシュフロー，裁量的費用，製造原価が観察されるはずである。

1. 売上高操作

$$CFO_{i,t}/A_{i,t-1} = \alpha_0 + \alpha_1(1/A_{i,t-1}) + \beta_1(S_{i,t}/A_{i,t-1}) + \beta_2(\Delta S_{i,t}/A_{i,t-1}) + \varepsilon_{i,t}$$

2. 裁量的費用の削減

$$DE_{i,t}/A_{i,t-1} = \alpha_0 + \alpha_1(1/A_{i,t-1}) + \beta_1(S_{i,t-1}/A_{i,t-1}) + \varepsilon_{i,t}$$

3. 過剰生産

$$PD_{i,t}/A_{i,t-1} = \alpha_0 + \alpha_1(1/A_{i,t-1}) + \beta_1(S_{i,t}/A_{i,t-1}) + \beta_2(\Delta S_{i,t}/A_{i,t-1}) + \beta_3(\Delta S_{i,t-1}/A_{i,t-1})\varepsilon_{i,t}$$

ただし，$CFO_{i,t}$：t期におけるi企業の営業活動によるキャッシュフロー，$DE_{i,t}$：t期におけるi企業の裁量的費用（研究開発費＋広告宣伝費＋拡販費・その他販売費＋役員賞与・報酬＋人件費・福利厚生費），$PD_{i,t}$：t期におけるi企業の製造原価（売上原価＋期末棚卸資産－期首棚卸資産），$A_{i,t-1}$：$t-1$期におけるi企業の期末総資産，$S_{i,t}$：t期におけるi企業の売上高，$S_{i,t-1}$：$t-1$期におけるi企業の売上高，$\Delta S_{i,t}$：$t-1$期とt期の売上高の差額，$\Delta S_{i,t-1}$：$t-2$期と$t-1$期の売上高の差額，ε：誤差項

それぞれのモデルの推定には最小二乗法（OLS）を用いる。不均一分散の問題を緩和するために，すべての変数を前年度末総資産額で基準化して推定する。また，業種を考慮したクロスセクションによる推定を行う。そして，得られた CFO，DE，MC の期待値を企業の正常な事業活動によって得られた値とし，これらを実績値から控除することにより abCFO，abDE，abMC を算定する。これらは企業の異常な事業活動によって得られた値と仮定し実体的裁量行動の代理変数として扱う。

なお，山口（2011）の研究を参考に，abCFO および abDE の値には－1 を乗じたものを代理変数とする。このように工夫することで，abCFO，abDE，abMC の値が正（負）であれば利益増加型の実体的裁量行動を行った（控えた）ことを示すようになる。具体的には，abCFO あるいは abMC が正（負）であれば売上高操作および過剰生産を行った（控えた）と判断でき，また abDE が正（負）であれば裁量的費用の削減を行った（控えた）と解釈できる（山口，2011，p.65）。

以上が，本研究で用いる裁量行動の測定方法である。測定される会計的裁量行動と実体的裁量行動の関係とその代理変数について要約したものを図表6-2にまとめる。

4　推定モデル

本研究では前年度ベンチマークモデルを用いて検証する。このモデルの係数を最小二乗法（OLS）で推定することにより，裁量行動に与えるレピュテーションの影響について分析する。

$$DA_{i,t} = \beta_0 + \beta_1 DPR_{i,t-1} + \beta_2 FLTGR_{i,t-1} + \beta_3 ICR_{i,t-1} + \beta_4 GMR_{i,t-1} + \beta_5 RRDS_{i,t-1}$$
$$+ \beta_6 RAS_{i,t-1} + \beta_7 PTP_{i,t-1} + \beta_8 CCC_{i,t-1} + \beta_9 LS_{i,t-1} + \beta_{10} COMP_{i,t-1} + \beta_{11} LER_{i,t-1}$$
$$+ \beta_{12} IT_{i,t-1} + \beta_{13} MS_{i,t-1} + \beta_{14} FIS_{i,t-1} + \beta_{15} BS_{i,t-1} + \beta_{16} FS_{i,t-1} + \beta_{17} S_{i,t-1} + industry$$
$$+ year + \varepsilon_{i,t}$$

ただし，$DA_{i,t}$：裁量的会計行動（$DAA_{i,t}$：裁量的会計発生高，$abCFO_{i,t}$：異常営業

図表 6-2　裁量的会計発生高（DAA），異常営業キャッシュフロー（abCFO），異常裁量的費用（abDE），異常製造原価（abMC）の関係

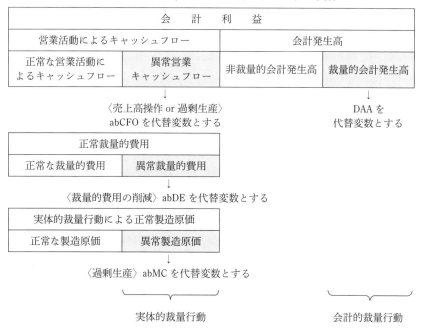

キャッシュフロー，$abDE_{i,t}$：異常裁量的費用，$abMC_{i,t}$：異常製造原価），$DPR_{i,t-1}$：配当性向，$FLTCR_{i,t-1}$：固定長期適合率，$ICR_{i,t-1}$：インタレスト・カバレッジ，$GMR_{i,t-1}$：売上高売上総利益率，$RRDS_{i,t-1}$：売上高研究開発費比率，$RAS_{i,t-1}$：売上高広告宣伝費比率，$PTP_{i,t-1}$：買入債務回転日数，$CCC_{i,t-1}$：キャッシュ・コンバージョン・サイクル，$LS_{i,t-1}$：労働分配率，$COMP_{i,t-1}$：役員賞与・役員報酬，$LER_{i,t-1}$：負債比率，$IT_{i,t-1}$：法人税等支払額，$MS_{i,t-1}$：役員持株比率，$FIS_{i,t-1}$：金融機関持株比率，$BS_{i,t-1}$：事業法人持株比率，$FS_{i,t-1}$：外国法人持株比率，$S_{i,t-1}$：売上高，industry：産業ダミー，year：年度ダミー，ε：誤差項

　前年度ベンチマークモデルとは，説明変数ならびに統制変数については前年度のラグデータをとり，被説明変数については本年度のデータを配置することにより，前年度の会計数値をベンチマークとして裁量行動を選択しているかを検証するモデルである。各利害関係者ごとに操作化したレピュテー

ションの代替変数の他に，裁量行動の他の動機を統制するための変数を配置する。

　まず，機会主義的行動を統制する目的として，報酬契約仮説（ボーナス制度仮説）の検証で用いられる役員賞与・報酬（役員賞与と役員報酬の合計額），効率的契約を統制する目的として，債務契約仮説（財務制限条項仮説）の検証で用いられる負債比率（負債合計／自己資本），政府契約仮説（政治コスト仮説）[20]の検証で用いられる企業規模（売上高）を加える。

　次に，節税仮説の検証で用いられる法人税等支払額（法人税・住民税および事業税，法人税等調整額，過年度法人税等追徴・還付額の合計額），株式所有構造仮説の検証で用いられる役員持株比率（役員持株数／発行済株式総数），金融機関持株比率（金融機関持株数／発行済株式総数），事業法人持株比率（事業法人持株数／発行済株式総数），外国法人持株比率（外国法人持株数／発行済株式総数）も統制変数として投入する。

　最後に，年度変化や産業の違いを統制するために，年度ダミー（2003，2004，2005，2006，2007，2008，2009，2010年）と産業ダミー（食品，繊維，パルプ・紙，化学，医薬品，ゴム，窯業，鉄鋼，非鉄金属製品，機械，電気機器，自動車，輸送用機器，精密機器，その他製造，建設，商社，小売，不動産，陸運，海運，倉庫，通信，サービス）を投入し，年度においては初年度を，産業においては食品業をリファレンスとする。なお，モデルに変数を投入して分析を進めるさいにはすべて変数を標準化（standardization）している。

5　サンプルの選択および変数の入手方法

　本節では，サンプルの選択および変数の入手方法について説明する。分析対象期間であるが，データの入手可能性により CFO 修正 Jones モデルによる検証では 2005 年 3 月期から 2010 年 3 月期とし，Roychowdhury モデルによる検証では 2003 年 3 月期から 2010 年 3 月期とした。分析対象企業については，わが国の企業のうち以下の①から⑧の要件を満たすものを選択し個別財務諸表のデータを用いて分析する。

① わが国のいずれかの証券取引所に上場している企業
② わが国の会計基準を採用している企業
③ 銀行，証券，保険，その他金融，電力，ガス，鉄道，空運業に属していない企業
④ 3月決算の企業
⑤ 決算期間が 12 カ月である企業
⑥ 分析対象期間において決算期の変更を行っていない企業
⑦ 分析に必要なデータが入手可能である企業
⑧ 同一産業かつ同一年の中で，8 企業－年以上のサンプルがあること [21]

　分析に必要な財務データは『NEEDS 日経財務データ DVD 版』（日本経済新聞デジタルメディア）から入手した。また，異常値や外れ値の影響を緩和するために各変数の上下 1％ を排除した。その結果，最終的なサンプル数は CFO 修正 Jones モデルによる検証が 3,165 企業－年，Roychowdhury モデルによる検証が 4,506 企業－年となった。調査の結果と分析については第 7 章で述べる。

注

1　操作化（operationalization）とは，理論の構成要素となる概念を観察可能な変数に展開することである。
2　この条件以外にも，仮説の因果関係が確立するために説明変数と被説明変数との間に時間的優先，相関関係の存在，他の要因の排除という 3 つの条件を満たす必要がある（Lazarsfeld, 1959, pp. 39-78）。この 3 条件を満たさなければ，説明変数と被説明変数との間に因果関係があることを証明することができなくなる。時間的優先とは，結果に対する原因の時間的先行性のことである。つまり，原因が結果よりも先行していることであり説明変数が被説明変数よりも時間的に先行する必要がある。次に相関関係の存在とは，2 つの変数間に相関関係が存在していることである。これについては相関分析を行うことで 2 変数間の相関関係を明らかにする。最後に他の要因の排除とは，相関関係が第 3 の変数による疑似相関でないことである。これについては先行研究によって明らかにされた要因を統制変数として加えることで対処する。

3 配当行動に関するサーベイ調査については、Lintner（1956），Brav et al.（2005），花枝・芹田（2009）といった研究が挙げられる。
4 配当平準化行動に関する実証分析については，Lintner（1956），佐々木・花枝（2010）の研究を挙げることができる。
5 配当政策と裁量行動の関係について検証した実証分析については，岡部（1996），Daniel et al.（2008）の研究を挙げることができる。
6 一般に，成熟企業ほど配当性向は高く成長企業ほど配当性向は低いと考えられる。なぜならば，成長企業は配当を抑制しそれを事業への再投資に回すためである。プロダクト・ポートフォリオ・マネジメント理論においても，成熟企業が成長企業よりもより多くのキャッシュを生み出すことが説明されることから，配当性向による操作化の妥当性がある。
7 財務制限条項仮説や負債比率仮説を検証した研究には，Press and Weintrop（1990），DeAngelo et al.,（1994），Sweeney（1994），DeFond and Jiambalvo（1994）といったものが挙げられる。
8 木村・山本・辻川（2007）の研究によれば，業績悪化企業が資金繰りの確保のために売上債権の早期回収する場合には割引が行われる可能性が高いとされる。これにより資金繰りは改善するものの，割引料・支払利息の発生によってインタレスト・カバレッジは悪化することになる（木村・山本・辻川，2007，pp. 11-12）。そのため，インタレスト・カバレッジの低下は債権者に対して企業の資金繰りが悪化しているのではないかという疑念を抱かせてしまう可能性もある。青木（2012）によれば，インタレスト・カバレッジは3倍以上が望ましいとされる（青木，2012, p. 181）。
9 売上総利益率は企業収益の根本的要因であることから，経営者は売上総利益率を高めるためにできるかぎりの原価圧縮を行ったり，ブランド価値を高めて商品やサービスの訴求力を高める試みを行っている。ブランドによって商品やサービスの訴求力が高まれば，高い価格を設定することも可能となり売上総利益率の増加が期待される。また，付加価値を上乗せした高品質商品やハイスペック商品，新商品を提供することも売上総利益率の増加に貢献すると考えられる。
10 積極的な販売活動や値引き（値上げ），割戻し（リベートの支払い）といった実体的裁量行動によって売上高の増加が図られた場合，売上総利益が増加しても売上総利益率が減少する場合もあるので解釈にはとくに注意する必要がある。
11 注意しなければならない点は，分母と分子に入る金額が期末時点の金額であるということである。本来，当期の売上高の達成に貢献した研究開発投資は当期以前のものとも考えられる。また，企業の思い切った研究開発投資によっては比率が大きく上昇することもある。そのため，より詳細な分析には時系列分析が必要となる。
12 広告宣伝ではなく，商品やサービス，もしくは企業そのものが訴求力をもつ（プロダクトブランドやコーポレートブランド）場合もある。この場合には，広

告宣伝費が少なくても大きな訴求効果をもたらす可能性もある。加えて，売上高研究開発費比率と同様に，分母と分子に入る金額は期末時点での金額であり，当期の売上高の達成に貢献した広告宣伝投資は当期以前のものとも考えられる。こうした点に注意が必要である。

13　この点については梶田（2009），大津（2009），新美（2011）らの研究を参照されたい。

14　先行研究を概観すると，キャッシュ・コンバージョン・サイクルが短いほど利益率や資本収益性が高いことを明らかにしている。詳細については，Jose et al.（1996），Lazaridis and Tryfonidis（2006），García-Teruel and Martínez-Solano（2007），梶田（2009），Baños-Caballero et al.（2010），Charitou et al.（2010），来栖（2010, 2012），新美（2011）の研究を参照されたい。

15　来栖（2010）によれば，他の事項を所与とした場合，貸倒見積額の過大計上によってキャッシュ・コンバージョン・サイクルを減少させることができるとされる。また，キャッシュ・コンバージョン・サイクルの改善によって享受するであろうベネフィット（改善された信用力など）が貸倒のリスクを上回る限り，経営者はキャッシュ・コンバージョン・サイクルの改善を指向した貸倒引当金の過大計上を選好すると指摘している。来栖（2010）はこのような経営者のインセンティブを「悪意なき恣意性」と定義している（来栖，2010, pp. 62-63）。

16　キャッシュ・コンバージョン・サイクルについては，「混合属性に起因した，理論的整合性を欠いた財務指標」（来栖，2010, p. 58）との指摘もなされる。その理由は，3つの構成要素の分母はフロー情報，分子はストック情報であるため，分母と分子の異なる属性数値によって算定されたキャッシュ・コンバージョン・サイクルは歪みをもつというものである。それを是正するために，貸借対照表項目の数値については期首と期末の単純平均値を用いるのが一般的である。また3つの構成要素の分母に売上高を用いる場合と売上原価を用いる場合があるが，いずれを採用しても理論的整合性の問題と混合属性による歪みの問題が生じてしまう。そこで本研究では，利益を増減させる裁量行動に着目するという視点から，3つの構成要素についてはすべて売上高を用いて算定されたものを採用する。

17　ここでいう人件費について，日本経済新聞出版社の『日経経営指標2011年版』によれば人件費＝製造原価中の労務費・福利厚生費＋販管費中の役員報酬・賞与・給料手当・退職金・退職給付引当金繰入額・福利厚生費と定義されている。本研究においても同様の算出方法を採用している。

18　本研究では浅野・首藤（2007）の研究に依拠し税引後経常利益を用いることとする。税引後経常利益は，税引後経常利益＝当期純利益－特別利益合計額＋特別損失合計額と算定し，特別損益項目を用いた実体的裁量行動を検証範囲から除外することを目的としている（浅野・首藤，2007, p. 91）。

19　会計発生高は，会計発生高＝（Δ流動資産－Δ現金預金）－（Δ流動負債－Δ資金調達項目）－（Δ長期性引当金＋減価償却費）として算定する。Δ資金調達項目は，Δ資金調達項目＝Δ短期借入金＋Δコマーシャル・ペーパー＋Δ1年内返済の長期借入金＋Δ1年内返済の社債・転換社債と算定する。またΔ長期性引当金は，Δ長期性引当金＝Δ売上債権以外の貸倒引当金＋Δ退職給付（給与）引当金＋Δ役員退職慰労引当金＋Δその他の長期性引当金と算定する。このように会計発生高を算定することにより，キャッシュフロー計算書がなくても会計発生高を算定することが可能となる（浅野・首藤，2007，p.92）。

20　企業規模の大きい企業はそれだけ政治コストを負担している。そのため，企業規模の大きい企業の経営者は政治コストの水準を低くするために利益減少型の裁量行動を選択する。

21　これは，首藤（2010）のアプローチを参考にしている（首藤，2010，p.113）

第7章

調査の結果と分析
―前年度ベンチマークモデルを用いた経験的な検証―

1　はじめに

　本章の目的は，前章のリサーチ・デザインをもとに，レピュテーションが経営者の裁量行動に影響を与えるという命題について経験的に検証することである。前章において記述したように，本研究では因果構造モデルをより精緻化させた前年度ベンチマークモデルを用いて検証する。

　第2節では変数の基本統計量，第3節では変数の相関係数を取り上げる。そして第4節にて推定モデルの結果を報告し，発見事項についての分析と解釈を行う。さらに第5節にて追加的検証を行う。最後に第6節において，本章における検証の要約を行うとともに，研究の限界と今後の研究課題についても明らかにする。

2　基本統計量

　本節では変数の基本統計量を提示する。図表7-1は，DAAとそれに対応した説明変数，統制変数の基本統計量を示している。また図表7-2は，abCFO，abDE，abMCとそれぞれに対応した説明変数，統制変数の基本統計量を示している。なお，産業ダミー，年度ダミーについては省略している。

図表 7-1　DAA ならびにそれに対応した変数の基本統計量

対象期間 (2005-2010年)	DAA	DPRt-1	FLTCRt-1	ICRt-1	GMRt-1	RRDSt-1	RASt-1	PTPt-1	CCCt-1
平均値	.00	90.40	76.24	127.35	23.25	.04	1.41	52.10	75.70
最小値	-1.30	.00	.00	-2438.00	-22713.00	.00	.00	.00	-1476.73
1 Q	-.02	19.60	53.86	3.52	12.91	.01	.08	23.03	29.92
中央値	.00	31.42	73.43	11.73	20.55	.02	.36	46.07	62.46
3 Q	.02	50.53	94.40	42.12	31.17	.04	1.33	72.82	104.21
最大値	1.53	173670.00	5069.00	60320.00	100.00	23.00	200.00	2106.00	9900.15
標準偏差	.07	2041.07	57.19	930.58	197.59	.38	3.99	59.71	125.44
度　数	13129	11124	13365	11893	13367	6992	8798	13367	13367

対象期間 (2005-2010年)	LSt-1	COMP	LER	IT	MS	FIS	BS	FS	S
平均値	1.64	170.43	199.46	2106.32	.07	.21	.27	.09	125671.64
最小値	-111.00	1.00	.03	-112444.00	.00	.00	.00	.00	.00
1 Q	.49	82.00	48.72	76.00	.00	.10	.12	.01	9633.00
中央値	.63	130.00	98.65	347.00	.01	.19	.24	.04	24503.00
3 Q	.76	205.00	187.55	1177.00	.09	.31	.39	.13	72188.00
最大値	47.43	3307.00	313908.33	495083.00	1.42	.69	.94	.80	12291218.00
標準偏差	1.64	163.96	2903.53	11591.69	.12	.14	.19	.11	542125.12
度　数	13361	11299	13346	13373	12114	12114	12114	12114	13373

出所：筆者作成。

　まず，図表7-1のDAAの平均値をみると0.00と正の値を示している。このことから，分析対象期間である2005年3月から2010年3月にかけて，経営者が利益増加型の会計的裁量行動を選択していることがわかる。

　次に，次ページの図表7-2のabCFO，abDE，abMCの平均値をみると，－1164437239，1123781078，－1.852E＋11という値が示されている。このことから，分析対象期間である2003年3月から2010年3月にかけては裁量的費用の削減による利益増加型の実体的裁量行動が確認できる。

3　相関係数

　本節では各変数の相関係数（Pearson）について明らかにする。図表7-3は，DAAとそれに対応した説明変数の相関係数を示している。また図表7-4は，abCFO，abDE，abMCとそれぞれに対応した説明変数の相関係数を

第7章 調査の結果と分析

図表7-2 abCFO, abDE, abMC ならびにそれに対応した変数の基本統計量

対象期間 (2003-2010年)	ab CFO	ab DE	ab MC	DPRt-1	FLTCRt-1	ICRt-1	GMRt-1	RRDSt-1	RASt-1	PTPt-1
平均値	-1164437239	1123781078	-1.852E+11	91.66	78.77	125.26	23.43	.04	1.35	53.28
最小値	-9.81E+12	-6.43E+12	-1.134e+14	.00	.00	-2438.00	-22713.00	.00	.00	.00
1Q	-31757713.30	-6382819.87	-3897791017.00	19.18	54.20	3.01	12.90	.01	.08	24.44
中央値	-168075.54	1773877.74	-486550434.00	31.52	73.79	10.38	20.32	.02	.33	47.39
3Q	23890108.06	39230061.86	-76433235.60	52.96	95.15	36.83	30.93	.04	1.25	74.38
最大値	6.13E+12	2.44E+12	1.81176E+13	173670.00	12222.00	64761.00	100.00	23.00	200.00	2106.00
標準偏差	1.94E+11	1.25E+11	2.5392E+12	1819.18	140.72	1142.68	172.80	.33	3.74	56.17
度数	17522	17522	17522	14138	17509	15724	17514	9383	12102	17514

対象期間 (2003-2010年)	CCCt-1	LSt-1	COMP	LER	IT	MS	FIS	BS	FS	S
平均値	77.52	.62	171.50	221.55	1763.95	.07	.22	.27	.08	123739.79
最小値	-1476.73	-111.00	1.00	.03	-230249.00	.00	.00	.00	.00	.00
1Q	31.41	.50	82.00	50.74	53.00	.00	.11	.12	.00	9669.00
中央値	64.68	.64	131.00	102.37	307.00	.01	.20	.24	.03	24314.50
3Q	107.15	.76	208.00	195.86	1063.00	.09	.31	.39	.11	71598.75
最大値	9900.15	59.64	3307.00	313908.33	495083.00	1.42	.71	.99	.80	12291218.00
標準偏差	118.37	1.54	161.78	2752.93	11769.93	.12	.14	.19	.10	535379.72
度数	17514	17503	15214	17480	17522	15759	15759	15759	15759	17522

出所:筆者作成。

示している。なお,統制変数,産業ダミー,年度ダミーについては省略している。

まず図表7-3の相関係数をみると,DAAとFLTCR,RRDS,RAS,PTPが統計的に有意な正の相関,DAAとGMR,CCCが統計的に有意な負の相関をもっていることがわかる。また,説明変数間に多重共線性が疑われるような強い相関関係は見当たらない。

次に図表7-4の相関係数をみると,abCFOとDPRが統計的に有意な正の相関,abDEとDPRが統計的に有意な正の相関,abMCとCCCが統計的に有意な負の相関,abMCとDPRが統計的に有意な負の相関が確認できるも,それ以外の相関は見当たらない。また図表7-4においても,説明変数間に多重共線性が疑われるような強い相関関係は見当たらないが,被説明変数間には統計的に有意な強い正の相関があることがわかった。各相関係数はabCFOとabDEが0.512, abCFOとabMCが0.354, abDEとabMCが0.228

図表7-3　DAA ならびにそれに対応した変数の相関係数

	DAA	DPRt-1	FLTCRt-1	ICRt-1	GMRt-1	RRDSt-1	RASt-1	PTPt-1	CCCt-1	LSt-1
DAA	1.000									
DPRt-1	-.010	1.000								
FLTCRt-1	.028**	.004	1.000							
ICRt-1	-.011	-.004	-.047**	1.000						
GMRt-1	-.199**	-.018	.000	.012	1.000					
RRDSt-1	.072**	-.001	-.043**	.021	.137**	1.000				
RASt-1	.097**	.021	-.019	.026*	-.180**	.087**	1.000			
PTPt-1	.029**	-.005	.032**	-.040**	-.033**	-.061**	-.104**	1.000		
CCCt-1	-.049**	-.007	-.105**	-.007	-.097**	.132**	.008	.044**	1.000	
LSt-1	-.005	.015	.001	-.012	.002	-.012	-.038**	.011	.003	1.000

注：**:p<0.01, *:p<0.05.
出所：筆者作成。

図表7-4　abCFO，abDE，abMC ならびにそれに対応した変数の相関係数

	ab CFO	ab DE	ab MC	DPRt-1	FLTCRt-1	ICRt-1	GMRt-1	RRDSt-1	RASt-1	PTPt-1	CCCt-1	LSt-1
ab CFO	1.000											
ab DE	.512**	1.000										
ab MC	.354**	.228**	1.000									
DPRt-1	.020*	.033**	-.032**	1.000								
FLTCRt-1	.002	.000	-.003	.003	1.000							
ICRt-1	-.004	-.001	.004	-.004	-.017*	1.000						
GMRt-1	-.001	-.003	.005	-.017*	-.002	.012	1.000					
RRDSt-1	.017	.000	.003	-.001	-.041**	.023*	.134**	1.000				
RASt-1	-.004	-.011	.016	.018	-.022*	.036**	-.156**	.084**	1.000			
PTPt-1	.005	.003	.010	-.003	.007	-.036**	-.036**	-.061**	-.124**	1.000		
CCCt-1	-.001	.002	.028**	-.003	-.036**	-.006	-.088**	.123**	-.006	.087**	1.000	
LSt-1	.004	.003	-.001	.016	-.002	-.012	.001	-.012	-.040**	.016*	.014	1.000

注：**:p<0.01, *:p<0.05.
出所：筆者作成。

である。

4　推定モデルの結果と分析

　本節では，前年度ベンチマークモデルによる DAA, abCFO, abDE, abMC の推定結果を図表7-5 に示す。DAA は会計的裁量行動であり，abCFO, abDE, abMC は実体的裁量行動である。なお，すべてのモデルについて F 検定を行った結果，モデルの有意性は確かめられている。また，共線性の統

図表7-5　前年度ベンチマークモデルの推定結果

	DAA	ab CFO	ab DE	ab MC
DPRt-1	-.006	-.009	-.002	-.005
FLTCRt-1	-.070 **	.055	-.086 †	.087 **
ICRt-1	-.005	.021 **	.031 ***	.012 ***
GMRt-1	.243	-2.517 ***	-.751 ***	-.948 ***
RRDSt-1	.100	4.919 ***	1.896 ***	.882 ***
RASt-1	-.008	.068 **	-.007	.019
PTPt-1	.026	.023	.002	.016
CCCt-1	-.071 **	-.120 ***	-.058 **	-.059 ***
LSt-1	.026	-.835 ***	-.684 ***	-.559 ***
COMP	.005	.127 ***	.071 ***	.165 ***
LER	.099	-.035	.002	.007
IT	.033 **	-.780 ***	-.977 ***	-.316 ***
MS	.003	-.027	-.019	-.013
FIS	.001	-.093 ***	-.047 **	.004
BS	.003	-.058 **	-.017	-.005
FS	-.013	.008	.037 **	.088 ***
S	-.035 **	.043 *	.567 ***	-.999 ***
2004Dummy		.001	.021	.020
2005Dummy		.005	.000	.012
2006Dummy	.031	.013	-.015	.009
2007Dummy	.015	-.018	-.038	-.006
2008Dummy	-.067 *	-.032	-.057	-.044 *
2009Dummy	-.077 *	.009	-.016	-.040
2010Dummy	-.175 ***	-.056	.022	.000
R Square	.091	.528	.554	.863
Adjusted R Square	.078	.523	.550	.862
Obs.	3165	4506	4506	4506

注：*** :$p<0.001$, ** :$p<0.01$, * :$p<0.05$．
出所：筆者作成。

計量である許容度（Tolerance）とVIF（Variance Inflation Factor），ならびに共線性の診断を用いて多重共線性の有無を判断した結果，本研究で用いるモデルには多重共線性の問題はないと判断している[1]。

詳細な分析と解釈を行うために，独立行政法人統計センターのe-Stat[2]か

ら入手した分析対象期間における企業業績の推移を図表 7-6 に示す。金融業，保険業を除くすべての業種から，資本金 10 億円以上の企業をサンプルとしてデータを収集した。なお，サンプル数については，1999 年度が 5,386 社，2000 年度が 5,472 社，2001 年度が 5,559 社，2002 年度が 5,671 社，2003 年度が 5,686 社，2004 年度が 5,620 社，2005 年度が 5,616 社，2006 年度が 5,612 社，2007 年度が 5,547 社，2008 年度が 5,497 社，2009 年度が 5,456 社，2010 年度が 5,345 社となっている。

これによれば，2001 年度から 2006 年度にかけて企業業績が大きく増加しており，2007 年度から 2008 年度にかけて大きく減少する結果となっている。2007 年度から 2008 年度にかけて企業業績が悪化した要因については，2008 年 9 月のリーマン・ブラザーズの倒産を引き金とした世界的金融危機（リーマン・ショック[3]）の影響とみることができる。その後，2008 年度から 2010 年度にかけて企業業績は徐々に回復していることがわかる。

では，会計的裁量行動に関する DAA の検証結果から確認する。まず，

図表 7-6 分析対象期間における企業業績の推移

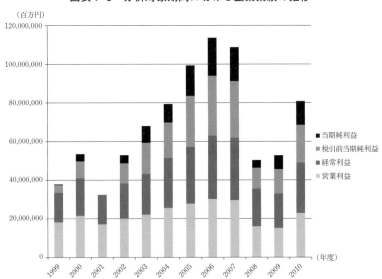

出所：独立行政法人統計センター e-Stat にもとづき筆者作成。

FLTCR が DAA に対して統計的に有意なマイナスの影響を与えることが確認された。また，CCC も DAA に対して統計的に有意なマイナスの影響を与えることが示された。これらの結果は有意水準1％で判定されている。

このことから，前年度の FLTCR が増加すると経営者は利益減少型の会計的裁量行動を選択するようである。別言すれば，前年度の FLTCR が減少すると経営者は利益増加型の会計的裁量行動を選択するということになる。図表7-7に示すように，分析対象期間における FLTCR の推移をみると，1999年度に85.5％であった FLTCR が2009年度には82.1％まで低下している。2001年度から2006年度にかけては企業業績の上昇局面であり，それによって自己資本が増加したことが FLTCR の低下の大きな要因であると考えられる。このような背景から，経営者は会計的裁量行動によってさらに自己資本を手厚くし，FLTCR を低下させることで債権者に対する心証を良くしようとしたのではないかと考えられる。

また，前年度の CCC が増加すると経営者は利益減少型の会計的裁量行動

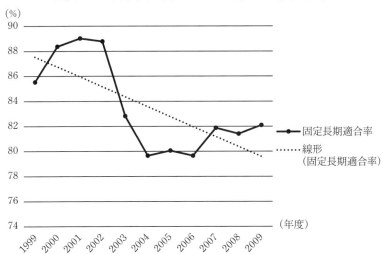

図表7-7 分析対象期間における固定長期適合率の推移

出所：NEEDS 日経財務データ DVD 版（日経メディアマーケティング）にもとづき筆者作成．

を選択するようである。これも別言すると，前年度の CCC が減少すると経営者は利益増加型の会計的裁量行動を選択するということになる。CCC を低減させるための裁量行動の手段は売上高を増加させる，棚卸資産を圧縮する，売上債権を圧縮するの3点に限定される。そのため経営者は，貸倒見積額の過大計上や棚卸資産の評価方法の変更によって CCC を低下させ，仕入・調達先の信頼を獲得しようとしていると解釈できる。

これにより概ね仮説（H_2）と（H_8）が支持された。経営者は前期の FLTCR と CCC をベンチマークとし，当期の水準が前期よりも良くなるような会計的裁量行動を選択しており，債権者や仕入・調達先の抱くレピュテーションを意識した裁量行動を選択するという結果を明らかにしている。

次に，実体的裁量行動に関する abCFO，abDE，abMC の検証結果を確認する。まず abCFO の結果を確認する。ICR，RRDS，RAS が abCFO に対して統計的に有意なプラスの影響を与えることが確認された。また GMR，CCC，LS が統計的に有意なマイナスの影響を与えることも示された。GMR，RRDS，CCC，LS については有意水準 0.1%，その他については1%で判定されている。

このことから，前年度の ICR，RRDS，RAS が増加すると経営者は売上高操作による実体的裁量行動を選択することが明らかにされた。売上高操作を行えば，ICR の分子を構成する営業利益を間接的に増加させ，ICR を高めることができる。また RRDS や RAS の分母を構成する売上高を増加させることで，RRDS や RAS を減少させることができる。

これによって概ね仮説（H_3），（H_5），（H_6）が支持されたことになる。経営者は前期の ICR，RRDS，RAS をベンチマークとし，当期の水準が前期よりも良くなるような実体的裁量行動を選択しており，債権者や得意先・顧客の抱くレピュテーションを意識した裁量行動を選択するという結果を明らかにしている。

また，前年度の GMR，CCC，LS が増加すると経営者は売上高操作による実体的裁量行動を選択しないことも示された。別言すれば，前年度の GMR，CCC，LS が減少すると経営者は売上高操作による実体的裁量行動を選択するということになる。GMR が増加しているような状況であれば，売

上高操作をしてまで利益の増加やそれにともなう比率の操作を図らないのではないかと解釈できる。しかし裏を返せば，収益性が芳しくない場合には売上高操作を実施するということを物語っている。

さらに，値引販売などの売上高操作を行うことは単位あたりの売価を切り下げることで販売量を増加させることを意味する。売上による現金収支を一定とすれば，売上高操作は売上一単位あたりのキャッシュインフローを減少させてしまう。そのため，CCC が増加しているような状況であれば，あえて売上高操作を控える傾向にあるといえる。しかし CCC が減少しているような状況であれば，営業活動によるキャッシュフローの減少を織り込んででも売上高操作によって CCC のさらなる低減に努めるのかもしれない。

LS については仮説と逆の結果が得られた。経営者は意図的に LS を高めるような行動を選択していないようである。そこで，分析対象期間における LS の推移ならびに人件費，当期純利益，付加価値額，労働分配率の推移を

図表 7-8　分析対象期間における人件費，当期純利益，付加価値額，労働分配率の推移

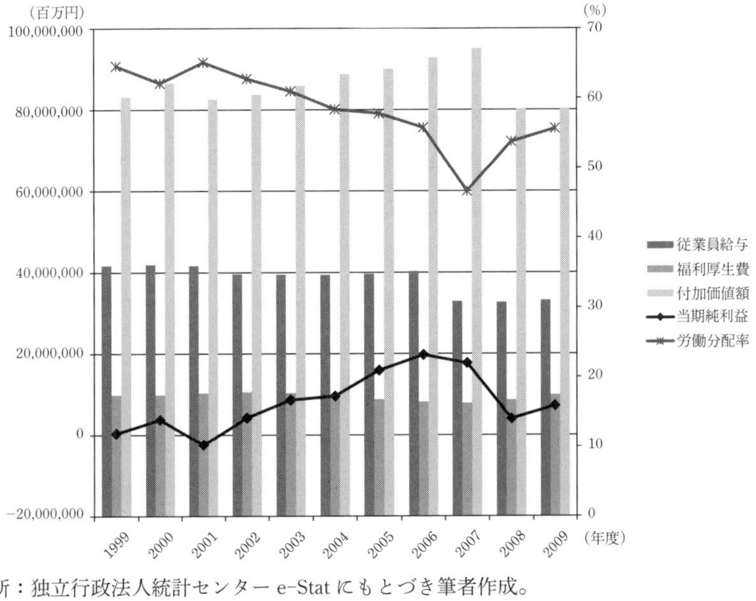

出所：独立行政法人統計センター e-Stat にもとづき筆者作成。

図表7-8に提示する。これは，独立行政法人統計センターのe-Statから金融業，保険業を除くすべての業種のうち，資本金10億円以上の企業をサンプルとしてデータを収集した。

これによれば，2001年度に62.1%であったLSが2006年度には55.8%にまで減少している。このLSの減少傾向の理由については，同年度においてLSの分母を構成する付加価値額が増加していることが挙げられる。LSの分子を構成する人件費のうち，従業員給与と福利厚生費については2001年度から2006年度にかけて一定水準を維持していることがわかる。そのため，LSの減少は付加価値額の増加，なかでも当期純利益の増加によるためと結論づけることができる。

また，2006年度から2007年度にかけて，LSが55.8%から46.7%に大きく減少している。同年度における付加価値額をみると，1兆4,000億円増加している。他方，人件費は12兆円ほど減額されている。それゆえ，2006年度から2007年度にかけてのLSの大きな減少は人件費の大幅な圧縮を行ったためと解釈される。

さらに，2007年度を境にLSは2009年度まで増加している。2007年度から2008年度の増加は，人件費が一定であるにもかかわらず付加価値額（当期純利益）が減少したことが理由といえる。その背景にはリーマン・ショックをきっかけとした世界金融不況の影響が考えられる。

以上の点を踏まえ，LSの検証結果に対しては次のような解釈を行った。LSには経営者と労働組合・一般従業員の労使間交渉における判断材料のひとつである。LSが著しく低い場合，労働組合・一般従業員はその是正を要求するであろう。他方，一度LSを高くしてしまうとその水準が次期の目標値とされてしまい，翌年の労使間交渉においては企業側に不利に働いてしまう可能性がある。そこで経営者は，労使間交渉の目標値となるLSを抑制するためにLSの過度な増加を和らげるよう売上高操作による実体裁量行動と人件費の削減を行っているのではないかと解釈する。

図表7-8によれば，2001年度まで40兆円を超えていた従業員給与は，2007年度以降32兆から33兆円に大きく減額されている。このように段階的に人件費削減を行っていることから，企業が構造改革やリストラクチャリ

ングに取り組んでいたと考えられる。そのような構造改革やリストラクチャリングの一環として、後ほど記述する裁量的費用の削減や過剰生産によるコスト削減といった実体的裁量行動も選択されたのではないかと考えられる。

これにより概ね仮説（H_4）と（H_8）が支持された。経営者は前期のGMR, CCC をベンチマークとし、当期の水準が前期よりも良くなるような実体的裁量行動を選択しており、得意先・顧客や仕入・調達先の抱くレピュテーションを意識した裁量行動を選択するという結果を明らかにしている。

それでは次に、abDE の結果を確認する。ICR, RRDS が abDE に対して統計的に有意なプラスの影響を与えることが確認された。また GMR, CCC, LS が統計的に有意なマイナスの影響を与えることも示された。ICR, GMR, RRDS, LS については有意水準 0.1％、その他については 1％で判定されている。このことから、前年度の ICR, RRDS が増加すると経営者は裁量的費用の削減による実体的裁量行動を選択することが明らかにされた。先ほどの売上高操作と結果とほぼ同様、概ね仮説（H_3）と（H_7）が支持されたことになる。

裁量的費用を削減すると、ICR の分子を構成する営業利益が増加し ICR は増加する。なぜならば、裁量的費用は販売費及び一般管理費として処理する方法と当期製造費用として処理する方法があり、どちらの方法を採用したとしても削減の影響は営業利益にあらわれるからである。

また、裁量的費用の削減は研究開発費の削減を意味することから RRDS の減少につながる。さらに、裁量的費用を現金決済している場合、裁量的費用を削減すると削減した分だけキャッシュアウトフローを低下させ現金支出を少なくすることができる[4]。それゆえ RRDS については、ふたつの解釈ができる。ひとつは、研究開発費の増加（RRDS の増加）を抑制し現金支出を抑えるために裁量的費用の削減が行われたというものである。もうひとつは、売上高の減少（RRDS の増加）による利益の目減り分を補填するために裁量的費用の削減が行われたというものである。

これらの解釈から、経営者は前期の ICR, RRDS をベンチマークとし、当期の水準が前期よりも良くなるような実体的裁量行動を選択しているといえる。売上高操作と同様、債権者や得意先・顧客の抱くレピュテーションを意

識した裁量行動を選択するという結果を明らかにしている。

　また，前年度の GMR，CCC，LS が増加すると経営者は裁量的費用の削減による実体的裁量行動を選択しないことも示された。これも別言すれば，前年度の GMR，CCC，LS が減少すると経営者は裁量的費用の削減による実体的裁量行動を選択するということになる。この結果も先ほどの売上高操作と同様である。

　GMR が増加しているような状況であれば，裁量的費用を削減してまで利益の増加やそれにともなう比率の操作を図らないと解釈できる。しかし裏を返せば，収益性が芳しくない場合には裁量的費用の削減を実施するということを物語っている。

　また裁量的費用を削減すれば，利益が増加するとともに営業活動によるキャッシュフローも増加する。CCC が減少している状況であれば，裁量的費用の削減によってさらなる現金の創出に努めるのかもしれない。先ほどの abCFO の結果から，営業活動によるキャッシュフローの減少を織り込んででも売上高操作を行うことが明らかにされたため，この影響を緩和するために abCFO と abDE が同時に実施されているとみることもできる。なぜならば，abCFO と abDE には有意水準 1％ で 0.512 という高い相関が確認されているためである。この点については abCFO，abDE，abMC の因果関係を明らかにする必要があり，次節にて取り上げる。

　しかしながら，LS については仮説と逆の結果が得られた。経営者は意図的に LS を高めるような行動を選択しておらず，前述した abCFO の結果と同様の解釈が考えられる。

　これにより概ね仮説（H_4）と（H_8）が支持された。経営者は前期の GMR，CCC をベンチマークとし，当期の水準が前期よりも良くなるような実体的裁量行動を選択しており，得意先・顧客や仕入・調達先の抱くレピュテーションを意識した裁量行動を選択するという結果を明らかにしている。

　最後に，abMC の結果を確認する。FLTCR，ICR，RRDS が abDE に対して統計的に有意なプラスの影響を与えることが確認された。また GMR，CCC，LS が統計的に有意なマイナスの影響を与えることも示された。ICR，GMR，RRDS，CCC，LS については有意水準 0.1％，その他については 1％

で判定されている。

　このことから，前年度のFLTCRが増加すると経営者は過剰生産による実体的裁量行動を選択することが明らかにされた。前年度のFLTCRが減少すると経営者は過剰生産による実体的裁量行動を選択しないということである。これによって仮説（H_2）が支持された。経営者は前期のFLTCRをベンチマークとし，当期の水準が前期よりも良くなるような実体的裁量行動を選択しており，債権者の抱くレピュテーションを意識した裁量行動を選択するという結果を明らかにしている。

　ただし，過剰生産によってFLTCRを改善させることは理論上可能であるが，過剰生産によって製造原価の増加と営業活動によるキャッシュフローの低下が予想される。なぜならば，製造した期には現金回収されない製造費用や保管費用が生じるため，結果として営業活動によるキャッシュフローは売上高を所与とした正常水準よりも低くなってしまう可能性があるからである（山口，2011，p. 64）。そのため，すべての影響が最終的にどのような結果をもたらすかというところまでは明らかにできない。また，先ほどのDAAの結果では，前年度のFLTCRが増加すると経営者は利益減少型の会計的裁量行動を選択することが示されており，ふたつの裁量行動が逆方法で実施されていることになる。この点についてはDAAとabMCの関係を明らかにする必要があり，裁量行動全体の包括的な分析やその経済的帰結を解明する必要があると思われる。

　次に，前年度のICR, RRDSが増加すると経営者は過剰生産による実体的裁量行動を選択することが明らかにされた。これは先ほどの裁量的費用の削減と結果と一致しており，概ね仮説（H_3）と（H_5）が支持されたことになる。過剰生産を実施すれば製品単位あたりの固定費を低く抑えることができる。その影響がICRの分子を構成する営業利益の増加をもたらしICRは増加する。ただし，前述したように過剰生産によって製造原価は増加する。そのため，過剰生産によってICRを向上させるためには，追加生産した製品を当年度中に売却することが前提条件となってくる。また，追加生産した製品を当年度中に売却することを前提にすれば，過剰生産は売上高の増加をもたらし，それが結果としてRRDSの減少につながる。

このような前提条件はあるものの，経営者が前期のICR，RRDSをベンチマークとし，当期の水準が前期よりも良くなるような実体的裁量行動を選択していることは理解できる。裁量的費用の削減と同様，債権者や得意先・顧客の抱くレピュテーションを意識した裁量行動を選択するという結果を明らかにしている。

　さらに，前年度のGMR，CCC，LSが増加すると経営者は過剰生産による実体的裁量行動を選択しないことも示された。これも別言すれば，前年度のGMR，CCC，LSが減少すると経営者は過剰生産による実体的裁量行動を選択するということになる。この結果も先ほどの売上高操作，裁量的費用の削減と同様である。GMRが増加しているような状況であれば，過剰生産を実施してまで利益の増加やそれにともなう比率の操作を図らないと解釈できる。しかし裏を返せば，収益性が芳しくない場合には過剰生産を実施するということである。

　また過剰生産を実施すれば利益は増加するも，製造原価の増加と営業活動によるキャッシュフローの低下が予想される。そのため，CCCが増加しているような状況であれば，売上債権回転日数の長期化（現金回収の長期化）や棚卸資産回転日数の長期化（在庫の過剰や滞留）が考えられるため，あえて過剰生産を控えて生産調整する傾向にあると考えられる。CCCが減少しているような状況であれば，営業活動によるキャッシュフローの低下を織り込んででも過剰生産によってCCCのさらなる低減に努めるのかもしれない。ただし，abMCとabCFOには有意水準1％で0.354，またabMCとabDEにも有意水準1％で0.228という高い相関が確認されているため，前述したようにabCFO，abDE，abMCの因果関係を明らかにすることこそより詳細な分析や解釈につながると考える。これらの点についても次節で取り上げたい。

　しかしながら，LSについては仮説と逆の結果が得られた。経営者は意図的にLSを高めるような行動を選択しておらず，前述したabCFOの結果と同様の解釈が考えられる。

　以上の検討から，ここでも概ね仮説（H_4）と（H_8）が支持された。経営者は前期のGMR，CCCをベンチマークとし，当期の水準が前期よりも良く

なるような実体的裁量行動を選択しており，得意先・顧客や仕入・調達先の抱くレピュテーションを意識した裁量行動を選択するという結果を明らかにしている。

　加えて，統制変数が興味深い結果を示している。検証では裁量行動の本質的動機である機会主義的行動と効率的契約の影響を統制するために，COMPとLERを代替変数として投入した。分析の結果，COMPとLERを統制変数として投入してもなお，仮説の有意性を明らかにすることができる。すなわち，当初の予想どおり，これまでの動機では説明することができない現象をレピュテーションという新たな概念を用いることで説明できることを証明したのである。

　また図表7-5が示すように，今回の検証においてはCOMPが3つの実体的裁量行動に有意水準0.1％で統計的に有意なプラスの影響を与えることが証明された。他方，LERは会計的裁量行動，実体的裁量行動の双方に影響を与えていないということも明らかにされた。山口（2009b）の研究によれば，機会主義的な実体的裁量行動が将来的に企業業績にマイナスの影響を与え，ひいては経済全体にも悪影響をおよぼすと指摘する（山口，2009b，p.130）。ここでの検証においても経営者による機会主義的行動が確認され，その手段が実体的裁量行動であるという証拠は機会主義的行動を抑制する制度設計やコーポレート・ガバナンスの議論を支える大きな手がかりになると思われる。

　さらに，節税仮説の影響を統制するためにITを代替変数として投入した。分析の結果，図表7-5が示すように，ITが3つの実体的裁量行動に有意水準0.1％で統計的に有意なマイナスの影響を与えることが示された。しかし会計的裁量行動には，有意水準1％で統計的に有意なプラスの影響を示すという結果となった。先行研究では，法人税等支払額が増加すると利益減少型の会計的裁量行動を選択するという結果であったため，本研究で示された逆の結果を解釈することは容易ではない。しかしながら，法人税等支払額が増加すると実体的裁量行動を控えるという結果は，経営者は節税を意識し法人税等支払額が増加するとその算定の原資である利益の捻出を控えると解

釈できる。

5 追加的検証

本節では，前節で取り上げた前年度ベンチマークモデルの追加的検証を行い，その頑健性をテストする。図表7-6で述べたように，独立行政法人統計センターのe-Statから入手した分析対象期間における企業業績の推移を見ると，2001年度から2006年年度にかけて企業業績が大きく増加しており，2007年度から2008年度にかけて大きく減少する結果となっている。2007年度から2008年度にかけて企業業績が悪化した要因は，2008年9月のリーマン・ブラザーズの倒産を引き金とした世界的金融危機（リーマン・ショック）によるものと判断される。前年度ベンチマークモデルでは年度ダミーを用いて年度の経年変化を統制してはいるものの，こうした世界的金融危機の影響をすべて統制できているかといえば疑わしい。そこで，リーマン・ショック以前のサンプルを用いることで再度，前年度ベンチマークモデルを追加的に検証する。その推定結果を図表7-9に示す。

これによると，サンプル数が減少したにもかかわらず，DAAでは調整済み決定係数が7.8%から9.1%に，abCFOでは52.3%から53.9%に増加し回帰モデルの当てはまりの良さが向上している。しかしながら，abDEでは55.0%から47.6%に，abMCでは86.2%から83.8%に低下している。このような違いはあるものの，検証結果については図表7-5で示されたものとほぼ一致しており，頑健性はある程度担保されていると判断できる。ここでは，図表7-5と図表7-9とで異なる結果が示された点について分析を進める。

まず，前節では前年度のICRが増加すると経営者は3つの実体的裁量行動が選択するという結果が示されたが，図表7-9では同様の結果を確認することができなかった。そこで，分析対象期間におけるインタレスト・カバレッジの推移を図表7-10で示す。

これをみると，リーマン・ショックの影響により2007年度から2008年度にかけてインタレスト・カバレッジが大きく減少していることがわかる。

図表 7-9　前年度ベンチマークモデルによる追加的検証の推定結果

	DAA	ab CFO	ab DE	ab MC
DPR_{t-1}	-.005	-.012	-.003	-.005 †
$FLTCR_{t-1}$	-.097 ***	.073	-.046	.071 ***
ICR_{t-1}	-.007	.002	.003	-.002
GMR_{t-1}	-.020	-2.917 ***	-.968 ***	-.925 ***
$RRDS_{t-1}$	.140	5.680 ***	2.171 ***	.928 ***
RAS_{t-1}	-.029	.110 ***	.033 *	.035 ***
PTP_{t-1}	-.013	-.013	-.010	-.001
CCC_{t-1}	-.038	-.181 ***	-.051 **	-.053 ***
LS_{t-1}	-.109	-.306 *	-.020	-.235 ***
COMP	.005	.018	-.065 ***	.074 ***
LER	.150	-.030	-.004	-.005
IT	.048 *	-.187 ***	-.111 ***	.089 ***
MS	-.005	-.002	.004	.001
FIS	.007	-.062 ***	-.026 **	.016 **
BS	.011	-.044 **	-.011	.005
FS	-.010	-.072 ***	-.059 ***	.025 ***
S	-.044 *	.003	.487 ***	-.825 ***
2004Dummy		-.026	-.008	-.003
2005Dummy		-.001	-.007	.000
2006Dummy	.002	.012	-.016	.006
2007Dummy	.001	-.010	-.029	-.003
R Square	.110	.545	.483	.841
Adjusted R Square	.091	.539	.476	.838
Obs.	2018	3309	3309	3309

注：*** :p<0.001, ** :p<0.01, * :p<0.05 .

　その主たる要因は，図表 7-6 で示したようにインタレスト・カバレッジの分子を構成する営業利益の大幅な減少によるものだと判断できる。前節の結果は，この営業利益の大幅な減少（インタレスト・カバレッジの大幅な減少）を和らげるために 3 つの実体的裁量行動が選択されたと解釈できる。図表 7-10 で 2009 年度以前のインタレスト・カバレッジの推移をみると，営業利益と同様，右肩上がりに上昇している。このような利益上昇局面においては，経営者はあえて実体的裁量行動を選択しないのではないかと判断し

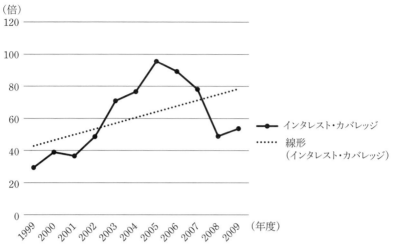

図表7-10 分析対象期間におけるインタレスト・カバレッジの推移

出所：NEEDS 日経財務データ DVD 版（日経メディアマーケティング）にもとづき筆者作成。

た。

次に，前年度の RAS が増加すると経営者は3つの実体的裁量行動が選択するという結果が示された。図表7-9では abCFO にプラスの影響を与えるとの結果しか確認することができなかった。そこで，先ほどと同様に分析対象期間における売上高広告宣伝費比率の推移を図表7-11で示す。

これをみると，2000年度以降若干の減少傾向にあるものの，売上高広告宣伝費比率に大きな変動は見られず一定の範囲内で推移していることがわかる。そのため，企業は売上高に対する広告宣伝費の割合を事前に決めており，売上高の減少や広告宣伝費の増加によって売上高広告宣伝費比率が増加すると売上高操作や過剰生産によって売上高を増加させる，もしくは広告宣伝費を削減するといった実体的裁量行動によってその割合を保つように行動しているのかもしれない。ただし，なぜ前節の検証における裁量的費用の削減や過剰生産に対する影響が消えたのかという点は解釈できなかった。

さらに，前節では前年度の CCC が増加すると経営者は利益減少型の会計的裁量行動が選択し，前年度の LS が増加すると経営者は裁量的費用の削減

図表 7-11 分析対象期間における売上高研究開発費比率の推移

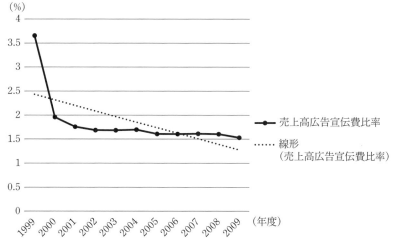

出所：NEEDS 日経財務データ DVD 版（日経メディアマーケティング）にもとづき筆者作成。

による実体的裁量行動を選択しないという結果が示された。しかしながら，図表 7-9 では同様の結果を確認することができなかった。平時において経営者は CCC を低減させるような会計的裁量行動を行っておらず，また意図的に LS を高めるような実体的行動も選択していないようである。

さて，前節では DAA，abCFO，abDE，abMC の相互作用を考慮していなかった。そもそも，abCFO と abDE には有意水準 1％で 0.512，abMC と abCFO には有意水準 1％で 0.354，abMC と abDE には有意水準 1％で 0.228 という高い相関が確認されている。そのため，FLTCR と CCC のより詳細な分析にはこれらの相互作用について検証しなければならない。

また，会計的裁量行動と実体的裁量行動にはタイミングの問題が挙げられる。一般に，会計的裁量行動は期末を中心に実施されるのに対して，実体的裁量行動は通常期中に実施される。こうした点を考慮すれば，両方の裁量行動が同時に決定されうるものなのか，それとも逐次的に決定されうるものなのかを統制した検証を行う必要がある。ここでは，よほどの例外を除いて，実体的裁量行動は会計的裁量行動よりも時間的に先行すると判断し，期中に

行われる実体的裁量行動が期末の会計的裁量行動に影響を及ぼすと予想する。

そこで，DAA，abCFO，abDE，abMC の因果構造を検証し，その結果をもとに課題となっていた FLTCR と CCC の分析を再度試みる。なお，年度ダミーについては特段の影響を確認できないため割愛している。図表 7-12 がその推定結果である。また，図表 7-12 の推定結果をパス図に要約したものが図表 7-13 である。図表 7-13 では，有意水準によって統計的有意と判定された β 値とベクトルを示しているが，とくに重要なものを実線，それ以外を点線の矢印で示している。

分析の結果，abCFO，abDE，abMC の 3 つは相互に因果関係をもつことが証明された。とくに，裁量的費用の削減と過剰生産は売上高操作にプラスの影響（それぞれ 0.625 と 0.45）を与えていることがわかる。これら実体的裁量行動は個別に行われているのではなく，相互に与える影響を考慮しながら行われていることが窺える。

図表 7-12　DAA, abCFO, abDE, abMC の因果構造検証の推定結果

	ab CFO	ab DE	ab MC	DAA
ab CFO		.430***	.185***	.050**
ab DE	.625***		.029***	-.015
ab MC	.450***	.049***		-.033
COMP	.009	-.017***	.102***	-.027*
LER	-.001	-.002	.003	.016*
IT	-.054***	-.316***	-.101***	.027
MS	-.012*	.008 †	-.022***	-.015
FIS	-.029***	-.015**	.022***	-.022 †
BS	-.024***	.007	-.004	.009
FS	-.018**	.016**	.057***	.010
S	.165***	.481***	-.867***	-.019
R Square	.473	.616	.840	.003
Adjusted R Square	.471	.615	.839	.002
Obs.	13603	13603	13603	9899

注：***:p<0.001, **:p<0.01, *:p<0.05．
出所：筆者作成。

前年度のCCCが減少すると経営者は3つの実体的裁量行動を選択する。CCCが減少している状況では，売上債権の現金回収もスムーズであり，または在庫も流れていることと予想されるため，さらなる売上増加を目指して経営者は過剰生産を実施する。しかし過剰生産によって在庫の過剰や滞留が生じては問題があるため，売上高操作によって売上を促進すると解釈される。

同様に，在庫が流れている状況であればあえて広告宣伝費などを支出する必要はないため，裁量的費用の削減が行われる。しかし広告宣伝費を削減した結果，売上が落ち込むことがあっては矛盾するため，売上高操作によって売上を促進しているのではないかと考えられる。

また，前年度のFLTCRが増加すると経営者は過剰生産による実体的裁量行動を選択する。過剰生産によって利益を捻出し，FLTCRの分母を構成する自己資本を高めることで結果としてFLTCRの低減を試みているのではないかと解釈したが，先ほどのCCCの分析と同様，過剰生産のマイナス面を売上高操作によって補っていると解釈する。

図表7-13　DAA，abCFO，abDE，abMC の因果構造モデル

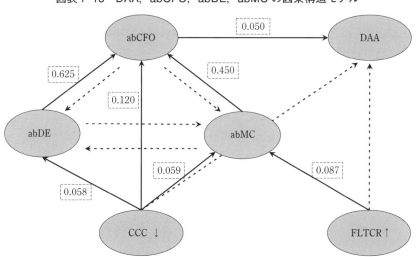

出所：筆者作成。

最後に，会計的裁量行動と実体的裁量行動の因果構造の検証では，DAA に対して abCFO のみが有意水準1％で統計的に有意なプラスの影響を与えることが明らかにされた。すなわち期中に行われる売上高操作のみが期末の会計的裁量行動に影響を与えるようである。会計利益を構成するものは営業活動によるキャッシュフローと会計発生高である。売上高操作は営業活動によるキャッシュフローを増加させる方法であった。営業活動によるキャッシュフローを意図的に増やそうとする経営者は，会計発生高の増加も志向するのかもしれない。なお，会計的裁量行動と実体的裁量行動の因果構造の検証では，レピュテーション変数を加えた分析も試みたが，図表7-5 および図表7-9 の検証結果と一致しており，再度レピュテーションの有効性を確認することができた。以上の追加的検証から，被説明変数間の因果構造を考慮しても経営者はレピュテーションを意識した裁量行動を選択すると判断される。それゆえ，検証結果の頑健性はある程度担保されていると判断する。

6　むすび

　本章では，レピュテーションが経営者の裁量行動に影響を与えるという命題について前年度ベンチマークモデルを用いて経験的な検証を行った。本節では，得られた発見事項について要約するとともに，本研究の限界点ならびに今後の研究課題について明らかにする。

　分析の結果，レピュテーションが経営者の裁量行動に有意な影響を与えることが確認された。具体的には，経営者が債権者，得意先・顧客，仕入・調達先といった利害関係者との取引や契約を重視した裁量行動を選択していることを明らかにした。経営者は利害関係者との取引関係や契約関係が継続することを期待し，利害関係者が取引関係を決定するさいに重視する財務比率をより良く見せたいというインセンティブから裁量行動を選択していると考えられる。

　また，機会主義的行動や効率的契約の代替変数を因果構造モデルのなかに組み入れることで，これまでの動機を統制した検証を行った。その結果，機会主義的行動や効率的契約の動機を統制しても，レピュテーション動機の有

意性に変化はなかった。当初の予想どおり，相互排他性が確保されない部分を説明する動機の一つとしてレピュテーション動機が存在することを証明したといえる。この点については，Graham et al.（2005），須田・花枝（2008）の実態調査の結果と整合する点である。

契約・エージェンシー理論では，利害関係者間の利害はつねに対立している状況が仮定されている。その点を踏まえると，利害対立から生じるエージェンシーコストや契約コストを少しでも低減するねらいから，経営者は特定の利害関係者の抱くレピュテーションを意識した合理的な裁量行動を選択していると解釈できる。

最後に，今後の研究課題について提示する。まず，経営者が特定の利害関係者の抱くレピュテーションを意識し，利害関係者の重視する財務比率をベンチマークとした裁量行動を選択することを証明できたとしても，本研究のモデルでは裁量行動によって実際に財務比率を増減させているのかについてまでは確かめられていない。つまり，経営者が想定した経済的帰結を達成させているかについて確認できていないということである。また，裁量行動を測定するモデルは発展途上の段階にある。モデルの違いによる結果の差異についても今後の検討が必要である。

次に，会計的裁量行動と実体的裁量行動の相違についてである。会計的裁量行動は裁量的会計発生高を用いることでその影響を包括的に補足することが可能である。そのため，レピュテーションへの影響も総合的に議論することができた。しかしながら，実体的裁量行動については売上高操作，裁量的費用の削減，過剰生産という3つの方法のみを取り上げて検証したにすぎず，それゆえレピュテーションへの影響も総合的に分析できたとはいい難い。より詳細な分析を行うためには，実体的裁量行動に関する理論的かつ実証的な研究が必要とされる。これについても今後の研究課題と位置づけたい。

最後に，回帰モデルを用いた検証の限界を取り上げたい。回帰モデルは被説明変数に与える説明変数の影響，すなわち一方向の因果関係を説明変数ごとに検証したにすぎない。すなわち，説明変数間の複雑な関係，もしくはその他の取り上げていない変数（要因）については検証できていない。レピュ

テーションの複雑なメカニズムを解明するには，説明変数間の関係やその他の変数の存在に着目する必要がある。このようなアプローチにはパス解析やパネル解析を用いた議論が有効であると思われる。この点についても今後の課題としたい。

注
1 柳井・緒方（2006）によれば，「通常は許容度を読みとり，この値が小さい場合（概ね 0.2 以下くらい）に，その説明変数により多重共線性が生じていると判断し，除去した方がよいという目安」（柳井・緒方，2006, p.149）になるとされる。ここでいう許容度とは，決定係数を R とすると 1-R のことであり，VIF は許容度の逆数であるとされる。
2 e-Stat とは，各府省などの参画のもと総務省統計局が中心となって開発し，独立行政法人統計センターが運用管理を行っている政府統計のデータベースである。
3 サブプライムローン問題による米国住宅バブルの崩壊をきっかけとして，2008 年 9 月に米国の投資銀行であるリーマン・ブラザーズが破綻した。これにより，リーマン・ブラザーズに関連した社債や金融商品を保有する企業への影響，取引先への波及や連鎖といった金融不安の高まりからこれが世界的金融危機（世界同時不況）の引き金となった。これを一般にリーマン・ショックと呼んでいる。
4 裁量的費用を現金払いしていると仮定すれば，その仕訳は以下のようになる。
　　研究開発費（広告宣伝費）／現金
　実体的裁量行動を選択して裁量的費用の削減を行えば上記の仕訳を行う必要がない。そのため，上記仕訳の貸方の現金はプールされ借方の費用が削減される。その分だけ当期純利益は増加し，自己資本の増加要因となる。ゆえに，FLTCR と DE の間には直接的な因果が存在すると考えられる。

結 章

本研究の要約，限界および今後の研究課題

1 はじめに

　本研究の目的は，利害関係者が企業に対して抱くレピュテーションに着目し，経営者がレピュテーションを意識した裁量行動を選択するという命題について理論的かつ実証的な分析を行い，その影響について明らかにすることであった。

　前章の考察および分析によって本研究の目的はほぼ達成された。すなわち，レピュテーションが経営者の裁量行動に有意な影響を与えることが確認された。具体的には，経営者が債権者，得意先・顧客，仕入・調達先といった利害関係者との取引や契約を重視した裁量行動を選択していることを明らかにした。裁量行動の新たなインセンティブとしてレピュテーションの影響を明示するに至った。本章では，本書における研究の要約を行い，ここで得られた発見事項を整理するとともに，本研究の限界点や今後の研究課題，展望について明らかにする。第2節で本書を各章ごとの要約し，わが国におけるレピュテーションの有効性を明らかにする。第3節で本研究の限界について説明する。最後に第4節において，今後の研究課題や展望について明示する。

2　本研究の要約

　第1章では，理論的背景や歴史的背景を踏まえながらレピュテーション概念の本質への接近を試みるとともに，研究を進めるに必要な概念的枠組みを提示した。これまでの様々な学術領域における知見と様々な事例を踏まえながら，レピュテーションの意義や期待される役割を確認するとともに，レピュテーション・リスクとレピュテーション・リターンの重要性や経済的帰結について指摘した。

　また Kreps and Wilson（1982）や Kreps（1990）の研究をもとに，レピュテーションが企業の機会主義的行動を制約し，「囚人のジレンマ」の状況を回避するために機能することを説明した。さらに Greif（2006）の研究を取り上げて，レピュテーションが契約遵守を保証するための重要なメカニズムとして機能していたことを歴史研究から確認した。そして，現在米国にて活用されているレピュテーションの代表的な評価指標やわが国における代替的指標について紹介した。これらは，企業が自社の強みと弱みを可視化するマネジメントツールとしての性格やコーポレート・コミュニケーションの役割も持ち合わせており，何が企業価値を向上させるか（低下させるか）を分析して企業価値の向上に役立てる羅針盤となっている。

　第2章では，裁量行動について取り上げ，契約・エージェンシー理論から裁量行動がどのように説明されるかについて考察した。裁量行動とは，経営者が裁量権を行使して会計数値を意図的に操作することにより，何らかの望ましい報告利益を達成することである。裁量行動は，一般に公正妥当と認められる会計基準（GAAP）の枠内で行われるものとされるため，GAAP を逸脱して行われる粉飾決算とは一線を画すものである。しかしながら，このような調整が行われると，会計情報の信頼性を大きく損なう恐れがある。また，裁量行動がもたらす経済的帰結や社会に与える影響は非常に大きく，悪用されれば粉飾につながりかねない行動である。こうした懸念が本研究の問題意識である。

　これまでの研究によれば，裁量行動の動機には大きく機会主義的行動と効率的契約というふたつの本質的動機が存在するとされ，これらの動機から経

営者は利益増加型もしくは利益減少型の裁量行動を選択すると説明されてきた。しかしながら，これらの動機は相互に排他的ではなく，厳密に両者を区別することは困難であるとされる。そのため，経営者がいかなる動機から裁量行動を選択するのかというインセンティブの解明をより困難なものとしている。ここでは，見えない要因（潜伏変数）によってふたつの動機が統制されている可能性を指摘し，今後の研究の方向性を示した。

第3章では，機会主義的行動と効率的契約の相互排他性の問題に対処するためのアプローチとして，契約・エージェンシー理論の中で取り上げられてきたレピュテーションに焦点をあて，レピュテーションが経営者の裁量行動に影響を与えるという命題（レピュテーション動機）について説明し，レピュテーション動機を検証する必要性について論証した。

この命題を説明するためには，レピュテーションと裁量行動を同じ理論的枠組みのなかで説明する必要がある。そこで，会計数値によって形成されるレピュテーションに着目し，レピュテーションが裁量行動の第3の動機になりうることを論証した。そして，レピュテーションを「企業を取り巻く様々な利害関係者が，当該企業の過去の実績や将来の予測にもとづいて，当該企業に対して有する暗黙的請求権（implicit claims）」と定義した。会計数値によって形成されたレピュテーションは，利害関係者の暗黙的請求権というかたちで企業に向けられる。企業と利害関係者のこのようなやりとりは，通常の明示的契約ではなく「暗黙的契約」という枠組みのなかで行われる営みであると指摘した。

また，機会主義的行動，効率的契約とレピュテーション動機の比較検討を行い，レピュテーション動機がいずれの動機とも異なる新たな動機として位置づけられることを理論的に説明した。

第4章では，経験的検証の足がかりを得るために，裁量行動のインセンティブとして位置づけられる機会主義的行動，効率的契約の検証を行った研究を取り上げてレビューした。また，本研究の主眼であるレピュテーションについて検証した研究を包括的に取り上げることで，レピュテーションの操作化に関するアイディアを得た。ここで取り上げたレピュテーションに関する研究では，ほぼ一貫してその効果が検出されている。

ここでのレビューにおいて明らかにされた点や今後の研究課題については以下の3点に要約される。まず，機会主義的行動の動機よりも効率的契約の動機の説明を支持する研究成果が明らかにされつつある点である。この点は，金融規制や内部統制の強化によって経営者の裁量の範囲が狭められてきたという事実と整合的であり，結果として経営者の機会主義的行動が抑制されたと推察できる。ただし，これらの研究成果はあくまでも個々の事象に対しての限定的な結論であり，機会主義的行動が完全に抑制されるわけではないということに注意しなければならない。それゆえ，検証においては両方の動機をコントロールする必要がある。

　次に，レピュテーションについて検証した研究では主要な利害関係者として顧客，供給業者，従業員，債権者を取り上げている。しかしながら，会計分野において主要な利害関係者である株主・投資家を取り上げた包括的な検証は行われていない。契約・エージェンシー理論では，明示的契約と暗黙的契約は両立して締結できると解釈されることから，明示的契約を締結できる主要な利害関係者を中心に取り上げ株主・投資家も含む包括的なモデル構築を試みる必要がある。

　最後に，レピュテーション変数の操作化の問題が挙げられる。先行研究ではBowen et al.（1995）やMatsumoto（2002）の研究アプローチに依拠した方法が採用されているが，操作化については理論的な説明がなされているとはいい難い。またその表面的妥当性が担保されているかについても疑問が残る。そこで，①法的拘束力を有する明示的請求権に該当しない変数，②先行研究において裁量行動の関係が個別に議論されている変数，③レピュテーションと裁量行動の因果関係を明確にするために利益項目を含む変数という基準を設け，それらに合致したものを代替変数として提示する。詳細については「第6章　リサーチ・デザイン」で取り上げた。

　また，裁量行動の測定方法についても違いが見られた。Bowen et al.（1995）はポートフォリオによる合成変数を用いたモデル分析を行っているが，その他の研究では利益ベンチマークに焦点をあてたヒストグラム分析や裁量的会計発生高を用いている。そこで第5章において，裁量行動研究の展開をその検出方法に焦点をあててレビューすることとした。これまでの研究から鑑み

れば，裁量的会計発生高を用いた検証を行う必要がある。裁量的会計発生高を用いることで先行研究よりも正確に裁量行動を把握することが可能となる。

　第5章では，これまで行われてきた裁量行動研究に焦点をあて，裁量行動の検出方法に着目したレビューを行った。裁量行動研究ではその検出方法に研究の展開がみられる。ここでは，検出方法の進化を詳細にレビューすることで裁量行動を把握するための有効な検出方法について探求した。本章では，これまで頻繁に採用されてきたヒストグラム分析，裁量的会計発生高による検証とともに，近年注目される実体的裁量行動に着目した研究を取り上げた。ここで得られた成果は，本研究のリサーチ・デザインに生かされる。

　第5章でのレビューにおいて明らかにされた点や今後の研究課題については以下の3点に要約される。まず，ヒストグラム分析のメリットは，裁量的会計発生高の推定や実体的裁量行動の推定につきまとう測定誤差の問題を回避できる点にある。測定誤差の点を考慮すれば，ヒストグラム分析を用いた研究の頑健性は高いといえる。しかしながら，会計的裁量行動や実体的裁量行動をより詳細に検証するためには，推定モデルを用いたアプローチの方が有効であると指摘できる。本研究では，裁量的会計発生高アプローチとRoychowdhury（2006）のアプローチがリサーチ・デザインの参考になると考えた。

　次に，近年の動向として，経営者が選択する裁量行動が会計的裁量行動から実体的裁量行動に移行しているとされ，それを裏づける証拠が数多く提示されている。会計的裁量行動と異なり，実体的裁量行動は法令や規則によって制限することが困難であるというのがその背景にある。しかしながら，山口（2009b）の研究によれば，実体的裁量行動は将来の企業業績に悪影響を及ぼすとされ（山口，2009b，p. 130），実体的裁量行動の増加は企業業績や企業価値のみならず，情報の質にも極めて大きな影響を及ぼす可能性がある。このような点を考慮すれば，会計的裁量行動のみならず実体的裁量行動も研究対象とした包括的な検証が求められると考える。

　最後に，会計的裁量行動および実体的裁量行動は，会計利益を裁量的に調整するという点において共通であるが，その性質は大きく異なる。前者は会

計上の処理方法のみが操作の対象となるのに対し，後者は市場取引そのものが操作の対象となる。ゆえに，実体的裁量行動について言及すれば，経営者が選択した行動が事実に即した行動なのか，裁量的に選択した意図的行動なのか，それとも粉飾を意図した行動なのかを判断することは容易ではない。また，本章で取り上げた先行研究も実体的裁量行動の一部分を明らかにしたにすぎず，すべての行動を検出するには至っていない。本研究において分析ならびに解釈を行うさいには，こうした点に注意しなければならない。

　第4章と第5章で行われた文献研究によって，本研究のリサーチ・デザインに対する3つの足がかりを得た。一つは，レピュテーション動機がこれまでの裁量行動の動機とは異なる第3の動機と位置づけられ，検証すべきテーマであるということを改めて認識することができた。次に，レピュテーションの検証や操作化に関する様々なアイディアを得ることができた。利害関係者の利害が対立する状況において，利害関係者がレピュテーションを評価する項目はそれぞれ異なるため，利害関係者ごとにレピュテーション変数を設定する必要がある。最後に，裁量行動の検出方法について信頼性の高い手法を明らかにすることができた。本研究では，裁量行動を会計的裁量行動と実体的裁量行動に分け，その両者のインセンティブについて検証するアプローチを採用する。ここでは，その両者をもっとも効果的に補足する方法を明らかにできたといえる。

　第6章では，本研究のリサーチ・デザインについて検討した。ここでは，レピュテーション変数を利害関係者ごと設定するとの立場から，レピュテーション動機を①株主・投資家仮説，②債権者仮説，③取引先・顧客仮説，④仕入・調達先仮説，⑤労働組合・一般従業員仮説という仮説に細分化して導出した。そして，裁量行動によって操作することが可能な財務比率を各利害関係者の抱くレピュテーションの代理変数とした。

　また被説明変数には，会計的裁量行動および実体的裁量行動の変数として裁量的会計発生高，異常営業キャッシュフロー，異常裁量的費用，異常製造原価を採用した。そして，より詳細な因果構造を明らかにするために，説明変数に前期の値を用いる前年度ベンチマークモデルを用いて推定検証した。前年度ベンチマークモデルによって，前年度の代理変数（レピュテーショ

ン）をインセンティブとして当年度に裁量行動を選択しているかということが明らかにできる。

第7章では，レピュテーションが経営者の裁量行動に影響を与えるという命題について前年度ベンチマークモデルを用いて経験的に検証した。本研究の発見事項をまとめれば次の3点に要約される。

1. 分析の結果，レピュテーションが経営者の裁量行動に有意な影響を与えることが確認された。経営者は，債権者，得意先・顧客，仕入・調達先といった利害関係者との取引や契約を重視した裁量行動を選択していることを明らかにした。経営者は利害関係者との取引関係や契約関係が継続することを期待し，利害関係者が企業との継続的な取引関係を維持するか否かを決定するさいに重視する財務比率をより良く見せたいというインセンティブから裁量行動を選択していると考えられる。

2. 機会主義的行動や効率的契約の代替変数を因果構造モデルのなかに組み入れることで，これまでの動機を統制した検証を行った。その結果，機会主義的行動や効率的契約といった裁量行動の他の動機を統制しても，レピュテーション動機の有意性に変化はなかった。当初の予想どおり，機会主義的行動や効率的契約の動機では説明できない部分をレピュテーションによって説明できる可能性について証明することができた。この点については，Graham et al.（2005），須田・花枝（2008）の実態調査の結果と整合する点であり，実証研究の結果は現実とそれほど乖離していないと思われる。加えて，年度ダミーや産業ダミー，リーマン・ショックの影響を統制した検証においても結果に大きな違いは確認できなかった。

3. レピュテーション動機については，会計的裁量行動よりも実体的裁量行動の方がウェイトが大きいことが明らかにされた。結果を詳細に分類すると，良い状況をさらに良くしようという積極的裁量行動は債権者と仕入・調達先に対して確認された。他方，悪い状況を改善しようという対処的裁量行動が確認されたのは債権者，得意先・顧客であった。両方に債権者が

含まれているが，債権者の場合，積極的方法では会計的裁量行動，対処的方法では実体的裁量行動が選択されるという結果であった。経営者は，裁量行動がもたらす経済的帰結と両方の裁量行動がもたらすコストを勘案しながら裁量行動の意思決定を行っていると解釈した。契約・エージェンシー理論では，利害関係者間の利害はつねに対立している状況が仮定されている。利害対立から生じるエージェンシーコストや契約コストを少しでも低減するねらいから，経営者は特定の利害関係者の抱くレピュテーションを意識した合理的な裁量行動を選択していると結論づけた。

以上の発見事項をつうじて，概ね本研究のリサーチクエスチョンの真偽が確かめられたといえる。経営者の裁量行動には少なからず，レピュテーションによる影響が含まれていると結論づける。

3　本研究の限界

前節では本研究の発見事項を明らかにしたが，ここでは本研究に内在する限界点について指摘する。限界点は大きく分けて，①結果の解釈に関する限界，②統計的検証に関する限界のふたつの視点から指摘される。

3.1　結果の解釈に関する限界

前章で明らかにされた結果のなかで，解釈に注意すべき箇所が2点ある。ひとつはabDE，RRDS，RASの因果関係である。なぜならば，説明変数と被説明変数の双方に研究開発費と広告宣伝費のラグデータは入っているためである。そのため解釈は慎重にならざるを得ない。前章で示された結果をパス図に要約したものが図表結-1である。図表結-1では，有意水準によって統計的有意と判定されたβ値とベクトルを示しているが，とくに重要なものを実線，それ以外を点線の矢印，相関関係のみの場合はCorrelationとして相関係数を示している。

これによると，前年度の売上高研究開発費比率が増加すると，裁量的費用の削減と売上高操作による実体的裁量行動が選択されるという結果になって

図表結-1 abDE, RRDS, RAS の因果構造モデル

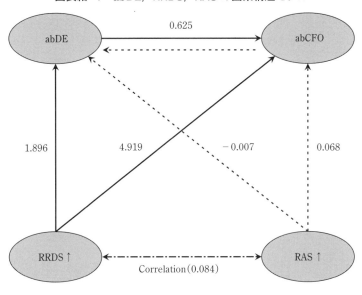

いる。しかも、そのウェイトは売上高広告宣伝費比率よりもはるかに大きく、レピュテーション動機のなかでも一番大きなウェイトを占めている。ゆえに、経営者は前期の売上高研究開発費比率をベンチマークとし、当期の水準が前期よりも良くなるような実体的裁量行動を選択していると判断し、得意先・顧客の抱くレピュテーションを意識した裁量行動を選択すると解釈した。しかしながら、このように強い因果関係を得意先・顧客の抱くレピュテーションのみに限定することはできないかもしれない。この点の解釈についてはより詳細な分析が求められる。

同様に、abDE, LS の因果関係の解釈にも注意すべき点がある。なぜならば、先ほどと同様、説明変数と被説明変数の両方に人件費のラグデータが入っているためである。前章の結果では、前年度の労働分配率が減少すると、裁量的費用の削減による実体的裁量行動が選択されるとなっている。そのため、当初の仮説とは逆の結果となり、またリーマン・ショックを統制した追加的研究においても有意性が判定されなかったため、とくに取り上げてはいなかった。しかし、人件費の減少による労働分配率の低下が、裁量的費

用の削減に直接影響している可能性も否めない。こうした点に検証結果の解釈上の限界が挙げられる。

　最後に，本研究ではいくつかの仮定を所与とした分析を行っている。具体的には，それぞれの仮説に対して，利益以外の項目は変動せず，それらの変動によるレピュテーションの代替変数（財務比率）の変動はないという仮定のもとに仮説検証がなされている。しかし実際には，利益以外の項目の変動による財務比率の変動は十分に考えられ，利益以外の項目をわざと変動させる実体的裁量行動の可能性も指摘される。また，売上高研究開発費比率や売上高広告宣伝費比率，キャッシュ・コンバージョン・サイクルのように，分母と分子が異なる属性数値によって算定された財務比率を用いている。売上高研究開発費比率や売上高広告宣伝費比率は分母と分子に入る金額が期末時点での金額であり，当期の売上高の達成に貢献した研究開発投資や広告宣伝投資は当期以前のものと考えられる。またキャッシュ・コンバージョン・サイクルは，3つの構成要素の分母がフロー情報，分子がストック情報であった。このように，比率の理論的整合性の問題や混合属性による歪みも解釈上の限界として挙げられる。

3.2　統計的検証に関する限界

　まず，前年度ベンチマークモデルの限界である。この推定モデルでは，前年度のデータが本年度のそれに影響を与えることを検証している。本研究の主眼はレピュテーションという要因が経営者の裁量行動に影響するかということであるため，こちらの推定モデルで目的は達成される。しかしながら，裁量行動によって実際に該当する財務比率を増減させているかという点については検証できない。この点については別の推定モデルの構築が求められる。

　次に，会計的裁量行動および実体的裁量行動が選択されるタイミングの問題である。一般に，会計的裁量行動は期末時点における操作であり，実体的裁量行動は期中における操作であるとされる。こうした点を考慮し，実体的裁量行動が会計的裁量行動に影響するという仮定のもとに追加的検証を行った。しかしながら，本来は双方の裁量行動が同時に決定されうるものなの

か，それとも逐次的に決定されうるものなのかを統制した検証が求められる。ここに統計的検証に対する一定の限界が存在する。

　さらに，推定モデルの問題を挙げることができる。会計的裁量行動の検証ではCFO修正Jonesモデル，また実体的裁量行動の検証ではRoychowdhury (2006)の研究を参考に，裁量的会計発生高，売上高操作，裁量的費用の削減，過剰生産という4つの推定モデルを用いた検証を行った。こうした推定モデルを用いる検証では必ず測定誤差の問題がつきまとう。測定誤差があるがゆえに検証結果に歪みが生じる恐れがあるのである。また会計的裁量行動の検証と異なり，実体的裁量行動の検証は網羅性がない。すなわち，売上高操作，裁量的費用の削減，過剰生産という実体的裁量行動の一部を検証したにすぎないのである。本研究の検証結果にはこのような限界も横たわっている。

4　今後の研究課題

　本節では，今後の研究課題を示し，今後の研究の方向づけを行う。まず本研究の限界点に対する今後の課題を述べたい。

　まず，前年度ベンチマークモデルへの対処である。前年度ベンチマークモデルでは，前年度のデータが本年度のそれに影響を与えることを検証しているが，裁量行動によって実際に該当する財務比率を増減させているかという点については検証できない。また回帰モデルであるため，説明変数間の因果やそれが被説明変数に与える影響を把握することも困難である。レピュテーションの複雑なメカニズムを解明するためには，説明変数間の関係やその他の変数の存在に着目することが必要である。そこで，パス解析やパネル解析を用いた検証を今後の課題に位置づけたい。これにより，説明変数間の関係やその効果が被説明変数に与える影響をより正確に分析するこが可能となる。ひいては，レピュテーション・メカニズムのさらなる解明に貢献するものとなりうる。

　次に，前年度の売上高研究開発費比率が増加すると裁量的費用の削減と売上高操作による実体的裁量行動が選択されるという強い結果が明らかにされ

た。そのウェイトは売上高広告宣伝費比率よりもはるかに大きく，レピュテーション動機のなかでも一番大きなウェイトを占めている。そのため，実体的裁量行動の別のインセンティブが隠れている可能性も考えられる。この点については，実体的裁量行動に対する知見をさらに蓄積する必要があり，今後の新たな研究課題として取り上げていきたい。

　また，経験的検証の過程において，被説明変数のデータについては上下1％に該当するものを除外した。これは異常値や外れ値の影響を緩和するためであるが，ここで脱落するサンプルが意外にも多かった。すなわち，過度に利益を増加させたり減少させたりする裁量行動を選択している企業が数多く存在していることを示している。そこで，裁量行動研究の展開を議論するさいには，異常値サンプルに注目して具体的な実体的裁量行動を抽出したり，異常値サンプルを用いた検証を行うとなお詳細な企業行動が明らかになるかもしれない。さらに，本書における検証はわが国の会計基準にもとづく財務データを用いた検証である。すなわち，当期純利益ベースの実証研究と位置づけることができる。したがって今後の研究では，IFRS適用企業のサンプルを用いた包括利益ベースの実証研究を行うことで海外の先行研究との比較検討することが期待される。今後の裁量行動研究やIFRSの議論に新たな展開を見出す可能性を秘めている。

　最後に，近年Graham et al.（2005）と須田・花枝（2008）によって行われた日米のサーベイ調査の結果をみると，2000年前後の会計ビッグバンを契機に，裁量行動のウェイトが会計的裁量行動から実体的裁量行動へと移行しつつあることが指摘されている。本研究の検証結果からも実体的裁量行動のウェイトが大きいことが明らかにされた。実体的裁量行動とは，取引事実そのものを変更することによって会計利益を操作する行動であり，会計的裁量行動よりも経営者の裁量性や会計利益に与える影響が大きい。ゆえに，会計的裁量行動よりも会計情報を恣意的に歪めてしまう恐れがある。そこで今後は，パネル解析を採用して会計的裁量行動と実体的裁量行動の因果メカニズムを包括的に解明することが求められる。

補論

レピュテーションと企業業績
―企業好感度ランキングを用いた実証分析―

1 はじめに

　企業価値の決定因子が有形資産から無形資産にシフトしている。このような企業価値のパラダイムシフトが指摘されるようになって久しい。わが国では，2003年3月に知的財産戦略本部（以前の知的財産戦略会議）が設置され，知的財産の創造，保護及び活用に関する施策の推進が図られてきた。2013年6月には「知的財産政策ビジョン」が策定され，「知的財産政策の基本方針」として安倍政権が掲げる経済政策「三本の矢」のひとつである日本再興戦略にも反映されている。また経済産業省においても，2004年1月に「知的財産開示指針」，2005年10月に「知的資産経営の開示ガイドライン」を公表し，知的資産報告書の作成や知的資産経営を継続して推進している。

　このように，無形資産に対する政策はわが国の産業競争力の強化にあたって重要な取り組みのひとつと位置づけられている。こうした取り組みの背景には，無形資産が価値を創造する力をもつという共通認識があるからである。昨今の特許訴訟の増加やM&Aにおける取引価額の決定過程をみてもこうした背景が裏づけられる（伊藤，2006，pp. 3-5）。

　米国ブルッキングス研究所では，1998年から「Unseen Wealth」（見えざる富）プロジェクトを開始した。調査によると，無形資産による企業価値の

説明力は年々高まっており，1978年に20％だったものが1998年には80％へと上昇したとされる（伊藤，2007，p.39）。まさに，「見えざる富」が企業価値の決定要因となっているといっても過言ではない。事実，Lev（2001）の研究では2001年3月時点において米国上位500社の株価純資産倍率が6に達したことを指摘し，株価6ドルのうち貸借対照表上の数値から導き出せるのはわずか1ドルであり，残り5ドルは貸借対照表に記載されていないインタンジブルズによって導き出されていると指摘している。

わが国においても同様の研究結果が得られている。伊藤・加賀谷（2001）の研究では，1980年代から1990年代にかけて，価値創造企業と非創造企業の資産構成の違いを発見した。1990年代の価値創造企業の無形資産の割合は非創造企業と比べてはるかに大きく，資産総額の半分近くを占めていた。また，貸借対照表に計上される有形資産と営業利益の関連性が大きく低下しつつあるということも明らかにされた。

さらに伊藤（2006）の研究では，インタンジブルズや無形資産の重要性が株式市場においてどのように評価されているのかを検証している。その結果，2004年度に株式時価総額を2倍以上に増大させている企業グループのインタンジブルズ比率は37％であり，1991年度の25％よりも大きく増加していた。また，2004年度に株式時価総額を1倍以下に低下させている企業グループでは4％前後であった（伊藤，2006，pp.15-16）。株式市場においても，インタンジブルズや無形資産の重要性が高まっていることの表れである。

さて，本書で考察したレピュテーションもまた，このような問題意識や背景を踏まえていることはいうまでもない。しかしここで確認しなければならないのは，インタンジブルズの一つであるレピュテーションが真に企業の超過収益力あるいは企業価値を生み出す源泉となりうるかということである。2005年8月に提示された経済産業省の産業構造審議会新成長政策部会経営・知的資産小委員会の中間報告書によれば，レピュテーションの源泉を分析すると品質，誠実さ，製品・サービスのイメージ，社会的活動による貢献，徹底した事業リスク管理など知的資産の要素となるものに分解していくことが可能であるとのことから，広い意味でのインタンジブルズの一部と考

えられている。そのため，レピュテーションも企業業績や企業価値の創造に貢献する重要なファクターと位置づけられている。

しかし，もしこの仮説が棄却されれば，レピュテーションが経営者の裁量行動のインセンティブにならないかもしれない。レピュテーションが企業価値の創造に貢献するという本質的な因果関係が成立してはじめて，経営者はポジティブなレピュテーションを得られるような裁量行動を選択すると思われる。そのため，レピュテーションが企業業績や企業価値にプラスの影響を与えるという問いを確認できてはじめて，本書が提示した仮説を下支えし検証する意義が生まれるのである。

そこで本章では，レピュテーションが企業業績にいかなる影響を与えるかということを経験的に検証する。本章で取り上げるレピュテーションは無形の資産であり，それゆえ価値創造に貢献するという視点から分析を進めるため，ここでは櫻井（2005）の定義を用いて概念化を行う。レピュテーションとは，「経営者および従業員による過去の行為の結果，および現在と将来の予測情報をもとに，企業を取り巻くさまざまな利害関係者から導かれる持続可能な（sustainable）競争優位」（櫻井，2005，p.1）であり，財務業績や企業価値を高める重要なインタンジブルズ（intangibles; 無形の資産）[1]である。この定義は第1章で議論した資産概念にもとづく定義である。

第2節では，財務業績に対するレピュテーションの有効性を検証した先行研究のレビューを行う。第3節ではリサーチ・デザインを明らかにし，第4節では推定モデルを用いて経験的な検証を行う。最後に第5節において，本章における検証の要約を行うとともに，研究の限界と今後の研究課題についても明らかにする。

2 先行研究のレビュー

本節では，財務業績に対するレピュテーション効果の有効性を検証した過去の諸研究を，2.1 研究の起点，2.2 1998年以降の米国における研究の展開，2.3 2000年以降の諸外国における研究の展開という3つに分け，時系列に跡づけた。

2.1 研究の起点

まず起点となる研究として，はじめて仮説を検証した McGuire et al. (1990) の研究を取り上げる。次に，Sabate and Puente (2003) の研究[2]を参考に Roberts and Dowling (1997)，Cordeiro and Sambharya (1997) の研究を取り上げる。これらの研究では，財務業績に対するレピュテーション効果の有効性が確かめられた。

2.1.1 McGuire et al. (1990) による研究

McGuire et al. (1990) の研究は，レピュテーションが財務業績に影響を与えるという仮説を検証した先駆的研究として知られている[3]。McGuire et al. (1990) は，Fortune の AMAC のスコアを用いて 1982 年のレピュテーション変数と 1982 年から 1985 年にかけての財務業績との相関関係を検証している。サンプルは 31 産業の大企業 131 社であり，財務業績の変数としては ROA，総資産負債比率（負債／総資産），平均資産総額，売上高成長率，営業レバレッジ，資産成長率，営業利益成長率などが使用されている。財務データについては Compustat と CRSP から入手されている。McGuire et al. (1990) の分析結果を図表補 -1 に示す。

分析の結果，レピュテーションと ROA の間に強い相関があることが明ら

図表補 -1　相関係数の結果

	Quality of Management	Quality of Product	Innovation	Investment Value	Financial Soundness	Attract People	Social Responsibility	Use of Assets	Average Quality Rating
Debt/Assets	-.189**	-.279**	.128*	-.325**	-.467**	-.315**	-.505**	-.276**	-.340**
ROA	.374**	.404**	.336**	.506**	.603*	.513**	.532**	.447**	.512**
Average Assets	-.009	.016	-.099	.001	.000	.147	.147	-.080	.006
Sales Growth	.323**	.329*	.396**	.373**	.306	.396**	.128	.343**	.361**
Operating Leverage	.130	.170	.136	.159	.197	.176*	.232**	.194*	.190*
Asset Growth	.285**	.279**	.365**	.317**	.212*	.343**	.113	.279*	.303**
Operating Income Growth	.379**	.277**	.370**	.477**	.403**	.429**	.133	.438**	.404**
Beta	.040	-.053	.100	.050	-.115	.028	-.193	-.017	-.109
Alpha	-.072	-.105	-.111	-.129	-.013	.118	.009	-.048	-.080
Residuals	-.160	-.137	-.020	-.275**	-.119*	-.119*	-.289**	-.119*	-.224**

原書注：* Significance = .05.　** Significance = .01.
出所：McGuire et al. (1990) p. 174.

かにされた。同様に，企業リスクを表す総資産負債比率の間には強い負の相関があることも確認された。これは過去のレピュテーションの増加が将来の業績向上に貢献し，また企業リスクの低減に役立っていることを示している。相関係数は両者の相互関係を検証するものであり，厳密に両者の因果関係を検証する回帰分析とは異なる。しかしMcGuire et al.（1990）は，検証する変数の年度ラグをとることで，過去のレピュテーションが将来の財務業績に影響を及ぼすか否かを検証している。これがMcGuire et al.（1990）の研究の特徴であり，レピュテーション効果の可能性を示唆した点に大きな意義があるといえる。

2.1.2　Roberts and Dowling（1997）による研究

　McGuire et al.（1990）の研究は相関係数によってレピュテーションと財務業績の強い相関関係を明らかにした。しかし，両者の因果関係までは明らかにしていない。他方，次に取り上げるRoberts and Dowling（1997）の研究は，レピュテーションが財務業績に影響するという因果関係を明らかにした研究であるといえる。

　Roberts and Dowling（1997）は，比較的高いレピュテーションを有する企業がある一定期間内に超過収益力を有するかについて検証を行っている。比較的高いレピュテーションを有する企業が超過収益力[4]を獲得する傾向にあるか（獲得効果），そして比較的高いレピュテーションが超過収益力の維持に機能するか（維持効果）について検証するために，比例ハザードモデル（Cox回帰）[5]を使用している。

　レピュテーション変数には，AMACの1984年から1998年までのデータが用いられ，47産業435社のデータがサンプリングされている。その他に，企業規模，時価簿価比率，現在の業績ポジションの継続期間とCalendar timeを説明変数としてモデルに加えている。財務データについてはCompustatから入手されている。Roberts and Dowling（1997）の分析結果を図表補-2に示す。

　分析の結果，まず維持効果モデル（Sustain Model）では，レピュテーションが超過収益ハザード比率に対して有意に影響するということを明らかにし

ている。超過収益ハザード比率とは，t期において超過収益の業績ポジションもしくは平均以下の業績ポジションどちらか一方を退出する確率を表したものである。レピュテーションが超過収益ハザード比率に対して－0.30と有意にマイナスの影響を与えるということから，レピュテーションは超過収益の業績ポジションを維持することに貢献していると解釈できる。次に獲得効果モデル（Attain Model）においても，レピュテーションが超過収益ハザード比率に対して0.35と有意にプラスの影響を与えるということが示されている。これはレピュテーションが現在の業績ポジションよりも高い業績ポジションの獲得に貢献することを示している。

Roberts and Dowling（1997）の研究の特徴は，レピュテーション効果を維持効果と獲得効果に分けた仮説を提示し，その検証に比例ハザードモデルを用いたことである。分析の結果，比較的高いレピュテーションを有する企業は超過収益力を獲得する機能を有し，かつ超過収益力を維持する機能も有することが証明された。McGuire et al.（1990）の研究を一歩進め，レピュテー

図表補 -2　比例ハザードモデルの結果

	Sustain Model[a]	Attain Model[a]
1 Relative reputation	−0.30	0.35
	(0.00)	(0.00)
2 Relative company size	0.01	−0.01
	(0.00)	(0.04)
3 Relative M–T–B value	−0.00	0.00
	(0.68)	(0.66)
4 Episode duration	−0.10	−0.06
	(0.00)	(0.05)
5 Calendar time	−0.00	−0.02
	(0.94)	(0.15)
Number of Events	334	338

[a]The five variables are jointly significant at $P < 0.001$

出所：Roberts and Dowling（1997）p. 75.

ションと財務業績の因果関係を明らかにした点，さらにレピュテーション効果を獲得効果と維持効果に分けた検証がなされた点に本研究の貢献があるといえる。

2.1.3 Cordeiro and Sambharya（1997）による研究

　Roberts and Dowling（1997）の研究は，レピュテーションが超過収益力に与える影響について検証した研究である。他方，次に取り上げるCordeiro and Sambharya（1997）の研究では，レピュテーションがアナリストの予測情報に影響を与えるかについて重回帰分析を用いて検証している。Roberts and Dowling（1997）の研究では財務業績への影響に着目したが，Cordeiro and Sambharya（1997）の研究ではレピュテーションが財務業績に影響を与えることを前提に，アナリストがその財務業績にもとづいて予測情報を公表した場合にアナリスト予測にレピュテーションが反映されるという点に着目している。

　Cordeiro and Sambharya（1997）の研究では，レピュテーション変数としてAMACの1994年から1995年までのデータが用いられ303社を分析対象としている。また，SEC（米国連邦証券取引委員会）のDisclosure Datebaseからアナリスト予測，アナリストの数，企業規模，ROA，時価簿価比率が入手された。アナリスト予測には産業調整された予測利益成長率を用いている。Cordeiro and Sambharya（1997）の分析結果を図表補-3に示す。

　分析の結果，1994年，1995年のレピュテーション変数（ORF）はアナリスト予測に対して0.316，0.352という有意にプラスの影響を及ぼすことが明らかにされた。またレピュテーション変数（ORF）を財務要素（FEF）と非財務要素（CSMF）に分類した追加的検証においても，アナリスト予測に対してそれぞれ有意にプラスの影響が確認された。

　Cordeiro and Sambharya（1997）は，アナリスト予測のなかにレピュテーションの影響が含まれることを明らかにした。アナリスト予測という変数を用いることで，間接的に財務業績に与えるレピュテーションの影響を検証し，そして将来の予測情報に対してもレピュテーション効果が内包されることを検証した。この点に彼らの研究の特徴と貢献がある。しかしながら，研

図表補 -3　回帰分析の結果

	1994	1995	1994	1995	1994	1995
Industry-adjusted composition of Overall Reputation Factor (ORF)	0.316***	0.352***				
Industry-adjusted composite of Capabilities and Strategic Means Factor (CSMF)			0.316***	0.362***		
Industry-adjusted composite of Financial Ends Factor (FEF)					0.305*** *	0.311***
Firm size	−0.057	−0.024	−0.057	−0.024	−0.059	−0.030
Market to book ratio	0.018	0.007	0.017	0.006	0.021	0.011
Return on assets	0.125*	0.100*	0.131*	0.014*	0.046	0.098*
Number of analyst forecasts	0.148**	0.095	0.144*	0.093	0.171*** *	0.114*
Adjusted R^2	0.163	0.159	0.163	0.166	0.151	0.134
F-value (significance)	12.84 (0.000)	12.42 (0.000)	12.77 (0.000)	13.03 (0.000)	11.75 (0.000)	10.40 (0.000)

原書注：N ＝ 303.
　　　　Cells contain standardized regression beta coefficients.
　　　　All variables except firm size are adjusted for industry effects.
　　　　Two-tailed significance levels: * indecates $p < .1$. ** indicates $p < .01$ *** indicates $p < .001$.
出所：Cordeiro and Sambharya (1997) p. 75.

究対象期間が 1994 年と 1995 年の 2 期間と短く，この結果だけでは普遍性を確保しているとはいい難い。

2.2　1998 年以降の米国における研究の展開

つづいて，その後の研究の展開として Roberts and Dowling (2000, 2002)，Vergin and Qoronfleh (1998)，Black et al. (2000) の研究を取り上げる。

Roberts and Dowling (2000, 2002)[6] の研究は，前述した Roberts and Dowling (1997) の研究を起点とした進化モデルであり，ROA を変数に加えることでモデルの精緻化を図っている。また比例ハザードモデルに加え，自己回帰モデルによる検証を行うなど多面的な分析が行われた。

他方，Vergin and Qoronfleh (1998)，Black et al. (2000) の研究は Roberts and Dowling の研究の展開とは異なり，レピュテーションと株価や市場価値との関連を検証する研究である。これまでの研究では財務業績に焦点をあて

てきたが，市場の評価に焦点をあてる新たな研究の潮流であるといえる。このような研究は2000年代前後から行われるようになった。これら3つの研究においても，レピュテーションが財務業績や企業価値に影響を与えるということを確認することができた。

2.2.1 oberts and Dowling（2000, 2002）による研究

Roberts and Dowling（2000, 2002）の研究は，Roberts and Dowling（1997）の展開として位置づけられ，超過収益力に対するレピュテーション効果の有効性について新たなサンプルと自己回帰モデル[7]という新たなアプローチを用いて検証を行っている点に大きな特徴がある。

Roberts and Dowling（2000, 2002）は，ある時点でのレピュテーションが持続的超過収益力に影響を及ぼすかどうかを検証するため，$prof_{i,t} = \alpha_0 + \beta_0 prof_{i,t-1} + \varepsilon_{i,t}$という一般的な自己回帰モデルのアプローチをベースに以下のモデルを構築している。

$$roa_{i,t} = \alpha_0 + \alpha_1 rep_{i,t-1} + \alpha_2 mtb_{i,t-1} + \alpha_3 size_{i,t-1} + \beta_0 roa_{i,t-1} + \beta_1 rep_{i,t-1} roa_{i,t-1} + \beta_2 mtb_{i,t-1} roa_{i,t-1} + \beta_3 size_{i,t-1} roa_{i,t-1} + \varepsilon_{i,t}$$

$roa_{i,t}$はt期における企業iの総資本利益率（ROA）である。$rep_{i,t-1}$は業界平均に対応した$t-1$期における企業iのレピュテーションを表し，$mtb_{i,t-1}$と$size_{i,t-1}$も同様に$t-1$期の時価簿価比率と企業規模（総売上高）を表している。利益の持続性をベースとしながら，そのなかでレピュテーションが将来の財務業績に影響を与えるか否かを検証するというのがこのモデルの興味深い点である。

レピュテーション変数には，AMACの1984年から1998年までのデータが用いられた。ただしサンプル数に若干の違いがあり，Roberts and Dowling（2000）では63産業546社を分析対象とし，Roberts and Dowling（2002）では全体サンプルが540社，レピュテーションを財務レピュテーションと残余レピュテーションに分解するサンプルが300社となっている。その他の変数についてはRoberts and Dowling（1997）と同様であり，Compustatから

入手されている。では，自己回帰モデルの分析結果を図表補 -4，図表補 -5 に，比例ハザードモデルによる分析結果を図表補 -6 に示す。

分析の結果，図表補 9-4 の自己回帰モデルでは α_1，β_1 が有意にプラスと推定されている。すなわち，レピュテーションが ROA に影響し，かつ ROA は持続する傾向にあるということである。また，レピュテーションを財務レピュテーションと残余レピュテーションに分解して行われた追加的検証[8]においても，α_{1a}，α_{1b} と β_{1a}，β_{1b} が有意にプラスの推定値となることが明らかにされた。これにより，Roberts and Dowling（1997）の研究成果と同様，レピュテーションの獲得効果と維持効果が証明されたことになる。

図表補 -4　自己回帰モデルの結果

	Model 1 (Overall)	Model 2 (Overall)	Model 1a (Reduced)	Model 2a (Reduced)	Model 3 (Reduced)	Model 4 (Superior)	Model 5 (Below Average)
Constant (α_0)	0.08 (0.11)	-0.36** (0.11)	0.14 (0.14)	-0.28* (0.14)	-0.42** (0.14)	0.36 (0.24)	-1.22** (0.27)
Reputation$_{t-1}$ (α_1)		1.27** (0.15)		0.86** (0.17)			
Financial reputation$_{t-1}$ (Financial$_{t-1}$) (α_{1a})					2.82** (0.51)	-0.11 (0.78)	2.76** (0.96)
Residual reputation$_{t-1}$ (Residual$_{t-1}$) (α_{1b})					0.71** (0.19)	-0.72** (0.31)	0.97** (0.34)
MTB$_{t-1}$ (α_2)		0.01* (0.00)		0.11** (0.02)	0.09** (0.02)	0.08* (0.04)	0.07 (0.04)
Sales$_{t-1}$ (α_3)		-0.01 (0.00)		-0.00 (0.01)	-0.00 (0.01)	0.01 (0.02)	-0.00 (0.02)
roa$_{t-1}$ (β_0)	0.47** (0.02)	0.43** (0.02)	0.44** (0.02)	0.39** (0.023)	0.33** (0.03)	0.38** (0.04)	0.10 (0.06)
roa$_{t-1}$ * Reputation$_{t-1}$ (β_1)		0.16** (0.02)		0.13** (0.02)			
roa$_{t-1}$ * Financial$_{t-1}$ (β_{1a})					0.15** (0.03)	0.33** (0.05)	-0.08 (0.10)
roa$_{t-1}$ * Residual$_{t-1}$ (β_{1b})					0.09** (0.02)	0.24** (0.04)	0.03 (0.06)
roa$_{t-1}$ * MTB$_{t-1}$ (β_2)		0.00 (0.00)		0.03** (0.00)	0.02** (0.00)	0.01** (0.01)	0.01 (0.01)
roa$_{t-1}$ * Sales$_{t-1}$ (β_3)		-0.02** (0.00)		-0.01** (0.00)	-0.01** (0.00)	-0.01 (0.01)	-0.01* (0.01)
N	3,141	3,141	1,849	1,849	1,849	941	908
Adjusted R^2	0.20	0.26	0.20	0.31	0.31	0.44	0.06

原書注：(Variables normalized to industry average)
　　　** $p < 0.01$; * $p < 0.05$.
出所：Roberts and Dowling（2002）p. 1086.

補論　レピュテーションと企業業績

図表補-5　平均的残余と高残余のレピュテーション企業における相対的 ROA の経過

Superior Performance:

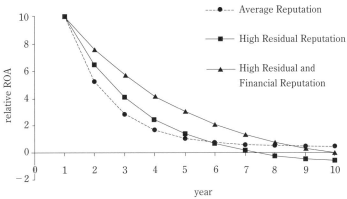

■ initial value of relative ROA set at one standard deviation above the mean of the superior performance sub-sample

Below-Average Performance:

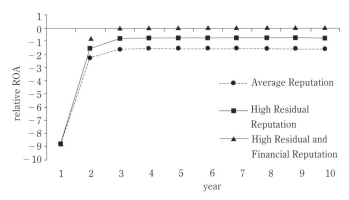

■ initial value of relative ROA set at one standard deviation below the mean of the superior performance sub-sample

出所：Roberts and Dowling（2002）p. 1087.

図表補 -6 比例ハザードモデルの結果

	Model 6 (Superior)	Model 7 (Superior)	Model 8 (Below Average)	Model 9 (Below Average)
Reputation$_{t-1}$	−0.42 **		0.40 **	
	(0.07)		(0.07)	
Financial reputation$_{t-1}$		−0.98 **		0.81 **
		(0.21)		(0.25)
Residual reputation$_{t-1}$		−0.25 **		0.31 **
		(0.09)		(0.09)
MTB$_{t-1}$	−0.00	−0.02	0.00	0.03
	(0.00)	(0.01)	(0.00)	(0.02)
Sales$_{t-1}$	0.01	0.00	−0.01	−0.01
	(0.00)	(0.00)	(0.00)	(0.00)
roa$_{t-1}$	−0.08 **	−0.05 **	0.00	−0.02
	(0.02)	(0.02)	(0.01)	(0.01)
N	1630	941	1511	908
Events	457	286	428	268
Log likelihood	−3340.68	−1933.19	−3113.83	−1813.04

原書注：(Variables normalized to industry average),** $p < 0.01$; * $p < 0.05$.
出所：Roberts and Dowling（2002）p. 1088.

次に，図表補 -6 の比例ハザードモデル[9]による分析結果をみると，超過収益力の持続性に焦点をあてた維持効果モデルではレピュテーションの係数が−0.42 と有意にマイナスであることを明らかにしている。すなわち，レピュテーションを有する企業はいかなる時点においても超過収益の業績ポジションから移動する可能性が低いことを示唆している。

また追加的検証においても，財務レピュテーションの標準偏差が平均以下のサンプル（Below Average）が−0.14，超過サンプル（Superior）が 0.56 であることから，高い財務レピュテーションをもつ企業が超過収益の業績ポジションから低い業績ポジションに移動する可能性は低い財務レピュテーションをもつ企業に比べて 0.51 倍（exp［(−0.98)・(0.56＋0.14)］）であり，残余レピュテーションについても 0.70 倍であることが明らかにされた。このことから，レピュテーションは超過収益の業績ポジションを維持することに貢献していると説明できる。

さらに，超過収益力の獲得に焦点をあてる獲得効果モデルでは，レピュ

テーションの係数が0.4と有意にプラスであることを示している。すなわち，レピュテーションを有する企業はいかなる時点においても低い業績ポジションから移動する可能性が高いということである。先ほどと同様の追加的検証においても，高い財務レピュテーションをもつ企業が低い業績ポジションから超過収益の業績ポジションに移動する可能性は低い財務レピュテーションをもつ企業に比べて1.52倍であり，残余レピュテーションについても1.59倍であることを明らかにしている。ここでの検証においても，レピュテーションは超過収益の業績ポジションの獲得に貢献していることが証明されている。

Roberts and Dowling（2000, 2002）とRoberts and Dowling（1997）の研究の相違としては次の2点を指摘することができる。まず，自己回帰モデルによる利益の持続性をベースとしてモデル展開した点である。ただやみくもにモデル構築を行うのではなく，利益の持続性というこれまでの知見を踏まえた分析がなされている点は前回の研究よりもより論理的であり，理論的背景も頑健である。

次に，新たな変数としてROAが加えられた点である。前述したMcGuire et al.（1990）の研究においてはレピュテーションとROAの間に強い相関が見られた。またレピュテーションは財務業績や企業価値を高める重要なインタンジブルズ（intangibles；無形の資産）であるという資産アプローチを踏まえると，ROAの増加をもたらす原因はオフバランスのインタンジブルズにあるのではないかとの解釈も可能である。このような点から，財務業績の指標としてROAを用いることは先行研究の知見や理論的背景からしても親和性が高いと感じる。以上がRoberts and Dowling（2000, 2002）研究の貢献である。

2.2.2　Vergin and Qoronfleh（1998）による研究

Roberts and Dowling（2000, 2002）は，超過収益力に対するレピュテーションの影響について検証した研究であった。他方，次に取り上げるVergin and Qoronfleh（1998）はレピュテーションと資本市場の関係について検証を行っている。

Vergin and Qoronfleh（1998）は，キャピタル・ゲインに対するレピュテーションの影響を検証するために，AMAC の上位にランクインしている企業のキャピタル・ゲインと，下位にランクインしている企業のそれとを比較して分析している。これまでレビューした先行研究の展開とは異なるものの，資産アプローチにもとづくレピュテーションの考え方からすれば基本的に同じ研究と位置づけることができる。

　レピュテーション変数には，AMAC の 1984 年から 1996 年までのデータを用いている。また，キャピタル・ゲインは AMAC の上位にランクインしている 10 社と下位にランクインしている 10 社について測定され，比較対象の平均値として同期間の S & P500 株価インデックスの業績が使用されている。Vergin and Qoronfleh（1998）の分析結果を図表補 -7，図表補 -8 に示す。

　分析の結果，高いレピュテーションを有する企業のキャピタル・ゲインは，低いレピュテーションを有する企業のそれと比較して有意な差があることが示された。1984 年から 1996 年までの期間に AMAC の上位にランクインしている 10 社の株価の平均騰落率は次期の AMAC の公表までに平均 20.1% 増加し，S & P500 は平均 13.1% 増加している。そして下位にランクインしている 10 社の平均騰落率は平均 1.9% 減少している。上位にランクインしている 10 社，S & P500，下位にランクインしている 10 社の平均配当率がそれぞれ 2.1%，3.2%，0.2% であることを踏まえ，これら平均配当率を考慮した平均騰落率で検証したところ，AMAC 上位，SandP500，AMAC 下位のそれぞれで 22.2%，16.3%，－1.7% であることが明らかにされた。このことから，レピュテーションが企業価値の創造に貢献する可能性があることが示唆される。

　Vergin and Qoronfleh（1998）は，t 検定を用いることでレピュテーションとキャピタル・ゲインの関係を説明した。非常のシンプルな検証であるが，相関や因果を明らかにしたものではない。この点に Vergin and Qoronfleh（1998）の研究の限界を指摘できる。しかし Vergin and Qoronfleh（1998）が指摘するように，この研究の成果は効率的市場仮説のセミストロング型に反する証拠を提示しており，現在の経済学の潮流と一致している点はとても興

補論　レピュテーションと企業業績

図表補 -7　配当前後の平均リターン

	BEFORE DIVIDENDS				AFTER DIVIDENDS		
Year	Top 10	Bottom 10	S&P 500	Year	Top 10	Bottom 10	S&P 500
1984	23.3	-0.9	13.5	1984	25.8	-0.8	17.5
1985	36.1	25.0	31.8	1985	38.4	25.0	36.0
1986	28.8	-26.5	24.1	1986	31.3	-26.3	27.5
1987	-7.9	10.8	-11.7	1987	-5.3	11.5	-8.7
1988	17.0	-9.1	13.0	1988	19.6	-8.8	16.6
1989	26.7	-24.0	15.3	1989	29.6	-22.4	18.7
1990	38.7	-37.3	10.1	1990	40.9	-37.3	13.7
1991	18.5	-35.4	6.4	1991	20.4	-35.4	9.6
1992	3.1	-14.7	11.7	1992	4.9	-14.7	14.7
1993	-5.3	-32.1	-1.4	1993	-3.2	-32.1	1.4
1994	19.4	17.9	12.7	1994	21.1	18.1	15.5
1995	24.4	80.2	28.9	1995	25.5	80.2	31.3
1996	38.5	21.1	15.8	1996	39.5	21.3	17.8
Mean	20.1	-1.9	13.1	Mean	22.2	-1.7	16.3
Std. Dev.	15.3	33.1	11.6	Std. Dev.	15.2	33.0	11.7

出所：Vergin and Qoronfleh（1998）p. 24.

図表補 -8　リターンの平均年レート

	Stock Appreciation	With Dividends
Top Ten Most Admired	20.1 %	22.2 %
Standard & Poor's 500 Index	13.1 %	16.3 %
Bottom Ten Least Admired	-1.9 %	-1.7 %

	t–Statistics and Significance Levels			
	t	p	t	p
Top - Bottom	2.31	0.039	2.48	0.029
Top - S&P 500	2.43	0.031	2.05	0.063
Bottom - S&P 500	-1.81	0.095	-2.15	0.053

出所：Vergin and Qoronfleh（1998）p. 24.

味深い点である。市場においてもレピュテーションという因子が認知され価額に織り込まれているのかどうか今後新たな研究の展開が期待される。こうした点に Vergin and Qoronfleh（1998）の研究の意義がある。

2.2.3 Black et al.（2000）による研究

　Vergin and Qoronfleh（1998）の研究は，キャピタル・ゲインに対するレピュテーション効果の有効性を間接的に検証した研究であった。次に取り上げる Black et al.（2000）も同様，レピュテーションと資本市場の関係について焦点をあてた研究である。ただし，Vergin and Qoronfleh（1998）の研究よりも多くの変数を採用し回帰モデルを用いている点に Black et al.（2000）の研究の特徴である。

　Black et al.（2000）は，AMAC の非財務構成要素（NonFREP）が企業価値に対して価値関連性を有するという仮説を展開し回帰モデルを用いた検証を行っている。Vergin and Qoronfleh（1998）との研究の相違は，回帰モデルも用いた仮説検証を行っている点であり，分析結果の信頼性はより高いと思われる。他方で，レピュテーションを財務構成要素（FREP）と非財務構成要素に細分化する検証方法は Cordeiro and Sambharya（1997），Roberts and Dowling（2000, 2002）の研究と類似する点である。

　Black et al.（2000）の研究では，Brown and Perry（1994）の研究[10]で用いられたモデルを修正した検証が行われている。それが以下の修正モデルである。

$$MV_t = \beta_0 + \sum_{\gamma=82}^{96} DMY_\gamma + \beta_1 BV_t + \beta_2 NI_t + \beta_3 NonFREP_{t-1} + \beta_4 size_t + v_t$$

　MV_t は t 期における株式の市場価値，BV_t は t 期における株式の帳簿価額，NI_t は t 期における経常利益（特別損益項目前利益），$NonFREP_{t-1}$ はレピュテーションの非財務構成要素，$SIZE_t$ は t 期における総資産額を示す。レピュテーション変数には，AMAC の 1984 年から 1998 年までのデータを用いている。また，他の財務データは Compustat から入手しており，総サンプルは 2,769 とされた。Black et al.（2000）の分析結果を図表補 -9 に示す。

　分析の結果，非財務構成要素（NonFREP）の係数は，998.80 と有意にプラスの影響を示している。このことは，レピュテーションが財務情報以上に価値関連性をもつことを明らかにしている。また財務構成要素と非財務構成要素の両方を変数として組み入れたモデルの場合も，市場価値に対して有意

図表補 -9　回帰分析の結果

	Coefficient (t-statistic)	Coefficient (t-statistic)	Coefficient (t-statistic)	Coefficient (t-statistic)
Constant	1510.40	1522.05	−11363.43	−25841.24
	(4.10)	(4.20)	(−12.73)	(−17.60)
BV_t	1.16	1.16	1.12	1.08
	(31.51)	(31.74)	(31.83)	(30.92)
NI_t	5.12	5.16	4.57	4.00
	(26.73)	(27.17)	(24.63)	(21.19)
$NonFREP_{t-1}$	998.80			1015.03
	(5.91)			(6.41)
$FREP_{t-1}$				4368.67
				(19.16)
$SCORE_{t-1}$			2051.59	
			(15.67)	
$SIZE_t$	−.03	−.03	−.02	−.02
	(−6.29)	(−6.35)	(−4.86)	(−3.40)
N	2769	2769	2769	2769
F-statistic	427.43	462.42	488.30	479.43
Adj. R^2	72.9 %	72.7 %	74.9 %	76.2 %

出所：Black et al.（2000）p. 40.

にプラスの値を示している。調整済み決定係数も高くなっていることから，市場価値に対するレピュテーションの説明力が増している点も注目すべき点である。

　Black et al.（2000）の研究の特徴は，回帰モデルを用いてレピュテーションが株式の市場価値に与える影響を明らかにした点にある。また，AMACによって入手されたレピュテーション変数を財務構成要素と非財務構成要素に細分化した検証によって，分析結果の信頼性や頑健性を高めている。そのような追加的検証によって調整済み決定係数が増加した点も，単純に変数投入による影響と解釈するのはやや拙速かもしれない。今後の研究の展開を期待したいところであるが，こうした興味深い知見を明らかにした点に Black et al.（2000）の研究の大きな意義があるといえる。

2.3 2000年以降の諸外国における研究の展開

最後に，米国以外の諸外国において行われた研究の展開として，デンマークの Rose and Thomsen（2004），ドイツの Eberl and Schwaiger（2005），オーストラリアの Inglis et al.（2006），ドイツの Dunbar and Schwalbach（2000）の研究を順に取り上げる。2.2.2，2.2.3 で取り上げた米国における研究は，レピュテーションの評価指標として AMAC に依拠した分析がなされてきた。そこで，AMAC 以外の評価指標を用いても同様の効果が検出されるかどうかを確かめるために米国以外の地域で行われた研究を中心に概観する。

これら諸外国における研究の結果，ドイツにおいては財務業績に対するレピュテーション効果の有効性を確かめることができたが，デンマーク，オーストラリアにおいては確認できなかった。このように各国の実証結果が異なる点について，レピュテーションと財務業績の関係について行われた実証的検証を網羅的にサーベイしている Sabate and Puente（2003）の研究によれば，「多くの産業を含むサンプルの使用，財務業績尺度の多様性，レピュテーションの構成要素の多様性，レピュテーションが価値を創造する（その逆も同様）期間」（Sabate and Puente, 2003, p. 161）という4つの問題点を挙げ，研究者による研究方法の多様化を指摘している。

他方，1990年代から行われた Fombrun and Shanley（1990），Riahi-Belkaoui and Pavlik（1991），Roberts and Dowling（1997），Cordeiro and Sambharya（1997）らによる実証的検証については，「各産業に対する変数を標準化し，レピュテーション効果を内包する新たな操作変数を投入することで上述した4つの問題点を部分的に緩和した研究」（Sabate and Puente, 2003, p. 162）であるとし，これらの研究に一定の評価をしている。

2.3.1 Rose and Thomsen（2004）による研究

Rose and Thomsen（2004）の研究は，デンマークにおけるレピュテーション評価指標を用いることでレピュテーションが財務業績に与える影響を経験的に検証している。Rose and Thomsen（2004）は，デンマークの刊行誌 Børsens Nyhedsmagasin のイメージランキングをレピュテーション評価指標として用いている。Rose and Thomsen（2004）の研究で用いられたモデルを

以下に示す。

$$Q_{it} = \alpha_1 + \beta_1 Image_{it} + \beta_2 Q_{it-1} + \mu_{1it}$$

Q_{it} は t 期における企業 i の時価簿価比率であり，Q_{it-1} は $t-1$ 期における企業 i のそれである。$Image_{it}$ は t 期における企業 i のイメージランキングを表しており，前述したデンマークの刊行誌 Børsens Nyhedsmagasin の 1996 年から 2001 年までの 5 年間のデータを用いている。このイメージランキングは，Børsens Nyhedsmagasin がデンマークの経営者からの回答にもとづきデンマークにおける各年の主要企業のイメージを順位づけしたものである。また時価簿価比率は KFX（コペンハーゲン証券取引所）から入手している。サンプルは 62 企業であり，5 年間のプールデータは 263 個であった。Rose and Thomsen（2004）の分析結果を図表補 -10 に示す。

図表補 -10　回帰分析の結果

Independent variables	Dependent variable									
	Market-to-book value (t)						Image			
	Model I	Model II	Model III	Model IV	Model V	Model VI	Model VII	Model VIII	Model IX	Model X
Intercept										
mbv (t)	0.195***	0.119***	2.724***	2.964	0.032 ns	−0.056 ns	24.065***	16.133***	135.1***	47.469***
mbv ($t-1$)	0.851***	0.814***			1.000***	1.004***			−23.0***	−11.144**
mbv ($t-2$)		0.062 ns								
Image (t)			−0.010***			0.001 ns				
Image ($t-1$)				−0.012***	−0.000 n.s.		0.755***	0.694***		0.742***
Image ($t-2$)								0.091 n.s.		
Number of observations	634	462	263	211	165	188	238	180	201	173
F-value	722.7***	209.3***	24.2***	26.6***	123.1***	141.6***	332.7***	172.15***	14.1***	159.1***
R^2	0.533	0.476	0.084	0.112	0.600	0.603	0.584	0.659	0.171	0.650

原書注：a ***1％，**5％，*10％ significance, respectively; ns indicates not significant.
出所：Rose and Thomsen（2004）p. 208.

分析の結果，時価簿価比率に対するレピュテーションの有意にプラスの効果を確認することはできなかった。しかしながら，Rose and Thomsen（2004）の検証結果についてはいくつかの疑問や課題が挙げられる。まず図表補-10をみると，すべてのModelの説明変数にmbt（t）が投入されている。mbt（t）とはt期における時価簿価比率であるが，被説明変数にもt期における時価簿価比率を据えている場合には正しい推定結果が得られない。そのため，図表補-10に示される推定結果そのものに疑問が残る。

　次に，Rose and Thomsen（2004）も指摘するようにModel Ⅲ，Model Ⅳにおいてレピュテーション変数が有意にマイナスと推定されている。ひとつの解釈として，レピュテーションの増加によって売上増ならびに利益増につながり，その影響によって時価簿価比率の分母である自己資本簿価が増加したため時価簿価比率が減少するとの帰結も考えられる。そのため，財務業績変数の選択とその解釈をより慎重に行わなければ，検証結果の結論を誤る可能性があるのではないかと思われる。

　最後に，Sabate and Puente（2003）の指摘する多業種サンプル，財務業績指標，レピュテーション指標，期間の問題である。財務業績指標については前述したとおりである。Rose and Thomsen（2004）の研究においても，銀行業と製造業においてレピュテーションの有意にプラスの効果が確認されたが，サービス業では確認できなかったとしている。業種に対するコントロールは必要であろう。また，経営者からの回答によって得られたイメージランキングが果たして企業のレピュテーションを代替しているのか慎重に検討する必要がある。加えて，期間の問題としてt期，t-1期といった変数の設定をしていたが，設定の根拠を理論的に説明する必要があるように考えられる。なぜならば，仮にt期のレピュテーションといっても，経営者が判断した時期と回答結果を収集した時期にもラグが生じる。それらがt期の時価簿価比率に影響するという仮説が妥当かどうか慎重に検討すべきであろう。

2.3.2　Inglis et al.（2006）による研究

　次に取り上げるInglis et al.（2006）の研究は，オーストラリアにおけるレピュテーション評価指標を用いてレピュテーションと財務業績との関係を検

証した研究として位置づけることができる。Inglis et al.（2006）は，RepuTex の Reputation Index をレピュテーション評価指標として用いている。Inglis et al.（2006）の研究で用いられてモデルを以下に示す。

$$Q_i = a_1 + \beta_1 I_i + \beta_2 Q^1_i + e_{1t}$$

Q_i は 2004 年度の ROA，ROE，ROIC，時価簿価比率であり，Q^1_i は 2003 年度のそれを表している。また I_i は 2004 年度のレピュテーション変数を表している。基本的なモデル設計は Rose and Thomsen（2004）のものと同じであるが，Rose and Thomsen（2004）が財務業績変数として時価簿価比率のみを使用していたのに対し，Inglis et al.（2006）は ROA，ROE，ROIC を加えている点に相違がみられる。

レピュテーション変数は RepuTex の Reputation Index より 2003 年から 2004 年までのデータを用いている。またその他の変数については Aspect Huntley の Fin Analysis から入手している。サンプルは ASX（オーストラリア証券取引所）に上場する 77 社を対象としている。Inglis et al.（2006）の分析結果を図補 9-11 に示す。

図表補 -11　回帰分析の結果

Model 1	estimated co-efficient (p value)		R^2	N
Q	β_1	β_2		
MBV	−0.003 (0.869)	0.773 (0.000)	0.865	63
ROA	−0.001 (0.949)	0.623 (0.000)	0.540	64
ROE	0.001 (0.518)	0.537 (0.000)	0.516	64
ROIC	0.000 (0.997)	1.026 (0.000)	0.365	53
Model 2	estimated co-efficient (p value)		R^2	N
Q	β_3	β_4		
MBV	0.732 (0.000)	−0.103 (0.650)	0.526	57
ROA	0.725 (0.000)	0.264 (0.973)	0.525	57
ROE	0.726 (0.000)	−0.150 (0.967)	0.525	57
ROIC	0.721 (0.000)	−5.366 (0.057)	0.517	46

出所：Inglis et al.（2006）p. 940.

分析の結果，各財務業績変数に対してレピュテーション変数が有意にプラスの効果をもつことを確認することができなかった。Model 1 の β_1 が示すように，レピュテーション変数の有意性を確認することはできない。またModel 2 は被説明変数にレピュテーション変数，説明変数の β_3 にレピュテーション変数，β_2 に各財務業績変数を投入したモデルであるが，こちらも β_4 が示すとおり，財務業績がレピュテーションに与える影響を確認できなかった。この点は Rose and Thomsen（2004）の研究結果と異なる。

　Inglis et al.（2006）自身も指摘しているように，サンプル数の少なさ，研究対象期間の短さによる研究結果の信頼性の欠如を無視するわけにはいかない。とはいえ，Rose and Thomsen（2004）の提示したモデルに依拠しながら彼らの課題であった財務業績変数への対応を行っている。各変数を選択する理論的根拠を説明できればなお貢献度の高い研究になるであろう。またレピュテーション変数については，因子分析によって抽出されたガバナンス，環境，社会，職場という4つの因子にもとづいて収集されたデータを1から6のスコアリングによって量的データに変換したものが採用されている。さらに，Cronbach の α 係数を用いた信頼性の検証によりレピュテーション変数の信頼性を確認している[11]。これまでの先行研究の問題点や課題に対して適切な対応がなされている点は，Inglis et al.（2006）の研究を評価できる点であろう。

2.3.3　Eberl and Schwaiger（2005）による研究

　3つめに取り上げる Eberl and Schwaiger（2005）の研究は，ドイツにおけるレピュテーション評価指標を用いることで財務業績に対するレピュテーション効果の有効性を検証した研究である。

　Eberl and Schwaiger（2005）は新たなアプローチとして，レピュテーションを「能力」と「共感」のふたつの要素に分解し，組織的な「能力」に対する評価は将来の財務業績に対してプラスな影響を及ぼす，また企業への「共感」に対する評価は将来の財務業績に対してプラスな影響を及ぼすというふたつの仮説について検証している。Eberl and Schwaiger（2005）の研究で用いられたモデルを以下に示す。

$$ni_{2003} = \gamma_0 + \gamma_1 competence^{idiosync.} + \gamma_2 sympathy^{idiosync.} + \gamma_3 competence^{financial}$$
$$+ \gamma_4 sympathy^{financial} + \gamma_5 totalsales_{2002} + \gamma_6 marketbook_{2002} + \varepsilon_{ni}$$

　ni_{2003} は 2003 年度の当期純利益であり，$competence^{idiosync.}$ と $competence^{financial}$ は財務業績によって決定する「能力」とそれ以外の要素によって決定される「能力」を表している。または $sympathy^{idiosync.}$ と $sympathy^{financial}$ は財務業績によって決定する「共感」とそれ以外の要素によって決定される「共感」を表している。$totalsales_{2002}$ は 2002 年度の売上高を表し，$marketbook_{2002}$ は 2002 年度の時価簿価比率を表している。研究対象企業は DAX30 に記載される大企業 30 社である。またレピュテーション変数には，GfK のマーケット・リサーチによって行われた大規模電話調査から得られた評価を使用している[12]。Eberl and Schwaiger（2005）の分析結果を図表補 -12 に示す。

　分析の結果，「能力」と「共感」がともに将来の業績に対して有意な影響を及ぼすことが明らかにされたが，「能力」はプラスの影響を及ぼし，「共感」はマイナスの影響を与えることが示された。そのため仮説 1 のみが証明されたことになる。この点について Eberl and Schwaiger（2005）は，評価者

図表補 -12　回帰分析の結果

Model	1a	1b
Dependent variable	Competence	Sympathy
ni_{2002}	0.0938（0.07）	-0.0048（0.06）
ni_{2001}	0.1208（0.08）	0.1061（0.07）
ni_{2000}	-0.3115（0.15）*	-0.2082（0.13）
ni_{1999}	0.3272（0.19）	0.1943（0.17）
Constant	4.4999（0.18）**	331.87（0.16）**
Observations	20	20
R^2 (adj.)	0.18	0.08
F	2.03	1.39
R^2 (adj.)	0.07	0.18
F	2.04	1.38

Note: Absolute value of t-statistics is given in in parentheses; * significant at 10 percent, ** significant at 5 percent
出所：Eberl and Schwaiger（2005）p. 849.

の主観の度合いが少なからず影響するとしながらも,過去のよい業績といった企業の「能力」のみを重視するだけでは全体のレピュテーションの向上にはつながらず,他のドライバーを観察しなければならないと指摘している。また,これらの結果から「共感」といった感情のドライバー以上に,業績や組織能力などの顕在化した「能力」に焦点をあてた経営が重要であると解釈している。

　Eberl and Schwaiger（2005）の研究は，Rose and Thomsen（2004），Inglis et al.（2006）の研究と同様，財務業績に対するレピュテーションの有効性を検証した研究であり，その検証にドイツにおけるサンプルから抽出した評価を用いている。そしてレピュテーションが将来の財務業績に影響を及ぼすということを明らかにしている。Eberl and Schwaiger（2005）はこの結果に対して，大企業のサンプルしか使用していない点，またそのために一般化できない点を研究の限界として述べている。また，Cordeiro and Sambharya（1997），Inglis et al.（2006）の研究と同様に，2年という研究対象期間から結果の実効性に疑問は生じる。しかし，ドイツのサンプルとレピュテーションのデータを用いた検証としては大きな意義があるといえる。

2.3.4　Dunbar and Schwalbach（2000）による研究

　最後に取り上げる Dunbar and Schwalbach（2000）の研究も，Eberl and Schwaiger（2005）の研究と同様，ドイツにおけるレピュテーション評価指標を用いることでレピュテーションが将来の財務業績に影響するという仮説を検証した研究である。

　Dunbar and Schwalbach（2000）は，レピュテーション効果の検証に各年度ごとのクロスセクションモデルとプールモデルを使用している。レピュテーション変数には，ドイツのビジネス誌である *Manager Magazin* によって 1988 年から 1998 年にかけて行われたレピュテーション調査のデータを用いている。サンプルは 1988 年から 1998 年にかけて同調査に記載された大企業 63 社である。

　Manager Magazin は，約 2,000 名の上級マネージャーからドイツの大企業 100 社の評判データを収集し，当該大企業 100 社の経営者からも同業の大企

業 20 社の評判データを収集している。そして 1987 年から 2 年ごとに企業のレピュテーションを評価している。その他，変数として用いる財務業績については Manager Magazin が各企業の会計パフォーマンスと市場パフォーマンスを組み合わせて比較可能になるようコントロールした財務業績スコアを公表しているため，それを財務業績変数にあてている。Dunbar and Schwalbach (2000) の分析結果を図表補 -13，図表補 -14 に示す。

図表補 -13　クロスセクションモデルの結果

	Dependent Variable Financial Performance		
Year	1993	1995	1997
Intercept	−72.82 (−0.96)	−93.78 (−1.26)	−43.67 (−0.81)
R_{1992}	0.18 (1.23)		
R_{1994}		0.22 (1.46)	
R_{1996}			0.13 (1.22)
R^2	0.04	0.06	0.04
N	35	35	35

Note: R stands for reputation, t-values in parentheses.
出所：Dunbar and Schwalbach (2000) p. 122.

図表補 -14　プールモデルの結果

		Dependent Variable Financial Performance
Reputation		0.17* (2.24)
Time Dummies	1993	−68.71 (−1.71)
	1995	−71.56 (−1.83)
	1997	−65.06 (−1.67)
R^2		0.30
N		105

Note: * indicates 5 % significance level, t-values in parentheses.
出所：Dunbar and Schwalbach (2000) p. 122.

分析の結果，レピュテーションが将来の財務業績に影響することを明らかにしている。まずプールモデルでは，レピュテーション変数が財務業績変数に対して 0.17 と有意にプラスの影響を与えると推定されている。しかしながら，クロスセクションモデルではレピュテーション効果に対する有意な結果を得ることはできなかった。他方で，Dunbar and Schwalbach（2000）は財務業績がレピュテーションに影響を与えるという仮説，すなわちパフォーマンス効果の検証も行っている。それによれば，レピュテーション効果（0.17）よりもパフォーマンス効果（0.65）の方が有意なインパクトがあることを明らかにしている。

　そこで，企業規模，株式所有構造をコントロールした追加的検証が行われた。その結果を図表補-15 に示す。分析の結果，クロスセクションモデルにおいてもレピュテーション変数が財務業績変数に対して 0.54 と有意にプラスの影響を与えると推定されている。この点について Dunbar and Schwalbach（2000）はとくに指摘をしていなかったが，レピュテーション効果はパフォーマンス効果に比べるとその影響が弱いために各年度による影響（景気変動），企業規模，株式所有構造といった変数をコントロールすることによって明らかにできる可能性があると解釈できる。

図表補-15　クロスセクションモデルの結果（追加的検証）

	Dependent Variable Reputation 1996
Intercept	227.72** (3.70)
Reputation 1994	0.54** (4.41)
Financial performance 1995	0.52** (3.83)
Size (no of employees)	0.0002** (3.91)
Ownership (proxy owners)	−0.38* (−2.38)
Adj. R^2	0.649
N	34

Note: * indicates 5 % and ** indicates 1 % significance levels, t-values in parentheses.
出所：Dunbar and Schwalbach（2000）p. 123.

本項で取り上げた先行研究と同様に，Dunbar and Schwalbach（2000）の研究においても研究結果の信頼性を高める必要はある。しかしながら，クロスセクションモデルとプールモデル，そして適切な統制変数を用いながらレピュテーション効果を明らかにした点は彼らの研究の大きな貢献であろう。

3　リサーチ・デザイン

　前節では，財務業績に対するレピュテーション効果の有効性を検証した先行研究のうち 10 本を時系列に沿ってレビューした。研究のアプローチは違えども，ほとんどの研究においてレピュテーション効果を明らかにすることができている。しかしながら，それぞれの先行研究のアプローチには多くの問題点や課題が含まれている。そこで本節では，Roberts and Dowling（2000, 2002）の研究で用いられたモデルに依拠しながら，財務業績に与えるレピュテーション効果の有効性を経験的に検証することとした。本研究の仮説は次のとおりである。以下では，本研究のリサーチ・デザインについて，3.1 推定モデル，3.2 サンプルの選択，3.3 データの入手方法という順に取り上げる。

H_1：企業が高いレピュテーションを有する場合，財務業績にプラスの影響を及ぼす。

H_2：高いレピュテーションを有する企業の超過収益力は，長期にわたって維持される。

3.1　推定モデル

　本研究では，Roberts and Dowling（2000, 2002）の研究で用いられたモデルに依拠し，日本企業の財務業績に与えるレピュテーション効果の影響を経験的に検証する。Roberts and Dowling（2000, 2002）のモデルは，$prof_{i,t} = \alpha_0 + \beta_0 \, prof_{i,t-1} + \varepsilon_{i,t}$ という自己回帰モデルを修正したモデルであり，理論的な説明力が高いという点，またモデルに使用されるすべての変数が客観的に観

察可能であるといった点が利点として挙げられる。そこで，Roberts and Dowling（2000, 2002）のモデルに依拠した以下の検証モデルを推定することとする。

$$roa_{i,t} = \alpha_0 + \beta_1 rep_{i,t-1} + \beta_2 roa_{i,t-1} + \beta_3 mtb_{i,t-1} + \beta_4 rep_{i,t-1} * roa_{i,t-1} + \beta_5 mtb_{i,t-1} * roa_{i,t-1} + YearDummy + \varepsilon_{i,t}$$

ここで，$ROA_{i,t}$とはt期における企業iの総資本利益率（当期純利益/総資産）であり，上記の式の被説明変数である[13]。$REP_{i,t-1}$とはt期における企業iのレピュテーション変数のことである。また，$MTB_{i,t-1}$は，時価簿価比率[14]を表している。$REP_{i,t-1}$，$MTB_{i,t-1}$，$ROA_{i,t-1}$は上記の式の説明変数を構成する。$REP_{i,t-1}$，$MTB_{i,t-1}$，に$ROA_{i,t-1}$を乗じて交差項を投入している点もRoberts and Dowling（2000, 2002）の研究を参考にしている。これらのうち，とくに$REP_{i,t-1}*ROA_{i,t-1}$は仮説（H_2）の検証に使用される変数である［Roberts and Dowling（2002），p. 1085］。また，年度変化を統制するためにYear Dummyを投入し1997年をレファレンスとする。

上記の式において，レピュテーションの偏回帰係数[15]（β_1）ならびに（β_4）は0であるという帰無仮説を検定していく。β_1が有意にプラスであれば高いレピュテーションを有する企業が高い業績を獲得することを示し，β_4が有意にプラスであれば高いレピュテーションを有する企業によって獲得される超過利益が徐々に長期レベルに収束することを示す。ゆえに，β_1ならびにβ_4は有意にプラスの値をとると予想する。

3.2 サンプルの選択

本研究のサンプルは，1997年度から2006年度までの『週刊ダイヤモンド』の「企業好感度ランキング」を利用して採取する。この調査はレピュテーション調査にもっとも近いもののひとつであるとされ，先行研究で用いられた Fortune の AMAC に近い調査であると指摘されている（櫻井，2005，p. 140）。Roberts and Dowling（2000, 2002）の研究においても AMAC が採用されていることから，本研究も AMAC と類似する調査を採用することが適切

であると思われる。また，近年わが国における実証分析においてもレピュテーション変数として『週刊ダイヤモンド』の「企業好感度ランキング」が用いられる点を踏まえ，本調査を採用することとした[16]。

「企業好感度ランキング」が調査対象とする140社は『週刊ダイヤモンド』編集部で選定され，企業の知名度，業界内での地位，売上規模などを総合的に勘案したうえで決定される。調査方法として2006年度の調査の例を挙げると，2006年10月上旬に『週刊ダイヤモンド』定期購読者からランダムサンプリングした全国1万人を対象に調査票を発送し，11月中旬までに回答のあった3,584人分について集計が行われている。回答者は「総合的な見地からどの程度の好感度を持っているか」という設問に対し，「強くプラス」から「強くマイナス」までの5段階で評価しそれを編集部が点数化することで総合ランキング（順位とスコア）として公表している。図表補-16に2006年度調査における上位10社と下位10社の例を取り上げる。

まず，1997年度から2006年度までの「企業好感度ランキング」から2・3月決算の上場・公開企業を選択した。「企業好感度ランキング」の公表は11月末から2月上旬にかけて行われている点を踏まえ，ランキング情報が2・3月期末の決算に影響を及ぼすことを考慮したうえでサンプル数が多くなるよう配慮した。ただし，以下に挙げる企業はサンプルから除外することにした。

① 銀行・保険・金融業界に属する企業
② 決算期間が12カ月に満たない企業
③ 合併・買収などにともない，その時点での財務データの入手が困難な企業

また，レピュテーションデータと財務データは上下1％を異常値として除外している。その結果，最終的なサンプル数は延べ888社となった。分析対象期間は1997年から2006年までとし，分析対象産業は証券コード協議会による中分類に属する建設業，食料品，繊維製品，パルプ・紙，化学，医薬品，石油・石炭製品，ガラス・土石製品，鉄鋼，非鉄金属，機械，電気機

図表補-16　『週刊ダイヤモンド』「企業好感度ランキング」（2006年度調査における上位10社および下位10社）

順位	企 業 名	スコア	順位	企 業 名	スコア
1	トヨタ自動車	86.4	130	オリックス	55.0
2	ホンダ	82.0	130	日本生命保険	55.0
3	キヤノン	79.8	132	第一生命保険	54.7
4	シャープ	78.1	133	UFJニコス	54.3
5	松下電器産業	77.2	134	プリンスホテル	53.1
6	ヤマトHD	76.8	135	西友	52.0
7	花王	76.4	136	三洋電機	49.3
8	武田製薬工業	75.1	137	日本航空	47.5
9	信越化学工業	74.9	138	三菱自動車	47.2
10	キリンビール	74.6	139	ダイエー	47.1
10	京セラ	74.6	140	武富士	34.1

出所：『週刊ダイヤモンド』ダイヤモンド社 2006年12月16日号, pp. 132-146。

器，輸送用機器，精密機器，その他製品，陸運業，海運業，空運業，情報・通信業，卸売業，小売業，不動産業，サービス業とした。

3.3　データの入手方法

　REPはレピュテーションを示す変数であり，「企業好感度ランキング」のスコアをもとに作成している。またMTBにはPBR（株価純資産倍率）をあてることとした。PBRは株価を一株あたり純資産で除した値である。PBRの算定に必要な一株あたり純資産データは『NEEDS日経財務データDVD版』（日本経済新聞デジタルメディア）から入手し，株価データは日本経済新聞の縮刷版から手作業で収集した。株価に5月末日の株価終値を用いた理由は，2，3月決算期企業のほとんどが5月末までに決算発表をしているた

め5月末の株価に決算情報が反映されているとみなせるからである。ROAも『NEEDS 日経財務データ DVD 版』から入手した。なお，取り扱う財務データについてはすべて連結財務データが用いられている。

4　調査の結果と分析

本節では，前節で取り上げた推定モデルとサンプルデータを用いて，レピュテーションが企業の財務業績にいかなる影響を与えるのかを分析する。分析の結果を4.1 基本統計量と相関係数，4.2 推定モデルの分析結果の順に取り上げる。

4.1　基本統計量と相関係数

分析するデータの特性を把握するために，データの基本統計量と相関係数を確かめることにする。推定モデルで使用される被説明変数 $ROA_{i,t}$ と 5 つの説明変数の基本統計量を示したものが図表補 -17，相関係数を示したものが図表補 -18 である。なお相関係数は有意水準 1% で相関関係があることを示している。

標準偏差は平均値に対するデータの値のばらつき度合を示している。この

図表補 -17　基本統計量

対象期間 （1997- 2006 年）	$ROA_{i,t}$	$REP_{i,t-1}$	$ROA_{i,t-1}$	$MTB_{i,t-1}$	$REP_{i,t-1} *$ $ROA_{i,t-1}$	$MTB_{i,t-1} *$ $ROA_{i,t-1}$
平均値	1.9475	64.7301	1.9016	1.6774	131.5745	4.0407
最小値	-12.1100	42.0000	-9.4100	.0200	-512.8450	-14.3148
1Q	.4625	60.2000	.4400	1.1225	26.3470	.4894
中央値	1.7400	64.4000	1.6200	1.4800	108.8520	2.1367
3Q	3.5975	68.5000	3.3075	2.0375	225.7283	5.5463
最大値	14.3600	89.7000	14.3600	6.4100	989.0760	56.4224
標準偏差	3.2386	6.9125	2.9938	.8218	204.1403	7.5307
サンプル	888	888	888	888	888	888

出所：筆者作成。

図表補 -18　相関係数

	$ROA_{i,t}$	$REP_{i,t-1}$	$ROA_{i,t-1}$	$MTB_{i,t-1}$	$REP_{i,t-1} * ROA_{i,t-1}$	$MTB_{i,t-1} * ROA_{i,t-1}$
$ROA_{i,t}$	1.000					
$REP_{i,t-1}$	.408***	1.000				
$ROA_{i,t-1}$	.632***	.410***	1.000			
$MTB_{i,t-1}$	.358***	.281***	.346***	1.000		
$REP_{i,t-1} * ROA_{i,t-1}$	.646***	.462***	.993***	.363***	1.000	
$MTB_{i,t-1} * ROA_{i,t-1}$	.637***	.384***	.871***	.568***	.882***	1.000

注：***:p<0.01.
出所：筆者作成。

標準偏差が平均値に対して小さいほど平均値を中心にばらつきが少なく，逆に大きいほど広範囲にばらついていることを示している。図表補 -17 をみると，$ROA_{i,t}$，$ROA_{i,t-1}$，$REP_{i,t-1} * ROA_{i,t-1}$，$MTB_{i,t-1} * ROA_{i,t-1}$ は平均値は標準偏差よりも小さいことから広範囲にばらついていることがわかる。逆に $REP_{i,t-1}$ と $MTB_{i,t-1}$ についてはばらつきが少ないことが窺える。

　図表補 -18 をみると，5 つの説明変数は被説明変数 $ROA_{i,t}$ と統計的に有意なプラスの相関を有していることを示している。次に各説明変数間の相関係数に注目すると，そのほとんどが互いに有意なプラスの相関を示していることがわかる。しかしながら，説明変数間の相関が高くなればなるほど多重共線性の問題が生じる可能性がある。説明変数間に多重共線性が存在する場合，係数の推定値の誤差が大きくなり当該変数の係数を正確に推定することが困難になる。図表補 -18 では，$ROA_{i,t-1}$ と $REP_{i,t-1} * ROA_{i,t-1}$ の相関係数（0.993）がもっとも大きい。また $ROA_{i,t-1}$ と $MTB_{i,t-1} * ROA_{i,t-1}$，$REP_{i,t-1} * ROA_{i,t-1}$ と $MTB_{i,t-1} * ROA_{i,t-1}$ の相関係数もそれぞれ（0.871），（0.882）と高い数値を示している。そこで，統計処理ソフトである SPSS を用いて共線性の統計量である許容度（tolerance）と VIF（variance inflation factor），ならびに共線性の診断から多重共線性の有無を判断し，多重共線性がある場合には該当する変数を推定モデルから除く処置を行った。

4.2 推定モデルの分析結果

次に,推定モデルを用いた分析結果が図表補-19 である。Model 1 は,1階の自己回帰モデルであり,本研究の基礎となるモデルである。Model 2 からは Model 5 は段階的に説明変数を加えたモデルであるが,前述した多重共線性が生じた変数についてはモデル式から取り除いている。

分析の結果,Model 2,Model 3,Model 5 において $REP_{i,t-1}$ が $ROA_{i,t}$ に対し 0.1% 水準で有意にプラスの影響を及ぼすことが明らかにされた。すなわち,$REP_{i,t-1}$ 以外の他の説明変数およびダミー変数が $ROA_{i,t}$ に及ぼす影響を制御すると,レピュテーションが将来の企業業績に対してプラスの影響力を有していることが証明されたのである。この結果は仮説(H_1)と一致する。

図表補-19　回帰分析の結果

	Model 1	Model 2	Model 3	Model 4	Model 5
Variable					
Intercept	.169	-4.158 ***	-4.193 ***	$-.817$ **	-3.850 ***
$REP_{i,t-1}$		.069 ***	.056 ***		.059 ***
$ROA_{i,t-1}$	.657 ***	.593 ***	.548 ***	.592 ***	.309 ***
$MTB_{i,t-1}$			.591 ***	.678 ***	.250 *
$REP_{i,t-1} * ROA_{i,t-1}$					
$MTB_{i,t-1} * ROA_{i,t-1}$					.120 ***
1998Dummy	$-.381$	$-.287$	$-.444$	$-.540$	$-.410$
1999Dummy	.218	.229	$-.003$	$-.047$	$-.048$
2000Dummy	.672	.656	.550	.546	.532
2001Dummy	-1.446 ***	-1.410 ***	-1.308 ***	-1.321 ***	-1.280 ***
2002Dummy	1.214 **	1.103 **	1.267 ***	1.378 ***	1.095 **
2003Dummy	1.241 ***	1.152 **	1.129 **	1.195 ***	1.159 **
2004Dummy	1.123 **	1.045 **	1.173 ***	1.253 ***	1.227 ***
2005Dummy	1.022 **	.968 **	.923 **	.958 **	.973 **
2006Dummy	1.522 ***	1.460 ***	1.435 ***	1.479 ***	1.458 ***
R Square	.471	.488	.506	.495	.519
Adjusted R Square	.465	.482	.500	.489	.511
Obs.	888	888	888	888	888

注:*** :$p<0.001$,** :$p<0.01$,* :$p<0.05$．
出所:筆者作成。

すなわち,高いレピュテーションを有する企業は超過利益を獲得する可能性が高いことを確かめることができたのである。

次に,多重共線性を理由に $REP_{i,t-1} * ROA_{i,t-1}$ を推定モデルから取り除いた結果,仮説(H_2)を検証することができなくなった。そこで,頑健性テストも踏まえモデルに使用した変数を Neglog 変換しデータの分布を滑らかにした状態で再度検証を行った。その分析結果が図表補 -20 である。先ほどと同様,Model 1 から Model 4 は段階的に説明変数を加えたモデルであり,多重共線性が生じた場合には推定モデルから変数を取り除いている。

分析の結果,Model 2,Model 3,Model 4 において $REP_{i,t-1}$ が $ROA_{i,t}$ に対し 0.1% 水準で有意にプラスの影響を及ぼすことが明らかにされた。また Mod-

図表補 -20　頑健性テストの結果

	Model 1	Model 2	Model 3	Model 4
Variable				
Intercept	.094	-3.418***	-3.033***	-2.627***
$REP_{i,t-1}$		1.954***	1.632***	1.440***
$ROA_{i,t-1}$	.513***	.430***	.407***	.169*
$MTB_{i,t-1}$			.511***	.400***
$REP_{i,t-1} * ROA_{i,t-1}$				.001***
$MTB_{i,t-1} * ROA_{i,t-1}$				
1998Dummy	-.100	-.082	-.102*	-.105*
1999Dummy	.037	.036	.011	-.001
2000Dummy	.112*	.110*	.099	.097
2001Dummy	-.256***	-.249***	-.234***	-.235***
2002Dummy	.168**	.145**	.172**	.157**
2003Dummy	.190***	.173**	.167**	.166**
2004Dummy	.189***	.173**	.184***	.174**
2005Dummy	.175**	.163**	.151**	.148**
2006Dummy	.249***	.234***	.224***	.215***
R Square	.371	.403	.418	.426
Adjusted R Square	.364	.395	.410	.418
Obs.	888	888	888	888

注:***:$p<0.001$,**:$p<0.01$,*:$p<0.05$.
出所:筆者作成。

el 4 において $REP_{i,t-1} * ROA_{i,t-1}$ が $ROA_{i,t}$ に対し 0.1％水準で有意にプラスの影響を及ぼすことが確認できた。この結果は仮説（H_2）と一致する。すなわち，高いレピュテーションを有する企業の超過収益力が長期にわたって持続することを確認できたのである。これらの結果は Roberts and Dowling（2000, 2002）の研究結果と同じである。ただし，Model 4 の $β_4$ の値は 0.001 と極めて小さく，$β_1$ の 1.440 と比較してもその差は歴然である。そのため，この分析結果からはレピュテーションの維持効果よりも獲得効果の方が大きいということが指摘できる。

次に，図表補 -19，図表補 -20 のダミー変数に注目したい。推定モデルに年度ダミーを加えた推定を行うことで，レピュテーション効果が年度の影響を統制してもなお有意にプラスの影響をもつことが確認できた。しかしダミー変数そのものをみると，2001 年以降に統計的有意の判定がなされている。これについては ROA による自己回帰モデルが原因と考える。図表補 -21，図表補 -22 に示すのは，三菱総合研究所の『企業経営の分析』ならびに『連結・企業経営の分析』から総資本経常利益率を抜粋し，連結企業と個別企業に分けてその推移をグラフ化したものである。

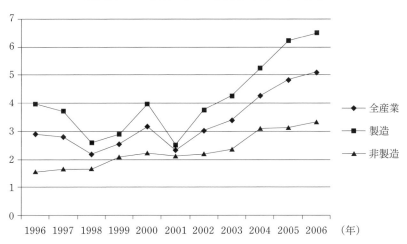

図表補 -21　個別企業の総資本経常利益率の推移

出所：『企業経営の分析』三菱総合研究所をもとに筆者作成。

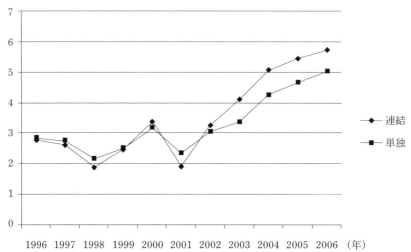

図表補-22　連結企業の総資本経常利益率の推移

出所：『連結・企業経営の分析』三菱総合研究所をもとに筆者作成。

　これによれば，2001年までの総資本経常利益率は停滞しているようにみえるが，2001年以降は大幅に上昇していることがわかる。本研究の推定モデルのベースである自己回帰モデルは利益の持続性の検証に用いられる。利益の持続性は，企業収益の期間変化が安定基調もしくは増加基調であることを前提としたモデルであるとされる（Roberts and Dowling, 2000, 2002, p.1081）。そのため，2002年をピークにわが国の経済環境が外需主導の回復局面に移行した影響が2001年以降の企業収益の改善（ROAの上昇）に表れ，それが自己回帰モデルに影響していると推察される。こうした経済の変動が存在する分析期間であるにもかかわらず，レピュテーション効果の影響を確認できたことは大きな意義がある。

5　むすび

　本章では，財務業績に与えるレピュテーション効果の有効性について検証した。検証にあたっては，1997年から2006年までの『週刊ダイヤモンド』

「企業好感度ランキング」をレピュテーションの評価指標とし，Roberts and Dowling（2000, 2002）の研究で用いられたモデルをベースに分析を行った。本節では，補論の要約を行うとともに，本研究の限界と今後の研究課題について明らかにすることにする。

分析の結果，レピュテーションが将来の企業業績に対してプラスの影響力を有していることが証明された。この結果は本研究の仮説（H_1）と一致する。すなわち，高いレピュテーションを有する企業は超過利益を獲得する可能性が高いことを確かめることができたのである。

次に，仮説（H_2）の検証においても高いレピュテーションを有する企業の超過収益力が長期にわたって持続することを確認できた。これらの結果も Roberts and Dowling（2000, 2002）の研究結果と同じであった。ただし，偏回帰係数（β）の大きさを比較した場合，レピュテーションの維持効果よりも獲得効果の方が大きいことが判明した。これらの分析結果から，レピュテーションは長期にわたる効果を期待するよりも，様々なステークホルダーとのコミュニケーションを図りながらつねに良いレピュテーションを獲得することの方が企業業績に対してより大きなインパクトをもつのではないかという結論に至った。

しかしながら，本研究には限界も存在する。検証にさいして使用した『週刊ダイヤモンド』の「企業好感度ランキング」に若干の問題が残されている。「企業好感度ランキング」はわが国におけるレピュテーション調査のひとつとされ，近年，実証研究のデータとしても使用されている。しかし，ランキング対象とされる140社を選定するさい『週刊ダイヤモンド』編集部が企業の知名度，業界内での地位，売上規模などを総合的に勘案したうえで決定している。またサンプリングの手法も厳密に無作為抽出法とはいえない。二次情報である「企業好感度ランキング」を用いて研究を行う場合には，以上の点を踏まえて行わざるを得ないという限界を有している。

また今後の研究課題としては次の3点を挙げることができる。まず，先行研究で得られた知見と同様に，本研究においてもレピュテーション効果を確かめることができた。また偏回帰係数（β）の大きさを比較した場合，レピュテーションの維持効果よりも獲得効果の方が大きいことが判明した。

Roberts and Dowling（2000, 2002）はこの点を詳細に検証するために比例ハザードモデル（Cox 回帰）を用いている。そして高い財務レピュテーションをもつ企業は低い財務レピュテーションをもつ企業と比較して，超過収益の業績ポジションから低い業績ポジションに移動する可能性が低い（0.51倍）ということを明らかにしている。本研究の分析で得られた維持効果と獲得効果の違いを詳細に分析するには，Roberts and Dowling（2000, 2002）と同様の方法を用いる必要がある。また，そこで得られた結果と彼らのそれとを比較することでより多面的な分析が可能となる。

　次に，統計的対処の観点からふたつの課題を取り上げたい。Roberts and Dowling（2000, 2002）の研究では企業規模を表す SIZE 変数を推定モデルに加えており総売上高が使用されていた。本研究ではランキング対象とされる140社がいずれも各業界の大企業であることからあえて企業規模による統制を行わなかった[17]。また，ROA は産業によって差の大きい財務比率であることから産業ダミーを加えることでより詳細な分析が可能になる。これらふたつの点について今後の統計的課題と位置づけたい。

　最後に，会計学ひいては経営学全体に与えるレピュテーションの意義について考えなければならない。たとえ超過リターンを生み出すインタンジブルズとしてレピュテーションが認識されたとしても，わが国や米国の会計基準のみならず国際財務報告基準（IERS）においてもそれらを資産計上することは困難である。その理由として伊藤（2006）は，無形資産には①同時多重利用が可能，②不確実性（リスク）が高い，③「市場」が存在しない，という3つの特性があると説明している（伊藤，2006, pp. 17-18）。また，前述した米国ブルッキングス研究所の「Unseen Wealth」（見えざる富）プロジェクトが2001年3月に公表した報告書[18]においても，レピュテーションは「特定企業に所有され，コントロールすることは可能であるが，企業と分離して売却することが困難なもの（開発途上にある R&D，評判・名声，独自の業務プロセスなど）」（伊藤，2006, pp. 7-8）に該当するため，その評価は一層困難であると指摘している。

　そうであるのならば，情報開示という視点から，これら不確実性の高いインタンジブルズを検討する必要はあると考える。現行の会計制度で要求され

る情報にとどまらず，企業の将来性や成長性を示すインタンジブルズの情報を自主的に開示することは IR の観点からも望ましいことであろう。インタンジブルズのうち，ステークホルダーの意思決定に有用な情報は何か，またそのような情報を企業に開示させるためにはどのような政策や制度を構築する必要があるのかといったことを積極的に議論することが求められるが，本書における研究がその議論のきっかけになれば幸いである。

注

1 櫻井（2008）は，ソフトウェア，ブランド，知的資産，レピュテーション，研究開発の成果などのことを総括してインタンジブルズ（intangibles；無形の資産）と呼んでいる。その内容は，特許権，著作権，商標権などの無形財産，ブランド，開発中の R&D，コーポレート・レピュテーション，顧客情報など，支配可能であるが分離して売却することのできない無形資産，および人的資産，情報資産，組織資産など，企業によって完全に支配できないインタンジブルズであるとしている（櫻井，2008, pp. 18-19）。本章ではインタンジブルズ（intangibles）と無形資産（intangible asset）を明確に区別している。無形資産は会計上認識されるものであり，インタンジブルズはオフバランスのものを含むと考えている。そのため，インタンジブルズは無形資産よりも広義の概念として捉えている。
2 Sabate and Puente（2003）はこれまでの先行研究を整理し，①レピュテーションと財務業績の相関関係を検証する研究，②財務業績がレピュテーションに影響を及ぼすとする仮説を検証する研究，③レピュテーションが財務業績に影響を及ぼすとする仮説を検証する研究，④レピュテーションと財務業績は相互に影響しあうとして②，③の両仮説の検証を試みる研究，という4つの視点から実証研究が展開されていると指摘している。
3 McGuire et al.（1990）は，財務業績がレピュテーションに影響を与えるかというパフォーマンス効果の検証も行っている。パフォーマンス効果とは，レピュテーション効果とは逆に企業の財務業績がレピュテーションに及ぼす効果のことである。代表的な研究としては，Fombrun and Shanley（1990）や Brown and Perry（1994），Dunbar and Schwalbach（2000）の研究が挙げられる。
4 Roberts and Dowling（1997）の研究では，超過収益力を ROR（accounting rate of retune）と定義している。ROR とは業界の平均収益を超える収益で，業界内の企業によって獲得された収益の加重平均値を超える部分であるとされる。
5 比例ハザードモデルにおける被説明変数はハザード比である。これは time t において特定の財務ポジションから移動する確率を表している。特定の財務ポ

ジションからの移動とは，平均以下のポジションから超過収益のポジションへの移動，またその逆を指している。
6 Roberts and Dowling（2000, 2002）の研究は，サンプル数やアプローチについて若干の違いはあるものの，比較的高いレピュテーションは企業の超過収益力を高めるという同じ仮説を共有している点，自己回帰モデルと比例ハザードモデルという2つのアプローチを共通して使用している点からみて基本的には同じ研究であるとみることができる。そのため同時に取り上げることにする。
7 自己回帰モデル（autoregression model）は時系列解析に使われるモデルである。時系列自身の過去の値を説明変数とする回帰モデルであることに由来して，自己回帰モデルと名づけられている。
8 F検定の結果，レピュテーション変数を分解することでモデルの説明力が向上するということが明らかにされている（$F = 12.92; p = 0.00$）。
9 比例ハザードモデルでは，共変量がハザード比と対数線形関係にあると仮定されるため，ハザード比に対してマイナスの影響を及ぼす共変量（この場合，相対的レピュテーション，相対的時価簿価比率，相対的企業規模の1期前の値（lagged-value））は超過収益のポジション獲得に費やされた時間の長さに対してプラスの影響を有する。
10 Brown and Perry（1994）は，総資本利益率，時価簿価比率，企業規模，成長，リスクが*Fortune*のAMACの評価に影響を及ぼすことを明らかにしている。
11 Cronbachのα係数による信頼性の検証であるが，信頼性係数がどの程度高ければよいのかというのは議論の分かれるところである。また，信頼性の検証においては一定の内的整合性を得ていると推定することはできても，妥当性が高いと判断されたわけではない。ゆえに，この結論をもってRepuTexのレピュテーション指標が真に妥当性を有すると判断することはできない。
12 GfKマーケット・リサーチは電話調査システムCATIを使用し，ドイツの家庭の無作為なサンプル1,012人から1,782個の評価を抽出している。
13 小田切（2001）によれば，一般に経済学では長期利益率はある点に収束すると考えられている。それは超過収益をあげる産業には参入という投資行動のインセンティブが働き，新規参入により産業の収益性を低下させるというものである。参入や退出を決定するのは投資に対する収益率であり，これが高く資本コストを上回ると予想される産業には投資して参入することが有利である（小田切，2001, p. 90）。この観点にもとづいて，一般に経済学ではROAを変数としているため，検証モデルにおいても用いている。また，伊藤・加賀谷（2008）が行った研究においてもROAが用いられている。伊藤・加賀谷（2008）によれば，「ROA（事業資産事業利益率）の高低には，貸借対照表にオンバランスされていない無形資産がどれほど利益に貢献しているかを示すことができることから，無形資産投資と競争環境の関連性を解析するにあたっても有効な指標」（伊藤・加賀谷，2008, p.61）と捉えている。すなわち，オフバランスの無形資産を

保有する企業はそうでない企業に比べ，その無形資産が獲得した利益を得ることができる。それを比較する尺度として ROA が適当であると判断できる。

14　時価簿価比率（MTB）とは，各企業の決算月の期末株価に発行済み株式数を掛けて求めた株式時価総額を簿価自己資本で除した比率とされる。本研究では各企業の決算月の期末株価を一株あたり純資産で除した PBR を時価簿価比率として用いることにした。

15　偏回帰係数とは，他の説明変数の影響を一定にして，ひとつの説明変数のみが被説明変数に及ぼす関係の強さを示したものである。これはモデルのなかで被説明変数に与える影響の変化を観察することができると考えられる。また標準化係数とは，偏回帰係数を平均 0，分散 1 に標準化したものである。通常は $-1 \leqq \beta \leqq 1$ の範囲をとるので，絶対値が 1 に近いほど影響力がある（0 に近いほど影響力がない）と解釈される。

16　レピュテーション変数の指標として『週刊ダイヤモンド』の「企業好感度ランキング」を用いた研究には記虎（2006, 2007）による研究が挙げられる。記虎（2006, 2007）は，企業の財務情報開示や社会責任活動がレピュテーションに及ぼす影響について実証分析を行っている。

17　青木（2008）は，企業規模と収益性の関係について実証研究を行っている。そのさい，企業規模として採用されたものは資本金や総資産である。分析の結果，わが国の上場企業の規模別収益性は規模が大きくなるにつれて高くなるということを明らかにしている。しかしこの結果は，ROA と企業規模との間に関係はないとする Cinca（2005），Amato（1985），Nguyen（1985）の研究結果と異なる。

18　米国ブルッキングス研究所の「Unseen Wealth」（見えざる富）プロジェクトが 2001 年 3 月に公表した報告書では，無形資産の評価にあたって以下の 3 つの区分を提唱している（伊藤，2006, pp. 7-8）。それは，①所有権が明確であり，売却可能である（特許，著作権，商標，ブランドなど），②特定企業に所有され，コントロールすることは可能であるが，企業と分離して売却することが困難なもの（開発途上にある R&D，評判・名声，独自の業務プロセスなど），③企業で働く従業員や取引のあるサプライヤーと企業との密接な関係の中で構築されていることから，企業によってコントロールすることが困難であるもの（ヒトに根ざした知識・スキル，コア競争力，ネットワーク，組織など）の 3 つである。

参考文献

欧文文献

Akerlof, G., "The Markets for Lemmons': Qualitative Uncertainty and the Market Mechanism," *Quarterly Journal of Economics*, Vol. 84, (August 1970), pp. 488-500.

Ang, J. S. and M. Jung, "Explicit Versus Implicit Contracting in the Debt Market: The Case of Leasing," *International Review of Financial Analysis*, Vol. 7 No. 2, (1998), pp. 153-169.

Amato, L. and R. R. Wilder, "The Effects of Firm Size on Profit Rates in the U.S. Manufacturing", *Southern Economic Journal*, Vol.52 No.1, (July 1985), pp.181-190.

Ahmed, A. S., Billings, B. K., Stanford, M. H. and Morton, R. M., "Accounting Conservatism and Cost of Debt: An Empirical Test of Efficient Contracting," *SSRN Working paper series*, (March 2000).

Arrow, K. J., "Uncertainty and the Welfare Economics of Medical Care," *American Economic Review*, Vol. 53 No. 5, (December 1963), pp. 941-973.

Baiman, S., "Agency Research in Managerial Accounting: A Survey," *Journal of Accounting Literature*, Vol. 1, (Spring 1982), pp. 154-213.

Baiman, S., "Agency Research in Managerial Accounting: A Second Look," *Accounting, Organization and Society*, Vol. 15 No. 4, (January 1990), pp. 341-371.

Balsam, S., "Discretionary Accounting Choices and CEO Compensation," *Contemporary Accounting Research*, Vol. 15 No. 3, (Fall 1998), pp. 229-252.

Banker, R. D., and S. M. Datar, "Sensitivity, Precision, and Liner Aggregation of Signals for Performance Evaluation," *Journal of Accounting Research*, Vol.27 No.1, (Spring 1989), pp. 21-39.

Baños-Caballero, S., P. García-Teruel, and P. Martínez-Solano, "Working Capital Management in SMEs," *Accounting and Finance*, Vol. 50 No. 3, (September 2010), pp. 511-527.

Barnett, M. L., J. M. Jermier, and B. A. Lafferty, "Corporate Reputation: The Definitional Landscape," *Corporate Reputation Review*, Vol. 9 No. 1, (April 2006), pp. 26-38.

Beatty, A. L., B. K, and K. R. Petroni, "Earnings Management to Avoid Earnings Declines across Publicly and Privately Held Banks," *The Accounting Review*, Vol. 77 No. 3, (July 2002), pp. 515-536.

Beaver, W. H., "Perspectives on Recent Capital Market Research," *The Accounting Review*, Vol. 77 No. 2, (April 2002), pp. 453-474.

Bernard, V. L. and D. J. Skinner, "What Motivates Managers' Choice of Discretional Accruals," *Journal of Accounting and Economics*, Vol. 22 No. 1-3, (August-December 1996), pp. 313-325.

Besanko, D., D. Dranove, and M., Shanley, *Economics of Strategy* , John Wiley and Sons, 2000 (奥村昭博・大林厚臣訳『戦略の経済学』ダイヤモンド社, 2002 年).

Black, E. L., T. A. Carness, and V. J. Richardson, "The Market Valuation of Corporate Reputation," *Corporate Reputation Review*, Vol.3 No.1, (Winter 2000), pp.31-42.

Blair, M. and T. A. Kochan, *The New Relationships: Human Capital in the American Corporation*, Brookings Institute, 2000.

Blair, M. M. and S. M. H. Wallman, *Unseen Wealth*, Report of the Brookings Task Force on Intangibles, Brookings Institution Press, 2001(広瀬義州訳『ブランド価値評価入門―見えざる富の創造』中央経済社, 2002年).

Bowen, R. M., L. DuCharme, and D., Shores, "Stakeholders' Implicit Claims and Accounting Method Choice," *Journal of Accounting and Economics*, Vol. 20 No. 3, (August 1995), pp. 255-295.

Bowen, R. M., S. Rajgopal, and M. Venkatachalam, "Accounting Discretion, Corporate Governance, and Firm Performance," *Contemporary Accounting Research*, Vol. 25 No. 2, (Summer 2008), pp. 351-405.

Brav, A. P., C. R. Harvey, J. R. Graham, and R. Michaely, "Distribution of Incomes of Corporations among Dividends, Retained Earnings, and Taxes," *SSRN Working Paper Series*, (November 2005).

Brown, B. and S. Perry, "Removing the Financial Performance Halo from *Fortune*'s Most Admired Companies," *Academy of Management Journal*, Vol.37 No.5, (October 1994), pp.1347-1359.

Brown, L. D. and M. L. Caylor, "A Temporal Analysis of Quarterly Earnings Thresholds: Propensities and Valuation Consequences," *The Accounting Review*, Vol. 80 No. 2, (April 2005), pp. 423-440.

Bruns, W. and K. Merchant, "The Dangerous Morality of Managing Earnings," *Management Accounting*, Vol. 72 No. 2, (August 1990), pp. 22-25.

Bulow, J. and K. Rogoff, "A Constant Recontracting Model of Sovereign Debt," *The Journal of Political Economy*, Vol. 97 No. 1, (February 1989), pp. 155-178.

Burke, E. M., *Corporate Community Relations: The Principle of the Neighbor of Choice*, Quorum Books, 1999.

Burgstahler, D. C. and I. D. Dichev, "Earnings Management to Avoid Earnings Decreases and Losses," *Journal of Accounting and Economics*, Vol. 24 No. 1, (December 1997), pp. 99-126.

Burgstahler, D. C. and M. Eames, "Management of Earnings and Analysts' Forecasts to Achieve Zero and Small Positive Earnings Surprises," *Journal of Business Finance and Accounting*, Vol. 33 No. 5-6, (June-July 2006), pp. 633-652.

Burgstahler, D. C., L. Hail, and C. Leuz, "The Importance of Reporting Incentives: Earnings Management in European Private and Public Firms," *The Accounting Review*, Vol. 81 No. 5, (October 2006), pp. 983-1016.

Charitou, M. S., M. Elfani, and P. Lois, "The Effect of Working Capital Management on Firm's Profitability: Empirical Evidence from an Emerging Market," *Journal of Business and Economics Research*, Vol. 8 No. 12, (December 2010), pp. 63-68.

Cheng, Q. and T. D. Warfield, "Equity Incentives and Earnings Management," *The Accounting Review*, Vol. 80 No. 2, (April 2005), pp. 441-476.

Christie, A. A., and J. L. Zimmerman, "Efficient and Opportunistic Choices of Accounting Procedures: Corporate Control Contests," *The Accounting Review*, Vol. 69 No. 4, (October 1994), pp. 539-566.

Cinca, C. S., C. M. Molinero, and J. L. G. Larraz, "Country and Size Effects in Financial Ratios : A European Perspective," *Global Finance Journal*, Vol.16 No.1, (August 2005), pp.26-47.

Coase, R. H., "The Nature of the Firm," *Economica*, Vol. 4, (New Series), No. 16, (November 1937), pp. 37-55.

Cohen, D., A. Dey, and T. Lys, "Real and Accrual Based Earnings Management in the Pre and Post Sarbanes Oxley Periods," *The Accounting Review*, Vol. 83 No. 3, (May 2008), pp. 757-786.

Cohen, D. A. and P. Zarowin, "Accrual-based and Real Earnings Management Activities Around Seasoned Equity Offerings," *Journal of Accounting and Economics*, Vol. 50 No. 1, (May 2010), pp. 2-19.

Cordeiro, J. J. and R. B. Sambharya, "Do Corporate Reputation Influence Security Analyst Earnings Forecasts? An Empirical Study," *Corporate Reputation Review*, Vol.1 No.1 and 2, (Summer 1997), pp.94-98.

Daniel, N. D., Denis, D. J. and Naveen, L., "Do Firms Manage Earnings to Meet Dividend Thresholds?," *Journal of Accounting and Economics*, Vol. 45 No. 1, (March 2008), pp. 2-26.

DeFond, M. L. and J. Jiambalvo, "Debt Covenant Violation and Manipulation of Accruals," *Journal of Accounting and Economics*, Vol. 17 No. 1-2, (January 1994), pp. 145-176.

DeAngelo, L. E., "Accounting Numbers as Market Valuation Substitutes: A Study of Management Buyouts of Public Stockholders," *The Accounting Review*, Vol. 61 No. 3, (July 1986), pp. 400-420.

DeAngelo, H., L. DeAngelo, and D. J. Skinner, "Accounting Choice in Trouble Companies," *Journal of Accounting and Economics*, Vol. 17 No. 1-2, (January 1994), pp. 113-143.

Dechow, P. M., S. A. Richardson, and A. I. Tuna, "Why are Earnings Kinky? An Examination of the Earnings Management Explanation," *Review of Accounting Studies*, Vol. 8 No. 2, (June 2003), pp. 355-384.

Dechow, P. M. "Accounting earnings and cash flows as measures of firm performance: The role of accounting accruals," *Journal of Accounting and Economics*, Vol. 18 No. 1, (February 1994), pp. 3-42.

Dechow, P. M. and R. G. Sloan, "Executive Incentives and the Horizon Problem: An Empirical Investigation," *Journal of Accounting and Economics*, Vol. 14 No. 1, (March 1991), pp. 51-89.

Dechow, P. M., R. G. Sloan, and A. P. Sweeney, "Detecting Earnings Management," *The Accounting Review*, Vol. 70 No.2, (April 1995), pp. 193-225.

DeFond, M. and K. Subramanyam, "Auditor Changes and Discretionary Accruals," *Journal of Accounting and Economics*, Vol. 25 No. 1, (February 1998), pp. 35-67.

DeFond, M. L. and J. Jiambalvo "Debt covenant violation and manipulation of accruals," *Journal of Accounting and Economics*, Vol. 17 No. 1-2, (January 1994), pp. 145-176.

Degeorge, F., J. Patel, and R. Zeckhauser, "Earnings Management to Exceed Thresholds," *Journal of Business*, Vol. 72 No. 1, (January 1999), pp. 1-13.

DeJong, D. V., R. Forsythe, R. J. Lundholm, and W. C. Uecker, "A Laboratory Investigation of the Moral Hazard Problem in an Agency Relationship," *Journal of Accounting Research*, Vol. 23, (1985), pp. 81-120.

Diamond, D. W., "Reputation Acquisition in Debt Markets," *The Journal of Political Economy*, Vol. 97 No. 4, (August 1989), pp. 828-862.

Diamond, D. W., "Monitoring and Reputation: The Choice between Bank Loans and Directly Placed Debt," *The Journal of Political Economy*, Vol. 99 No. 4, (August 1991), pp. 689-721.

Dichev, I. D. and D. J. Skinner, "Large-sample Evidence on the Debt Covenant Hypothesis,"

Journal of Accounting Research, Vol. 40 No. 4, (December 2002), pp. 1091-1123.

Dunbar, R. L. M. and Schwalbach, J. "Corporate Reputation and Performance in Germany," *Corporate Reputation Review*, Vol.3 No.1 and 2, (April 2000), pp.115-123.

Eberl, M. and M. Schwaiger, "Corporate Reputation: Disentangling the Effects on Financial Performance," *European Journal of Marketing*, Vol.39 No.7 and 8, (2005), pp.838-854.

Ewert, R. and A. Wagenhofer, "Economic Effects of Tightening Accounting Standards to Restrict Earnings Management," *The Accounting Review*, Vol. 80 No. 4, (October 2005), pp. 1101-1124.

Fama, E. F., "Agency Problems and the Theory of the Firm," *Journal of Political Economy*, Vol. 88 No. 2, (April 1980), pp. 288-307.

Fee, E. C., C. J. Hadlock, and S. Thomas, "Corporate Equity Ownership and the Governance of Product Market Relationship," *The Journal of Finance*, Vol. 61 No. 3, (June 2006), pp. 1217-1251.

Feltham, G. A. and J. Xie, "Performance Measure Congruity and Diversity in Multi-task Principal-agent Relations, " *The Accounting Review*, Vol. 69 No. 3, (July 1994), pp. 429-453.

Fombrun, C. and M. Shanley, "What's in a Name? Reputation Building and Corporate Strategy," *The Academy of Management Journal*, Vol. 33 No. 2, (June 1990), pp. 233 -258.

Fombrun, C. J. and C. B. M. Van Riel, "The Reputational Landscape," *Corporate Reputation Review*, Vol. 1 No. 1-2, (July 1997), pp. 5-13.

Fombrun, C. J. and C. B. M. Van Riel, *Fame and Fortune: How Successful Companies Build Winning Reputations*, Financial Times Prentice Hall, 2004a.

Fombrun, C. J. and C. B. M. Van Riel, "The Roots of Fame," *ADVERTISING*, Vol. 10, (March 2004b), pp. 32-41.

Fombrun, C. J. and C. B. M. Van Riel, *FAME and FORTUNE : How Successful Companies Build Winning Reputations*, Financial Times Prentice Hall, 2004c. (花堂靖仁監訳, 電通レピュテーション・プロジェクトチーム訳『コーポレート・レピュテーション』東洋経済新報社, 2005 年).

Fryxell, G. E. and J. Wang, "The Fortune Corporate "Reputation" Index: Reputation for What?," *Journal of Management*, Vol.20 No.1, (April 1994), pp.1-14.

Gaines-Ross, L., *Corporate Reputation: 12 Steps to Safeguarding and Recovering Reputation*, Wiley, 2008(西谷武夫監修, 田村勝省訳『企業の名声―トップ主導の名声管理・回復十二か条』一灯舎, 2009 年).

García-Teruel, P. J. and P. Martínez-Solano, "Effects of Working Capital Management on SME Profitability," *International Journal of Managerial Finance*, Vol. 3 No. 2, (2007), pp. 164-177.

Garza-Gómez, X., M. Okumura, and M. Kunimura, "Discretionary Accrual Models and the Accounting Process," *Kobe Economic and Business Review*, Vol. 45, (October 2000), pp. 103-135.

Graham, J. R., C. R. Harvey, and S. Rajgopal, "The Economic Implications of Corporate Financial Reporting," *Journal of Accounting and Economics*, Vol. 40 No. 1-3, (December 2005), pp. 3-73.

Greif, A., *Institutions and the Path to the Modern Economy: Lessons from Medieval trade*, Oxford University Press, 2006.

Guay, W. R., "The impact of derivatives on firm risk: An empirical examination of new derivative users," *Journal of Accounting and Economics*, Vol. 26 No. 1-3, (February 1999), pp. 319-

351

Gunny, K., "The Relation between Earnings Management Using Real Activities Manipulation and Future Performance: Evidence from Meeting Earnings Benchmarks," *Contemporary Accounting Research*, Vol. 27 No. 3, (Fall 2010), pp. 855-888.

Hall, R., "The Strategic Analysis of Intangible Resources," *Strategic Management Journal*, Vol.13 No.2, (February 1992), pp.135-144.

Hall, R., "A Framework Linking Intangible Resources and Capabilities to Sustainable Competitive Advantage", *Strategic Management Journal*, Vol.14 No.8, (November 1993), pp.607-618.

Hannington, Terry., *How to Measure and Manage Your Corporate Reputation*, Gower, 2004. (櫻井通晴・伊藤和憲・大柳康司訳『コーポレート・レピュテーション　測定と管理』ダイヤモンド社，2005年).

Hart, O. and B. Holmstrom, "The Theory of Contracts," in Bewley, T. F., Ed., *Advances in Economic Theory: Fifth World Congress*, Cambridge University Press, 1987, pp. 70-155.

Hart, O., "An Economist's Perspective on the Theory of the Firm," *Columbia Law Review*, Vol. 89 No. 7, (November 1989), pp. 1757-1774.

Hayn, C., "The Information Content of Losses," *Journal of Accounting and Economics*, Vol. 20 No. 2, (September 1995), pp. 125-153.

Healy, P. H., "The Effects of Bonus Schemes on Accounting Decisions," *Journal of Accounting and Economics*, Vol. 7 No. 1-3, (April 1985), pp. 85-107.

Herrmann, D., T. Inoue, and W. B. Thomas, "The Sale of Assets to Manage Earnings in Japan," *Journal of Accounting Research*, Vol. 41 No. 1, (March 2003), pp. 89-108.

Hölmstrom, B., "Moral Hazard and Observability," *The Bell Journal of Economics*, Vol. 10 No. 1, (Spring 1979), pp. 74-91.

Holthausen, R. W., "Accounting Method Choice: Opportunistic Behavior, Efficient Contracting, and Information Perspectives," *Journal of Accounting and Economics*, Vol. 12 No. 1-3, (January 1990), pp. 207-218.

Indjejikian, R. J., "Performance Evaluation and Compensation Research: An Agency Perspective," *Accounting Horizons*, Vol. 13 No. 2, (June 1999), pp. 147-157.

Inglis, R. C. Morley, and P. Sammut, "Corporate Reputation and Organizational Performance: An Australian study," *Managerial Auditing Journal*, Vol.21 No.9, (2006), pp. 934-947.

Inoue, T. and W. B. Thomas, "The Choice of Accounting Policy in Japan," *Journal of International Financial Management and Accounting*, Vol. 7 No. 1 (March 1996), pp. 1-23 (ダン・ハーマン・井上達男・ウェイン・トーマス編『会計制度の実証的検証』中央経済社，2009年，57-84ページ).

Jensen, M. C. and W. H. Meckling, "Theory of the Firm: Managerial Behavior, Agency Costs and Ownership Structure," *Journal of Financial Economics*, Vol. 3 No. 4, (October 1976), pp. 305-360.

Jones, J., "Earnings Management during Import Relief Investigations," *Journal of Accounting Research*, Vol. 29 No. 2, (Autumn 1991), pp. 193-228.

Jose, M. L., C. Lancaster, and J. L. Stevens, "Corporate Returns and Cash Conversion Cycles," *Journal of Economics and Finance*, Vol. 20 No. 1, (Spring 1996), pp. 33-46.

Kale, J. and H. Shahrur, "Corporate Capital Structure and the Characteristics of Suppliers and Customers," *Journal of Financial Economics*, Vol. 83 No. 2, (February 2007), pp. 321-365.

Kasznik, R., "On the Association between Voluntary Disclosure and Earnings Management," *Journal of Accounting Research*, Vol. 37 No. 1, (Spring 1999), pp. 353-367.
Kothari, S. P., A. J. Leone, and C. Wasley, "Performance Matched Discretionary Accrual Measures," *Journal of Accounting and Economics*, Vol. 39 No. 1, (February 2005), pp. 163-197.
Kreps, D. M., "Corporate Culture and Economic Theory," in Alt, J. E. and K. A. Shepsle, Eds., *Perspectives on Positive Political Economy*, Cambridge University Press, (1990), pp. 1-12.
Kreps, D. M. and R. Wilson, "Reputation and Imperfect Information," *Journal of Economic Theory*, Vol. 27 No. 2, (August 1982), pp. 253-279.
Larcker, D. F. and S. A. Richardson, "Fees Paid to Audit Firms, Accrual Choices and Corporate Governance," *Journal of Accounting Research*, Vol. 42 No. 3, (June 2004), pp. 625-658.
Lazaridis, I. and D. Tryfonidis , "Relationship between Working Capital Management and Profitability of Listed Companies in the Athens Stock Exchange," *Journal of Financial Management and Analysis*, Vol. 19 No. 1, (January-June 2006), pp. 26-35.
Lazarsfeld, P., "Problems in Methodology," in Merton, R. K., Ed., *Sociology Today*, Basic Books, (1959), pp. 39-78.
Lev, B., "The Impact of Accounting Regulation on the Stock Market: The Case of Oil and Gas Companies," *The Accounting Review*, Vol. 54 No. 3, (July 1979), pp. 485-503.
Lev, B., *Intangibles: Management, Measurement, and Reporting*, Brookings Institute Press, 2001 (広瀬義州・桜井久勝監訳『ブランドの経営と会計』東洋経済新報社，2002年).
Lintner, J., "Distribution of Incomes of Corporations among Dividends, Retained Earnings, and Taxes," *The American Economic Review*, Vol. 46 No. 2, (May 1956), pp. 97-113.
Matsumoto, D. A., "Management's Incentives to Avoid Negative Earnings Surprises," *The Accounting Review*, Vol. 77 No. 3, (July 2002), pp. 483-514.
Malmquist, D., "Efficient Contracting and the Choice of Accounting Method in the Oil and Gas Industry," *Journal of Accounting and Economics*, Vol. 12 No. 1-3, (January 1990), pp. 173-205.
McGuire, J. B., T. Schneeweis, and B. Branch, "Perceptions of Firm Quality: A Cause or Result of Firm Performance," *Journal of Management*, Vol. 16 No. 1, (1990), pp. 167-180.
Mian, S. L. and C. W. Smith, "Incentives for Unconsolidated Financial Reporting," *Journal of Accounting and Economics*, Vol. 12 No. 1-3, (January 1990), pp. 141-171.
Miles, M. P. and J. G. Covin, "Environmental Marketing : A Source of Reputational, Competitive, and Financial Advantage," *Journal of Business Ethics*, Vol.23 No.3, (February 2000), pp.299-311.
Milgrom, P. and J. Roberts, "Predation, Reputation, and Entry Deterrence," *Journal of Economic Theory*, Vol. 27 No. 2, (August 1982), pp. 280-312.
Milgrom, P. and J. Roberts, *Economics, Organization and Management*, Prentice-Hall International, 1992 (奥野正寛・伊藤秀史・今井晴雄・八木甫訳『組織の経済学』NTT出版，1997年).
Nguyen, T. H., "Firm Size, Profitability, and Savings in Canada," *Journal of Economics and Business*, Vol.37 No.2, (May 1985), pp.113-121.
Pan, C. K., "Japanese Firms' Real Activities Earnings Management to Avoid Losses," *The Journal of Management Accounting, Japan*, Vol. 17 No. 1, (February 2009), pp. 3-23.
Prendergast, C., "The Provision of Incentives in Firms," *Journal of Economic Literature*, Vol. 37 No. 1, (March 1999), pp. 7-63.

Press, E. G. and J. B. Weintrop, "Accounting-Based Constraints in Public and Private Debt Agreements," *Journal of Accounting and Economics*, Vol. 12 No. 1-3, (January 1990), pp. 65-95.

Raman, K. and H. Shahrur, "Relationship-Specific Investments and Earnings Management: Evidence on Corporate Suppliers and Customers," *The Accounting Review*, Vol. 83 No. 4, (July 2008), pp. 1041-1081.

Riahi-Belkaoui, A. and E. L. Pavlik, "Asset Management Performance and Reputation Building for Large US Firms", *British Journal of Management*, Vol.2, (December 1991), pp.231-238.

Riahi-Belkaoui, A. and E. L. Pavlik, *Accounting for Corporate Reputation*, Quorum Books, 1992.

Riahi-Belkaoui, A., *The Role of Corporate Reputation for Multinational Firms : Accounting, Organizational, and Market Considerations*, Quorum Books, 2001.

Roberts, P. W. and G. R. Dowling, "The Value of a Firm's Corporate Reputation: How Reputation Helps Attain and Sustain Superior Profitability," *Corporate Reputation Review*, Vol.1 No.1 and 2, (Summer 1997), pp.72-76.

Roberts, P. W. and G. R. Dowling, "Reputation and Sustained Superior Financial Performance," *Academy of Management Proceedings*, (Augst 2000), pp.1-6.

Roberts, P. W. and G. R. Dowling, "Corporate Reputation and Sustained Superior Financial Performance," *Strategic Management Journal*, Vol. 23, (December 2002), pp.1077-1093.

Rose, C. and S. Thomsen, "The Impact of Corporate Reputation on Performance: Some Danish Evidence," *European Management Journal*, Vol.22 No.2, (April 2004), pp.201-210.

Rousseau, D. M., *Psychological Contracts in Organizations: Understanding Written and Unwritten Agreements*, Sage, 1995.

Roychowdhury, S., "Earnings Management through Real Activities Manipulation," *Journal of Accounting and Economics*, Vol. 42 No. 3, (December 2006), pp. 335-370.

Sabate, J. M. and E. Puente, "Empirical Analysis of the Relationship between Corporate Reputation and Financial Performance: A Survey of the Literature," *Corporate Reputation Review*, Vol. 6 No. 2, (Summer 2003), pp. 161-177.

Scott, W. R., *Financial Accounting Theory* 4th ed., Pearson Prentice-Hall, 2006 (太田康弘・椎葉淳・西谷順平訳『財務会計の理論と実証』中央経済社, 2008 年).

Simon, H. A., *Administrative Behavior: A Study of Decision-making Processes in Administrative Organization*, 1st and 2nd eds, Macmillan, 3rd and 4th ed, Free Press, 1947, 1957, 1976, 1997.

Spence, A. M., *Market Signalling: Informational Transfer in Hiring and Related Screening Processes*, Harvard University Press, 1974.

Spremann, K., *Investition und Finanzierung*, Oldenbourg, 1990.

Standifird, S. S., "Reputation and E-commerce: EBay Auctions and the Asymmetrical Impact of Positive and Negative Ratings," *Journal of Management*, Vol. 27 No. 3, (May 2001), pp. 279-295.

Subramanyam, K. R., "The Pricing of Discretional Accruals," *Journal of Accounting and Economics*, Vol. 22 No. 1-3, (August-December 1996), pp. 249-281.

Suda, K. and A. Shuto, "Earnings Management to Meet Earnings Benchmarks: Evidence from Japan," in Neelan, M., Ed., *Focus on Finance and Accounting Research*, Nova Science Publishers, (2006), pp. 67-85.

Sugawara, S. K., Tanaka, S., Okazaki, S., Watanabe, K. and Sadato, N., "Social Rewards Enhance

Offline Improvements in Motor Skill," *PLoS ONE*, e48174（Nobember 2012）.
Sunder, S., *Theory of Accounting and Control*, Prentice-Hall, 1997（山地秀俊・鈴木一水・松本祥尚・梶原晃訳『会計とコントロールの理論―契約理論にもとづく会計学入門』勁草書房，1998 年）.
Sweeney, A. P., "Debt Covenant Violations and Managers' Accounting Responses," *Journal of Accounting and Economics*, Vol. 17 No. 3,（May 1994）, pp. 281-308.
Teoh, S. H., T. J. Wong, and G. R. Rao, "Are Accruals during Initial Public Offerings Opportunistic?" *Review of Accounting Studies*, Vol. 3 No. 1-2,（March 1998）, pp. 175-208.
Van Riel, C. B. M. and C. J. Fombrun, *Essentials of Corporate Communication; Implementing Practices for Effective Reputation Management*, Routledge, 2007.
Vergin, R. C. and M. W. Qoronfleh, "Corporate Reputation and the Stock Market," *Business Horizons*, Vol.41 No.1,（January-February 1998）, pp.19-26.
Watts, R. L., "Conservatism in Accounting Part I: Explanations and Implications," *Accounting Horizons*, Vol. 17 No. 3,（September 2003a）, pp. 207-221.
Watts, R. L., "Conservatism in Accounting Part II: Evidence and Research Opportunities," *Accounting Horizons*, Vol. 17 No. 4,（December 2003b）, pp. 287-301.
Watts, R. L. and J. L. Zimmerman, "Towards a Positive Theory of the Determination of Accounting Standards," *The Accounting Review*, Vol. 53 No. 1,（January 1978）, pp. 112-134.
Watts, R. L. and J. L. Zimmerman, "The Demand for and Supply of Accounting Theories: The Market for Excuses," *The Accounting Review*, Vol. 54 No. 2,（April 1979）, pp. 273-305.
Watts, R. L. and J. L. Zimmerman, *Positive Accounting Theory*, Prentice-Hall, 1986（須田一幸訳『実証理論としての会計学』白桃書房，1991 年）.
Watts, R. L. and J. L. Zimmerman, "Positive Accounting Theory: A Ten Year Perspective," *The Accounting Review*, Vol. 65 No. 1,（January 1990）, pp. 131-156.
Williamson, O., *Market and Hierarchies*, Free Press, 1975.
Wilson, R. B., "Reputations in Games and Markets," in Roth, A. E., Ed., *Game-Theoretic Models of Bargaining*, Cambridge University Press,（1985）, pp. 27-62.
Wolfson, M., "Empirical Evidence of Incentive Problems and Their Mitigation in Oil and Gas Shelter Programs," in Pratt, J and R. Zeckhauser, Eds., *Principals and Agents: The Structure of Business*, Harvard Business School Press,（1985）, pp. 101-126.

和文文献

青木茂男「企業規模と収益性―日米比較―」『産業経理』第 68 巻第 2 号（2008 年 7 月），13-22 ページ。
青木茂男『要説経営分析〈四訂版〉』森山書店，2012 年。
青木昌彦「経済学は制度をどう見るか」大山道広・西村知雄・吉川洋編著『現代経済学の潮流 1996』東洋経済新報社，1996 年，23-45 ページ。
青木昌彦・奥野正寛編『経済システムの比較制度分析』東京大学出版会，1996 年。
浅野信博・首藤昭信「会計操作の検出方法」須田一幸・山本達司・乙政正太編著『会計操作』ダイヤモンド社，2007 年。
アダム・スミス著・水田洋訳『道徳感情論〈上〉〈下〉』岩波文庫，2003 年。
伊藤邦雄編『無形資産の会計』中央経済社，2006 年。
伊藤邦雄『ゼミナール企業価値評価』日本経済新聞出版社，2007 年。
伊藤邦雄・加賀谷哲之「企業価値と無形資産経営」『一橋ビジネスレビュー』第 49 巻第 3

号（2001 年 12 月），44-63 ページ．
伊藤邦雄・加賀谷哲之「無形資産の開示と投資行動の国際比較」一橋大学日本企業研究センター編『日本企業研究のフロンティア』第 4 号 第 3 章（2008 年 3 月），48-71 ページ．
伊藤邦雄『新・現代会計入門』日本経済新聞出版社，2014 年．
伊藤秀史『契約の経済理論』有斐閣，2003 年．
伊藤秀史「契約理論―ミクロ経済学第 3 の理論への道程―」『経済学史研究』第 49 巻 第 2 号（2007 年 12 月），52-62 ページ．
伊藤元重・加賀見一彰「企業間取引と優位的地位の濫用」三輪芳朗・神田秀樹・柳川範之編『会社法の経済学』東京大学出版会，1998 年．
今井賢一・伊丹敬之・小池和男『内部組織の経済学』東洋経済新報社，1982 年．
岩渕昭子「レピュテーションと企業価値―島津製作所の事例から―」『企業会計』第 58 巻 第 8 号（2006 年 8 月），62-72 ページ．
岩淵吉秀・須田一幸「実証研究（2）―建設業による工事収益の認識―」会計フロンティア研究会編『財務会計のフロンティア』中央経済社，1993 年．
太田浩司「利益調整研究における会計発生高モデルについて」『企業会計』第 59 巻 第 4 号（2007a 年 4 月），594-600 ページ．
太田浩司「利益調整研究のフレームワーク（1）」『企業会計』第 59 巻 第 1 号（2007b 年 1 月），128-129 ページ．
太田浩司「利益調整研究のフレームワーク（2）」『企業会計』第 59 巻 第 2 号（2007c 年 2 月），92-93 ページ．
大津広一『戦略思考で読み解く経営分析入門』ダイヤモンド社，2009 年．
大柳康司「コーポレート・レピュテーションの重要性とその効果」『企業会計』第 58 巻第 8 号（2006 年 8 月），44-52 ページ．
岡部孝好『会計情報システム選択論〈増補〉』中央経済社，1993 年．
岡部孝好『会計報告の理論―日本の会計の探求』森山書店，1994 年．
岡部孝好「日本企業の安定配当政策と会計上の選択」シャム・サンダー・山地秀俊編著『企業会計の経済学的分析』中央経済社，1996 年．
岡部孝好「裁量行動研究における総発生処理高アプローチ」『神戸大学経営学研究科Discussion Paper Series』第 14 号（2004 年 7 月），1-39 ページ．
岡部孝好「公表利益を歪める実体的裁量行動の識別と検出」『曾計』第 174 巻第 6 号（2008 年 12 月），765-776 ページ．
岡部孝好『最新　会計学のコア〈三訂版〉』森山書店，2009 年．
小田切宏之『新しい産業組織論：理論・実証・政策』有斐閣，2001 年．
小田切宏之『プログレッシブ経済学シリーズ企業経済学〈第 2 版〉』東洋経済新報社，2010 年．
越智栄・富田英裕・小山雅史・吉富了す「企業価値最大化への処方箋「電通レピュテーション・プログラム™」」『ADVERTISING』第 10 号（2004 年 3 月），20-31 ページ．
越智慎二郎「グローバル化時代における企業経営とコーポレート・レピュテーション―その戦略的意義とマネジメントについて」『企業会計』第 58 巻第 8 号（2006 年 8 月），36-43 ページ．
音川和久『会計方針と株式市場』千倉書房，1999 年．
乙政正太「経営者による効率的な会計手続選択」『企業会計』第 48 巻 第 3 号（1996 年 3 月），78-84 ページ．
乙政正太『利害調整メカニズムと会計情報』森山書店，2004 年．

梶田ひかる「在庫削減からキャッシュフロー改善へ」『LOGI-BIZ』No. 99（2009 年 6 月），10-13 ページ。
梶原武久『品質コストの管理会計』中央経済社，2008 年。
木村史彦「契約論ベースの会計研究における裁量行動の分析フレームワーク」『名古屋商科大学総合経営・経営情報論集』第 47 巻 第 2 号（2003 年 3 月），109-123 ページ。
木村史彦・山本達司・辻川尚起「企業の資金調達と会計操作」須田一幸・山本達司・乙政正太編『会計操作—その実態と識別法，株価への影響—』ダイヤモンド社，2007 年。
記虎優子「財務情報開示がコーポレート・レピュテーションに及ぼす影響」『社会情報学研究』第 11 巻 第 2 号（2006 年 3 月），13-26 ページ。
記虎優子「企業の社会責任活動がコーポレート・レピュテーションにあたえる影響」『一橋ビジネスレビュー』第 55 巻 第 3 号（2007 年 12 月），180-191 ページ。
来栖正利「キャッシュ・コンバージョン・サイクル」『會計』第 178 巻 第 6 号（2010 年 12 月），57-69 ページ。
来栖正利「四半期キャッシュ・コンバージョン・サイクルの決定要因」『會計』第 181 巻 第 5 号（2012 年 5 月），90-103 ページ。
小嶋宏文「研究開発費における裁量的調整行動の実証分析」『六甲台論集　経営学編』第 50 巻第 4 号（2004 年 3 月），59-73 ページ。
小嶋宏文「経営者の業績予想と研究開発支出の調整による裁量行動」『會計』第 168 巻 第 6 号（2005 年 12 月），919-927 ページ。
小嶋宏文「期待外利益の回避と研究開発支出の裁量的調整」『會計』第 174 巻第 1 号（2008 年 7 月），89-100 ページ。
櫻井通晴『コーポレート・レピュテーション—「会社の評判」をマネジメントする』中央経済社，2005 年。
櫻井通晴「管理会計における無形の資産のマネジメント」『企業会計』第 58 巻 第 8 号（2006 年 8 月），18-26 ページ。
櫻井通晴「コーポレート・レピュテーション研究の学界への貢献の可能性—歴史的アプローチによる将来の研究の予測にもとづいて—」『会計』第 17 巻 第 4 号（2007 年 4 月），30-45 ページ。
櫻井通晴『レピュテーション・マネジメント—内部統制・管理会計・監査による評判の管理』中央経済社，2008 年。
櫻井通晴『コーポレート・レピュテーションの測定と管理—「企業の評判管理」の理論とケース・スタディ』同文舘出版，2011 年。
櫻井通晴編『インタンジブルズの管理会計』中央経済社，2012 年。
佐々木寿記・花枝英樹「わが国企業の配当行動のマクロ分析」『経営財務研究』第 29 巻 第 12 号（2010 年 3 月），2-31 ページ。
首藤昭信『日本企業の利益調整—理論と実証』中央経済社，2010 年。
首藤昭信「利益調整の動機分析—損失回避，減益回避および経営者予想値達成の利益調整を対象として」『会計プログレス』第 8 号（2007 年 9 月），76-92 ページ。
須田一幸「契約の経済学とディスクロージャー」柴健次・須田一幸・薄井彰編『現代のディスクロージャー—市場と経営を革新する』中央経済社，2008 年。
須田一幸・花枝英樹「日本企業の財務報告—サーベイ調査による分析—」『証券アナリストジャーナル』第 46 巻 第 5 号（2008 年 5 月），51-69 ページ。
須田一幸「契約の経済学と会計規制」石塚博司編『実証会計学』中央経済社，2006 年。
須田一幸・山本達司・乙政正太編『会計操作—その実態と識別法，株価への影響』ダイヤ

モンド社，2007 年。
須田一幸『財務会計の機能―理論と実証』白桃書房，2000 年。
須田一幸・首藤昭信「経営者の利益予想と裁量的会計行動」須田一幸編著『ディスクロージャーの戦略と効果』白桃書房，2004 年。
田澤宗裕「棚卸資産を通じた報告利益管理―実体的操作と会計的操作の識別―」『現代ディスクロージャー研究』第 10 号（2010 年 3 月），21-44 ページ。
堂目卓生『アダム・スミス―『道徳感情論』と『国富論』の世界』中公新書，2008 年。
中久木雅之「会計情報と経営者のインセンティブに関する実証研究のサーベイ」『日本銀行金融研究所ディスカッション・ペーパー・シリーズ』No. 2002-J-36,（2002 年 12 月），日本銀行金融研究所，2002 年。
中野勲『企業会計情報の評価―社会的信頼性の観点から』中央経済社，2008 年。
中野誠「資源ベース戦略論の実証研究　無形資源が競争優位性に与える影響」一橋大学日本企業研究センター編『日本企業研究のフロンティア』第 2 号第 3 章（2006 年 3 月），53-71 ページ。
新美一正「わが国の実体的裁量行動に関する研究―期待外利益と研究開発・広告宣伝支出の実証分析」『Business & economic review』第 19 巻第 12 号（2009 年 12 月），215-253 ページ。
新美一正「キャッシュ・コンバージョン・サイクル（CCC）―キャッシュフロー稼得のための新しい経営指標―」『Business and Economic Review』第 21 巻 第 4 号，（2011 年 4 月），260-296 ページ。
野間幹晴「アクルーアルズによる利益調整―ベンチマーク達成の観点から―」『企業会計』第 56 巻 第 4 号,（2004 年 4 月），49-55 ページ。
野間幹晴「研究開発投資とアナリスト・カバレッジ」『会計・監査ジャーナル』第 21 巻 第 2 号（2009 年 2 月），115-124 ページ。
服部泰宏『日本企業の心理的契約―組織と従業員の見えざる約束〈増補改訂版〉』白桃書房，2013 年 a。
服部泰宏「心理的契約研究の過去・現在・未来―50 年間にわたる研究の到達点と課題」組織学会編『組織論レビューⅠ―組織とスタッフのダイナミズム』白桃書房，2013 年 b。
花枝英樹・芹田敏夫「ペイアウト政策のサーベイ調査―日米比較を中心に―」『証券アナリストジャーナル』第 47 巻 第 8 号（2009 年 8 月），11-22 ページ。
平屋伸洋「資産アプローチにもとづくコーポレート・レピュテーション概念の展開」『経営学研究論集（明治大学大学院）』第 28 号（2008a 年 2 月），201-218 ページ。
平屋伸洋「企業の財務業績にあたえるコーポレート・レピュテーションの影響―先行研究のレビュー―」『経営学研究論集（明治大学大学院）』第 29 号（2008b 年 9 月），185-203 ページ。
平屋伸洋「企業の財務業績にあたえるコーポレート・レピュテーションの影響に関する実証分析」『経営学研究論集（明治大学大学院）』第 30 号（2009a 年 2 月），183-200 ページ。
平屋伸洋「コーポレート・レピュテーションと企業業績」『年報経営ディスクロージャー研究』第 8 号（2009b 年 3 月 10 日），102-112 ページ。
平屋伸洋「レピュテーションと裁量的会計行動―エージェンシー理論にもとづく先行研究のレビュー―」『経営学研究論集（明治大学大学院）』第 33 号（2010 年 9 月 30 日），113-133 ページ。
平屋伸洋「経営者の裁量行動にあたえるレピュテーションの影響」『経営学研究論集（明

治大学大学院)』第 32 号 (2010 年 2 月 28 日), 111-127 ページ。

平屋伸洋「裁量的会計行動研究の展開―先行研究のレビュー―」『経営学研究論集 (明治大学大学院)』第 35 号 (2011 年 10 月 7 日), 19-37 ページ。

平屋伸洋「レピュテーションと裁量的会計行動」『會計』第 179 巻 第 4 号 (2011a 年 4 月), 611-623 ページ。

平屋伸洋「利害関係者の暗黙的請求権が経営者の裁量的会計行動にあたえる影響―裁量的会計発生高を用いた実証分析―」年報『経営分析研究』第 27 号 (2011b 年 3 月), 70-81 ページ。

星野優太・足立直樹「グローバル企業の新 KPI としてのキャッシュ・コンバージョン・サイクル―リードタイム短縮による資本効率の改善」『企業会計』Vol. 64 No. 2 (2012 年 2 月), 118-127 ページ。

善積康夫『経営者会計行動論の展開』千葉大学経済研究叢書 4, 2002 年。

柳井晴夫・緒方裕光編『SPSS による統計データ解析―医学・看護学, 生物学, 心理学の例題による統計学入門』現代数学社, 2006 年。

山岸俊男・吉開範章『ネット評判社会』NTT 出版, 2009 年。

山口朋泰「利益ベンチマークの達成と実体的裁量行動」『研究年報経済学』第 69 巻 第 4 号 (2009a) 年 2 月, 445-466 ページ。

山口朋泰「機会主義的な実体的裁量行動が将来業績に与える影響」『会計プログレス』第 10 号 (2009b 年 9 月), 117-137 ページ。

山口朋泰「実体的裁量行動の要因に関する実証分析」『管理会計学』第 19 巻 第 1 号 (2011 年 1 月), 57-76 ページ。

J. マーク・ラムザイアー『法と経済学―日本法の経済分析』弘文堂, 1990 年。

若林公美『包括利益の実証研究』中央経済社, 2009 年。

参考資料

日本経済新聞出版社編『日経経営指標 2011 年版』日本財新聞出版社, 2010 年。

三菱総合研究所『2006 年度企業経営の分析』三菱総合研究所, 2005 年。

■ **著者略歴**

平屋　伸洋（ひらや　のぶひろ）

1981年　宮崎県に生まれる
2005年　明治大学商学部卒業
2010年　明治大学経営学部助手
2013年　明治大学大学院経営学研究科博士後期課程修了
　　　　博士（経営学）学位を取得
2013年　敬愛大学経済学部専任講師，現在に至る

■ **主要論文**

「IFRS第15号と建設業における収益認識」（『會計』第188巻第2号，2015年），「IASB討議資料の利益概念と資本利益率」（『経理知識』第94号，2015年），「レピュテーションと裁量的会計行動」（『會計』第179巻第4号，2011年），「利害関係者の暗黙の請求権が経営者の裁量的会計行動にあたえる影響―裁量的会計発生高を用いた実証分析―」（年報『経営分析研究』第27号，2011年），「コーポレート・レピュテーションと企業業績」（『年報経営ディスクロージャー研究』第8号，2009年）

■ レピュテーション・ダイナミクス〈敬愛大学学術叢書13〉

■ 発行日――2015年3月31日　初 版 発 行　　〈検印省略〉

■ 著　者――平屋伸洋

■ 発行者――大矢栄一郎

■ 発行所――株式会社 白桃書房
　　　　　　〒101-0021　東京都千代田区外神田5-1-15
　　　　　　☎ 03-3836-4781　📠 03-3836-9370　振替00100-4-20192
　　　　　　http://www.hakutou.co.jp/

■ 印刷・製本――藤原印刷

Ⓒ Nobuhiro Hiraya 2015 Printed in Japan
ISBN 978-4-561-46179-1 C3334

本書のコピー，スキャン，デジタル化等の無断複製は著作権法上での例外を除き禁じられています。本書を代行業者等の第三者に依頼してスキャンやデジタル化することは，たとえ個人や家庭内の利用であっても著作権法上認められておりません。

JCOPY　〈(社)出版者著作権管理機構　委託出版物〉
本書の無断複写は著作権法上での例外を除き禁じられています。複写される場合は，そのつど事前に，(社)出版者著作権管理機構（電話03-3513-6969，FAX03-3513-6979，e-mail: info@jcopy.or.jp）の許諾を得てください。

落丁本・乱丁本はおとりかえいたします。

敬愛大学学術叢書

青木英一・仁平耕一【編】
変貌する千葉経済 　　　　　　　　　　　　　本体 3,800 円
　―新しい可能性を求めて

金子林太郎【著】
産業廃棄物税の制度設計 　　　　　　　　　　本体 3,500 円
　―循環型社会の形成促進と地域環境の保全に向けて

仁平耕一【著】
産業連関分析の理論と適用 　　　　　　　　　本体 3,300 円

和田良子【著】
Experimental Analysis of Decision Making 　　本体 2,800 円
　―Choice Over Time and Attitude toward Ambiguity

松中完二【著】
現代英語語彙の多義構造〔理論編〕 　　　　　本体 3,700 円
　―認知論的視点から

松中完二【著】
現代英語語彙の多義構造〔実証編〕 　　　　　本体 3,700 円
　―認知論的視点から

澤　護【著】
横浜外国人居留地ホテル史 　　　　　　　　　本体 3,500 円

加茂川益郎【著】
国民国家と資本主義 　　　　　　　　　　　　本体 3,400 円

東京　白桃書房　神田
本広告の価格は本体価格です。別途消費税が加算されます。